Tras las HUELLAS de *Teresa*

PACO GÓMEZ BUENO

MEDINA
DEL CAMPO

VALLADOLID

TOLEDO

SEVILLA

SEGOVIA

CARAVACA
DE LA CRUZ

BURGOS

ÁVILA

PASTRANA

ALBA
DE TORMES

VILLANUEVA
DE LA JARA

MALAGÓN

SALAMANCA

BEAS
DE SEGURA

Huellas
Teresa de Jesús

PPC

Ilustraciones y diseño de cubierta: Gerardo de la Fuente López

© 2025, Huellas de Teresa
© 2025, Paco Gómez Bueno
© 2025, PPC, Editorial y Distribuidora, S.A.
Impresores, 2
Parque Empresarial Prado del Espino
28660 Boadilla del Monte (Madrid)
ppcedit@ppc-editorial.com
www.ppc-editorial.es

ISBN: 978-84-288-4320-1
Depósito legal: M-20761-2025

Prólogo

Este libro nace del deseo profundo de **dar voz al camino que santa Teresa de Jesús trazó por nuestras ciudades**, un itinerario que no solo pertenece al pasado, sino que sigue latiendo en la memoria, en las piedras y en el alma de cada lugar.

La **Red Huellas de Teresa** une a catorce ciudades que comparten el privilegio –y la responsabilidad– de haber sido tocadas por la presencia de Teresa de Jesús. Fundaciones, estancias, pasos breves o prolongados, encuentros, cartas, obras... Cada ciudad es un eslabón en la cadena de su legado, cada rincón conserva algo de su espíritu. Conscientes de esta herencia, decidimos reunir, en este libro, el relato de lo que Teresa vivió y sembró en cada una de ellas.

Pero este no es un libro de historia –aunque contenga historia–, ni un libro devocional –aunque despierte fe–. Es un **libro de viaje interior y exterior**, donde se cruzan la geografía y el alma, la mística y la vida cotidiana, la huella espiritual y el patrimonio visible. Porque Teresa no fundaba solo conventos: **fundaba estilos de vida, formas de mirar, maneras de caminar**.

Cada capítulo ha sido escrito con cuidado, buscando el tono justo entre la narración y la fidelidad documental y la poesía que brota del contacto con lo auténtico. Hemos querido que cada ciudad hable con su voz, pero que todas respiren un mismo aliento: el de Teresa. Así, el lector podrá recorrer con ella los caminos de Castilla y León, Andalucía, Castilla-La Mancha o la región de Murcia, podrá detenerse en una celda o en una iglesia, en una plaza o en un convento.

Desde la **Red Huellas de Teresa** ofrecemos estas páginas como una invitación a recorrer, a detenerse, a mirar con profundidad, a descubrir una **puerta abierta al encuentro con Teresa**, con sus hijas, con sus palabras, con sus pasos, con sus ciudades. Y que cada lector –como ella– descubra que el verdadero viaje no es solo hacia fuera, sino hacia dentro.

Red Huellas de Teresa

ÁVILA DE TERESA
TERESA DE ÁVILA

Es una mañana de primavera, aunque en Ávila el viento suele empeñarse en complicar un poco la llegada del buen tiempo. La altitud de la ciudad se nota para el viajero en muchos detalles que los abulenses dan por cotidianos. Espero sentado tomando un café a la sombra del racionalismo de Moneo. Estoy en el Grande. Mi contacto me ha citado unos metros más allá, en la esquina de Disco 70, me ha dicho. Sin duda, algún reducto de la intrahistoria de la ciudad que todavía marca el callejero para los iniciados, pasa en todas las ciudades que aún se resisten a vender su alma. Pero lo cierto es que en la esquina que intuyo correcta hay una tienda de yemas, de Santa Teresa.

Juan llega con ropa formal, pero no demasiado, consultando el reloj para confirmar su puntualidad y con una carpeta que me desliza cuando llega a mi mesa. Le interrogo con la mirada, ¿para qué hemos quedado en Ávila? "Tengo un encargo para ti". Endulzó las palabras misteriosas con una de esas sonrisas que anticipan algo delicado.

–¿Contar las piedras de la muralla?

–Casi. –La carpeta contiene informes, guías, relatos y alguna fotocopia.

Todo sobre Teresa de Jesús: vida, fundaciones, monumentos...–. Queremos que busques las huellas de la Santa. Hoy. Todo lo que puedas encontrar.

–¿Huellas de Teresa? –A mi alrededor, de repente, la mística estaba por todas partes, en dos estatuas, una en cada esquina de la plaza, en la tienda de yemas, en el propio nombre oficial del lugar–. ¡Pero eso me puede llevar meses!

–Me vas contando. –Se levantó, hizo una ligera inclinación hacia la escultura de la Santa que remata el monolito–. A ella sé que no le vas a decir que no.

El Grande me pareció de repente demasiado grande, prácticamente vi a la cercana muralla caer piedra a piedra sobre mí y no supe si volver a abrir la carpeta o comérmela directamente, remojada en el café que se había quedado frío.

De vuelta a casa, hubiera sido un buen momento para colgar mi sombrero tras la puerta de mi despacho, reclinar el respaldo y poner los pies encima de la mesa mientras la estancia se llena de humo negro. Pero no fumo, no uso sombrero y no tengo silla reclinable. Así que me conformé con teclear "Ávila" en el buscador y añadir "Teresa de Jesús" al resultado. Por algún sitio había que empezar a buscar.

Teresa de Jesús o Teresa de Ávila: cuatro libros mayúsculos, un puñado de escritos más breves y dispersos, quince mil cartas, más de seis mil kilómetros recorridos en carromatos y mulas por los caminos del siglo XVI y diecisiete conventos de monjas en sesenta y siete años de vida. Son para dejar huella y, supongo, todo comienza en Ávila, su ciudad natal.

Desde Salamanca, la entrada a Ávila me lleva directo a uno de los aparcamientos en el perímetro de la muralla, precedido de un tramo de calles empedradas que siempre me recuerda alguna de las etapas míticas de la Vuelta, al fin y al cabo estamos en tierra de místicos, pero de ciclistas también (si es que no es lo mismo). Enseguida, tras una de las puertas de la muralla aparece la plaza de la Santa, donde se encuentra el convento carmelita levantado en el siglo XVII sobre la casa en la que nació.

Una gran escultura de aureola dorada domina, desde la hornacina principal, una fachada señorial que transmite una sensación de firme eternidad con su alma de granito. Imponente construcción que acabó por borrar por completo las huellas de la primitiva casa, junto al antiguo hospital de Santa Escolástica, que se construyó Alonso Sánchez, padre de Teresa, cuando llegó a vivir a Ávila huyendo de un incómodo pasado en Toledo como descendiente de una familia conversa.

"En miércoles, 28 días del mes de marzo de 1515 años nació Teresa, mi fija, a las cinco horas de la mañana, casi amaneciendo". Escribió el propio Alonso en su pequeña crónica familiar el alumbramiento de su hija, fruto de su segundo matrimonio con Beatriz de Ahumada. Don Alonso enviudó de su primera esposa, doña Catalina, a los 27 años, con dos hijos, y volvió a casarse. Lo hizo con una pariente de su primera esposa, por lo que tuvo que pedir dispensa papal. Con ella tendría en total diez hijos.

La transcripción de la cita con el nacimiento es una de las muchas frases que se encuentran hoy repartidas por el conjunto conventual carmelita y que permiten al visitante dotar de un fuerte simbolismo el lugar que recorre.

La niña Teresa se cría en una familia con nueve hermanos y tres hermanas, aunque ella era la favorita de don Alonso –que ennoblecía a su estirpe colocando el apellido Cepeda, que tomó de su abuela paterna–, y ella a su vez sentía por su padre un sólido afecto. "Era mi padre hombre de mucha caridad con los pobres y piedad con los enfermos y aun con los criados; tanta, que jamás se pudo acabar con él tuviese esclavos. Era de gran verdad. Jamás nadie le vio jurar ni murmurar. Muy honesto en gran manera".

De don Alonso sabemos que se pasó la vida intentando ser reconocido como hidalgo y que su economía gozaba de relativa bonanza, permitiéndose un elevado número de criados y trabajadores, bien en Ávila, bien en las propiedades de Gotarrendura aportadas al patrimonio común por doña Beatriz.

El sol apenas traspasa la potente fachada de la Santa, pero ya en el interior de la iglesia hay un grupo nutrido de visitantes, receptor colgando de una cinta azul al cuello para seguir la explicación del guía. Me aguarda el rector de la basílica, el padre David, que se encoge de hombros ante mi gesto de extrañeza por la presencia de turismo tan temprano. "Vienen a todas horas, de todos los rincones del mundo, y aunque ven el arte impresionante que hay aquí, sobre todo quieren saber cosas de Teresa de Jesús: es la dimensión de esa mujer única que ha cambiado tantas vidas".

Porque más allá del dorado del retablo, de la maestría de Gregorio Fernández, del recogimiento que se respira, el rector tiene claro que "lo especial de esta casa no es solo que aquí nace Teresa, que es el origen de todo, sino que aquí aprende a leer y escribir, adquiere esa capacidad de contar su experiencia y su pensamiento".

"Era mi padre aficionado a leer buenos libros y así los tenía de romance para que leyesen sus hijos", explica la Santa, de la que también conocemos que, junto con su madre, doña Beatriz, pasa grandes momentos de lectura con libros de santos, pero también de caballería. En una sociedad con una gran tasa de analfabetismo, más aún entre las mujeres, Teresa afirma "si no tenía libro nuevo, no me parece tenía contento".

El padre David me guía hasta la joya de la corona, la capilla que se encuentra en el lugar donde nace Teresa. ¿Cómo puede saberse el punto exacto? El rector me responde con un gesto resignado que denota que no es la primera vez que escucha la pregunta. "El padre, don Alonso, muere con muchas deudas y la casa pasa a otras manos que la acaban abandonando y dejando en ruinas, hasta que con la canonización de Teresa de Jesús empiezan los movimientos para recuperar el solar y que se instalaran aquí los carmelitas descalzos". En 1630 apenas había ya nada de la vivienda, "pero quedaban vivas personas que la habían conocido y señalaron este lugar, que estaba en el primer piso de la casa, así que se construye una cripta debajo para levantar todo el piso del templo a la altura de aquella habitación y el altar mayor se construye a su lado".

La capilla es un auténtico joyero barroco, lleno de detalles, símbolos y alusiones a la vida de Teresa, su actividad fundadora y su vivencia espiritual. En su centro, la imagen de la Santa de Gregorio Fernández, de rodillas. Su mano derecha avanza en el vacío. Antes formaba conjunto con un excepcional Cristo atado a la columna que se encuentra en un lateral del templo, pero hoy, sin esa alusión concreta, esa mano se ha convertido en un auténtico tratado místico.

Protagonista de varias escenas representadas en la estancia es Rodrigo, el hermano cómplice, con quien Teresa se juntaba a leer vidas de santos y con quien planea ir "a tierra de moros, pidiendo por amor de Dios, para que allá nos descabezasen". Fuga que la tradición sitúa exactamente hasta los Cuatro Postes, que parece mucho caminar para unos niños, aunque la vista de Ávila que desde allí se disfruta siempre merece una parada.

A Teresa y Rodrigo los vemos, retratados en piedra, en un pequeño jardín junto a la cámara que recrea la alcoba natal. "De que vi que era imposible ir adonde me matasen por Dios, ordenábamos ser ermitaños; y en una huerta que había en casa procurábamos, como podíamos, hacer ermitas, poniendo unas piedrecillas, que luego se nos caían".

Dos décadas permaneció Teresa en esta casa, hasta su profesión como hermana del Carmen. Momentos inocentes, felices y amargos de los que quinientos años después no queda demasiado rastro físico, pero sí la particular fuerza que su palabra escrita transmite al reconocerse en los mismos lugares de su vida. Salgo del convento con intención de hacer a Juan el primer reporte. Una mezcla de acentos sobrevuela la plaza mientras el mismo grupo de turistas, o quizá otro, se toma una foto dejando en el medio la dulce estatua de la Santa realizada por Óscar Alvariño. Le han puesto una flor en el regazo, otros le tocan las manos, como si pudiera contagiarse así la tersura de sus palabras. Escribo un rápido mensaje: "Abrumado por la presencia difícil de explicar de Teresa en su casa natal. El padre David me ha dado una guía de momentos y lugares. Ávila está llena de huellas".

El sol de la mañana ha cogido vuelo, pero no se aleja del todo cierta amenaza de frío. Lo que cambia el tiempo en unas decenas de kilómetros, pienso, mientras no puedo dejar de autorreñirme con voz de mi madre en la cabeza por no haber sido un poco más precavido. El siguiente punto de mi itinerario es la Catedral. Voy atravesando desde La Santa calles suspendidas en el tiempo entre viejas piedras, casas, palacios. En la plaza del Corral de Campanas me encuentro con san Juan de la Cruz, también él como suspendido, avanzando en mitad de una plegaria. Veo que aquí lo que se toca al santo son los pies, bruñido el bronce que sostiene al humilde fraile, al inigualable místico.

De camino al templo, la iglesia de San Juan Bautista. Un espacioso templo gótico que conserva la pila medieval en la que fue bautizada Teresa a los pocos días de nacer, como era costumbre. Tuvo a Francisco Vela como padrino, miembro de la poderosa familia que habitó el palacio de los Núñez Vela, tan cercano a la casa de don Alonso.

La plaza del Mercado Chico ofrece a esa hora el trajín cotidiano de abulenses que van y vienen con sus compras y también el ruido de los bares que finalmente se animan a colocar la terraza. Una imagen de santa Teresa me observa pasar, algo obstinado en mi caminar con viento de cara, desde una farmacia con apariencia centenaria.

Me asalta un viejo recuerdo y entro en el ayuntamiento a corroborarlo. Me recibe un guardia de seguridad con amabilidad y abierta sonrisa. Me pregunta qué deseo y le digo que sencillamente ver si sigue una escultura en la escalera. Antes de que eche mano a las esposas, doy un rápido vistazo y corroboro que en el lugar principal de la escalera más solemne de la ciudad se encuentra una escultura de la Santa, una réplica de la que iré a buscar un poco después a la Encarnación. Me despido y salgo, dejando atrás una sonrisa de desconcierto.

Así llego a la Catedral. Se dice que es la primera gran obra gótica de España y lo cierto es que impresiona por una extraña mezcla de robustez, con su ábside fortificado encajado en la muralla, y de cierta airosidad. Me entretendría horas ante su portada y aún más, dentro, ante la colosal girola de piedra sangrante que custodia el sepulcro de Alonso de Madrigal, el Tostado, maravilla de Vasco de la Zarza. Pero he venido a verla a ella, la Virgen de la Caridad. Desde el siglo XIX en varios emplazamientos en el templo cuando fuera trasladada de la antigua ermita de San Lázaro. Es la imagen a la que acude la niña Teresa cuando se queda huérfana de doña Beatriz, a pedir a la Virgen que la acoja como su hija. "Afligida, fuime a una imagen de Nuestra Señora y supliquela fuese mi madre, con muchas lágrimas".

No hay más de cinco minutos en un tranquilo paseo desde la Catedral hasta Nuestra Señora de Gracia. Invita la ciudad a dejarse llevar por un trazado en zigzag de las calles, ya tomadas a esas horas por turistas y peregrinos. Antes de cruzar la muralla y salir al Grande, por entre las cabezas de la multitud asoma la de Adolfo Suárez, tratando de contagiar a los que le pasan al lado con su porte tranquilo, manos a la espalda, característico gesto con el que lo retrató Emilio Velilla. Los restos de Suárez y de su esposa reposan cerca, en el claustro de la Catedral. No pudo Ávila acoger, más que en un breve período, los de Teresa de Jesús, pero, más allá de esta circunstancia, la influencia de la mística en el arquitecto de la Transición fue innegable –Herminia, su madre, vivía muy próxima a los frailes carmelitas y él mismo era un habitual en las misas del convento–. El lema "la concordia fue posible" sintetiza el espíritu de conciliación de Suárez tras la noche de la dictadura. Un continuo caminar en el alambre que más de una vez estuvo cerca de romperse con consecuencias impredecibles. Fue ese riesgo valiente que, quizá, el político hubiera aprendido de aquella mujer única que se lanzó a una reforma profunda de su mundo, y con él de toda la Iglesia, guiada por la concordia entre su corazón y Dios.

Y aquello tampoco estuvo exento de dificultades y sufrimiento. De que estallara todo por los aires en más de una ocasión. Suárez no paró y ella tampoco: "digo que importa mucho, y el todo, una grande y muy determinada determinación de no parar hasta llegar, venga lo que viniere, suceda lo que sucediere, trabájese lo que se trabajare, murmure quien murmurare, siquiera llegue allá, siquiera se muera en el camino o no tenga corazón para los trabajos que hay en él, siquiera se hunda el mundo".

Con este eco de *Camino de perfección* llego hasta el primer convento que acogió a Teresa de Jesús. Un lugar para nobles doncellas en el que su padre quiso curarle algunos pecados de juventud, como alguna mala compañía o el gusto por las galas. "No me parece había tres meses que andaba en estas vanidades, cuando me llevaron a un monasterio que había en este lugar". La joven Teresa ingresa con "gran enemistad" a la idea de ser monja, pero en esa estancia, que se prolonga durante un año y medio, empieza a acercarse a la oración –"mas todavía deseaba no fuese monja, aunque también temía el casarme"–, hasta que una grave enfermedad obliga a poner fin a su estancia en Nuestra Señora de Gracia.

Aunque para el mundo Ávila será siempre su muralla y lo que dentro de ella acontece, la ciudad también se teje fuera de sus almenas. Lo hace evidentemente hoy con barrios muy alejados de la vieja protección medieval, pero desde hace siglos hubo intensa vida extramuros. El monasterio de la Encarnación es un buen ejemplo. Los vestigios dicen que sobre un antiguo cementerio judío se levantó en el siglo XVI un gran convento carmelita, trasladado a la zona desde el interior de la muralla, precisamente ante las grandes dimensiones de la comunidad.

Dejando la muralla a la espalda, y el Lienzo Norte, palacio de congresos, dos cosas sorprenden del monasterio a primera vista. Sus grandes dimensiones y la impresionante escultura de santa Teresa que recibe al visitante. Se trata de una gran obra de Fernando Cruz Solís, uno de los grandes imagineros religiosos del siglo pasado. La realizó en 1968 y en un principio se pensó para el Grande, aunque finalmente fue trasladada al cobijo de la tan característica espadaña.

Para los abulenses es, sencillamente, la Andariega y es una de las imágenes más simbólicas de la Santa. Siempre parece Teresa aquí a punto de iniciar viaje, camino a alguno de sus conventos por fundar. Hace años tuve ocasión de hablar con los hijos del autor, Marisa y Fernando Cruz López. Me desvelaron cómo su padre tuvo que romper parte del techo de su estudio para que cupiese el modelado en barro y que la relación con las monjas de la Encarnación fue tan estrecha que siguió carteándose con ellas muchos años después de acabada la escultura.

Y todo comienza con una fuga. Teresa no se atreve a decirle a su padre que finalmente quiere consagrarse a Dios y el 2 de noviembre de 1535, con 20 años, abandona su casa e ingresa en el convento: "acuérdaseme, a todo mi parecer y con verdad, que cuando salí de casa de mi padre no creo será el sentimiento cuando me muera".

Pero todo se acaba arreglando y la dote de su padre permitirá a la joven ingresar como una de las "doñas" del convento en una celda de dos pisos, oratorio privado, despensa y recibidor. En aquella Encarnación se marcaban las diferencias sociales, era habitual personal de servicio para las más pudientes y se llevaba un estilo de vida en general poco riguroso.

Pero, pese a las apariencias, se pasa hambre y la salud de Teresa se deteriora: "comenzáronme a crecer los desmayos y diome un mal de corazón tan grandísimo que ponía espanto a quien le veía, y otros muchos males juntos". Tanto, que la joven debe abandonar la comunidad para tratarse y acaba cayendo en un coma profundo de cuatro días. Es agosto de 1539 y piensan que solo volverá al convento a ser enterrada: "teníanme a veces por tan muerta, que hasta la cera me hallé después en los ojos".

Consigue salir del trance y regresa enseguida a la Encarnación a recuperarse. Y aquí empiezan a acontecer algunos hechos cruciales, como encomendarse a san José, bajo cuya advocación erigirá la mayor parte de sus conventos desde una poderosa devoción. "Es cosa que espanta las grandes mercedes que me ha hecho Dios por medio de este bienaventurado santo, de los peligros que me ha librado, así de cuerpo como de alma".

Varios autocares han venido a recoger a un grupo muy numeroso de visitantes. Salen admirados de La Encarnación. Parroquias, grupos, pero también visitantes individuales se acercan a conocer el lugar donde late el poderoso espíritu reformista de Teresa. Hay mil fotos con la Andariega y también alguna broma con lo oído en la visita. ¡Cuidado con el sapo!

Aluden a una de las visiones teresianas más icónicas. Recuperada de su enfermedad, debe asumir cada vez más tareas sociales. El trato con donantes y benefactores es indispensable para la salud financiera del convento y doña Teresa, de conversación graciosa, cautivadora y sociable, es un activo vital. Pero ella empieza a tener visiones que le señalan que ese no es su camino. "Representóseme Cristo delante con mucho rigor, dándome a entender lo que de aquello le pesaba", fue a mitad de una de esas entrevistas "sociales". En otra, efectivamente, se le aparece un sapo. "Vimos venir hacia nosotros –y otras personas que estaban allí también lo vieron– una cosa a manera de sapo grande, con mucha más ligereza que ellos suelen andar".

Comienza una lucha interior que desemboca en 1554, cuando finalmente encuentra su camino ante una imagen de un Ecce Homo –que hoy se conserva en el museo–. La contemplación de este "Cristo muy llagado" le causa un sentimiento demoledor, "fue tanto lo que sentí de lo mal que había agradecido aquellas llagas, que el corazón me parece se me partía". Le pide que la ayude a encontrar definitivamente su modo de vida.

Resuena en la iglesia del convento un murmullo respetuoso hacia un espacio de un barroco abrumador, en el que se suceden los ecos de lo vivido por santa Teresa. Hay tres grandes retablos, el principal presidido por una Encarnación, pero es en la capilla de la Transverberación donde uno más percibe estar muy cerca de Teresa. Es el espacio que acogió su antigua celda y donde vivió uno de los episodios de más densa espiritualidad. "Veía un ángel cabe mí (...) Veíale en las manos un dardo de oro largo, y al fin del hierro me parecía tener un poco de fuego. Este me parecía meter por el corazón algunas veces y que me llegaba a las entrañas; al sacarle me parecía las llevaba consigo, y me dejaba toda abrasada en amor grande de Dios". La Santa ha cumplido 45 años, ha comenzado a leer las Confesiones de san Agustín y siente llegado el momento de lanzarse a fundar.

Hola, Juan. No es que haya encontrado huellas en la Encarnación, es que me han sepultado. Luego te detallo, pero detrás de cada piedra hay una historia. Las visiones místicas, las conversaciones con san Pedro de Alcántara, que la tranquiliza. El grupo de monjas con las que empieza a tratar la reforma descalza... Voy camino de San José, pero me voy a desviar un momento hasta el convento dominico de Santo Tomás. Me han contado que en la capilla del Cristo de las Angustias conservan uno de esos famosos confesionarios de la Santa. Ahí fue donde ya decidida a fundar, en 1561, siente el impulso definitivo con la visión del manto blanco y el collar de piedras preciosas que le colocan la Virgen y San José, que me contó el padre David en La Santa para explicarme el relieve del altar. Seguro que merece mucho la pena.

Vuelvo sobre mis pasos para adentrarme en el viejo barrio de San Roque. Uno de esos arrabales vivos que siempre rodearon la parte amurallada y cuya memoria se hunde en siglos y mezcla de acentos y credos. El bullicio de Duque de Alba con sus tiendas, su tráfico, su griterío escolar, desaparece de repente. El silencio gana terreno hasta llegar frente al convento de San José o, sencillamente, las Madres.

Un espacio recogido y austero donde no puedo evitar jugar a imaginarme la sencilla llegada de esas pocas hermanas que acompañan a Teresa en la locura de salir de la Encarnación y empezar una vida más auténtica e intensa. Fue un agosto de 1562 y, por supuesto, no fue fácil. "No se podrá escribir en breve la gran persecución que vino sobre nosotras, los dichos, las risas, el decir que era disparate". Las críticas se cernían sobre ellas desde todos los frentes, sin que faltara el inevitable decir que aquellas empresas "no eran cosa de mujeres".

Teresa va poco a poco tejiendo la idea de una nueva vida conventual con otras religiosas afines en La Encarnación. Eso ya suscita los primeros rechazos, ya que el convento es una maquinaria muy grande que siempre está falta de fondos, con el hambre llamando a menudo a la puerta. Muchas no entienden que si doña Teresa tiene capacidad para atraer donativos los destine "a otra parte" y hasta un puñado de hermanas claman para que a la atrevida monja "la echen a la cárcel". Pero Teresa tiene un camino trazado. En oración Jesús le ha dicho que no tema por nada, que ese nuevo convento se va a hacer y será "una estrella que diese de sí gran resplandor".

Hay que encajar un delicado puzle que incluye la solicitud a Roma de autorización –de lo que se encargan su amiga doña Guiomar de Ulloa y la madre de esta, doña Aldonza de Guzmán–, las gestiones de fray Pedro de Alcántara para que el obispo, Álvaro de Mendoza, apoye la fundación y la búsqueda de la casa donde acometerla, tarea que recae en su hermana Juana de Ahumada y su marido, Juan de Ovalle, que se trasladaron temporalmente desde Alba de Tormes.

En Ávila hay gran revuelo y la propia Teresa, acompañada por su hermana Juana, escucha en el sermón cierto día en Santo Tomé la airada crítica del sacerdote contra esas monjas que no guardaban clausura y andaban todo el día de allá para acá bajo el "pretexto" de fundar nuevas órdenes. Juana se quiere morir y a Teresa le da la risa.

Pero las cosas se enmarañan. El provincial carmelita, Ángel Salazar, que en un principio ha visto con buenos ojos el proyecto descalzo, decide dejarlo en suspenso y manda a Teresa a Toledo, a consolar a la importante señora doña Luisa de la Cerda en su reciente viudedad.

Con la impulsora fuera de Ávila, las obras del futuro convento muy poco adelantadas por falta de dinero y con casi todo en contra, parece que el sueño fundador ha acabado, pero nada más lejos. Teresa encuentra en doña Luisa una gran aliada que le permite ir avanzando en las cuestiones prácticas de la futura vida descalza; un dinero enviado desde Quito por su hermano Lorenzo impulsa las obras; y el obispo Mendoza admite tener bajo su obediencia directa la nueva comunidad que se ponga en marcha, que al fin logra un breve pontificio de autorización.

Tiene hoy San José capilla e iglesia. La capilla, dedicada a san Pablo, presenta actualmente el aspecto del que la dotó la primera reforma sufragada por Francisco de Salcedo, el Caballero Santo de Teresa, enterrado al pie del altar. Pero fue aquí, al tañido de una famosa campana rota que se conserva, donde se ofició la primera misa el 24 de agosto de 1562. "Fue el Señor servido que, el día de san Bartolomé, tomaron hábito algunas y se puso el Santísimo Sacramento, y con toda autoridad y fuerza quedó hecho nuestro monasterio del gloriosísimo padre nuestro San José".

Un punto de no retorno en el que Teresa de Cepeda y Ahumada ya no existe más. En adelante será solo la madre Teresa de Jesús, acompañada por Antonia del Espíritu Santo, María de la Cruz, Úrsula de los Santos y María de San José, las primeras descalzas. Cuatro religiosas pobres, sin dote que ofrecer al convento, pero con toda la fe del mundo: "que esto se pretendió al principio, que entrasen personas que con su ejemplo fuesen fundamento para en que se pudiese el intento que llevábamos, de mucha perfección y oración".

Por la primera puerta en la parte izquierda del convento se accede a un pequeño espacio donde la generosidad de las madres ha permitido exponer, tras las rejas de recia clausura, algunos de los elementos que hablan de cómo debió de ser esa vida. Hay obras de arte deslumbrantes, con firmas como Alonso Cano o Zurbarán, pero anoto en mi cuaderno de viaje pequeños detalles que denotan la intensidad con la que se inició esa reforma de austeridad y ascetismo. Se conserva un trozo de madera que Teresa, a pesar de sus molestias físicas, reemplazaba por su almohada, ya que a menudo no le era posible otra penitencia. También un curioso crucificado, el llamado Cristo de los Piojos.

Las monjas de San José pidieron a la madre una tela más recia y pobre que la del anterior hábito carmelita. Pero el infortunado nuevo tejido era un auténtico manjar para polillas y piojos, que causaban enorme molestia a las hermanas. Según cuenta Isabel de Santo Domingo, la fundadora compone una letra que repite el motivo "librad de la mala gente este sayal" y entonándola se organiza una procesión. Teresa pasa horas de rodillas ante el Santísimo y cuando se levanta los piojos han comenzado a desaparecer.

Aprovecho un momento de quietud para adentrarme en la momentáneamente vacía iglesia conventual. Una sola nave, cubierta por una llamativa bóveda que evoca a la piedra sangrante, con tres capillas a cada lado, todas llenas de detalles y recuerdos significativos de la vivencia espiritual de Teresa. Aquí están enterrados familiares de la Santa –entre ellos su tío Lorenzo, quien la encuentra en los Cuatro Postes–, Gaspar Daza, quien ofició la primera misa en el convento, o el fiel Julián de Ávila, primer capellán.

Un delicado san José con el Niño, obra quizá de Manuel Pereira, protagoniza un altar mayor de barroco contenido, fruto de una ambiciosa reforma iniciada fallecida ya la Santa, año 1586, a cargo del obispo Álvaro de Mendoza –que se procura un lugar junto al altar para su enterramiento– y Francisco Guillamas. Las tareas las ha dirigido Francisco de Mora, que, aunque es maestro mayor de obras de la Villa de Madrid, se ve deslumbrado por Teresa de Jesús y se implica profundamente en este trabajo con el que fija el prototipo conventual de los descalzos. La iglesia se inaugura ya en 1615 y desde ese momento Ávila tiene a la Santa como patrona.

Lejos quedaban ya esos días de verano de 1562 en los que tanto desde la Encarnación como desde la ciudad se clamaba contra Teresa de Jesús. De hecho, la fundadora tendría que regresar al convento al que pertenecía para explicar todos los detalles de lo realizado y escuchar duras acusaciones de haber fundado para vanagloriarse. Pero lo más grave fue la convocatoria del Consejo de Ávila llamando a "todos los estados de la ciudad" contra las monjas pobres de San José. El problema no es solo que se haya levantado un convento más que vivirá de limosnas, sino que sus obras han ocasionado "un daño para la república" al supuestamente dejar en umbría el canal de traída de aguas del que se abastecían los abulenses, con peligro de que se congelara.

Teresa es juzgada con severidad y asume su culpa –como estrategia procesal con tal de que no se deshaga la fundación– y poco a poco las aguas, nunca mejor dicho, se van calmando. En oración, la madre tiene varias visiones que auguran un buen desenlace: Jesús le coloca una corona como símbolo de lo que está sufriendo y la Virgen la ampara bajo su manto a ella y sus monjas.

Efectivamente, el 22 de agosto de 1563 Teresa de Jesús recibe la autorización para residir en San José. "Nos diese licencia nuestro padre provincial para venir yo a esta casa con otras algunas conmigo (que parecía casi imposible darla tan en breve), para hacer el oficio y enseñar a las que estaban.

Fue grandísimo consuelo para mí el día que vinimos". Una vez que la madre regresa a su comunidad descalza "era mucha la devoción que el pueblo comenzó a tener con esta casa. Tomáronse más monjas, y comenzó el Señor a mover a los que más nos habían perseguido para que mucho nos favoreciesen e hiciesen limosna; y así aprobaban lo que tanto habían reprobado, y poco a poco se dejaran del pleito y decían que ya entendían ser obra de Dios".

Nada más entrar en la actual iglesia de San José, a la izquierda, se abre la capilla del Nacimiento, bellamente decorada por algunos de los mejores pintores de la corte del siglo XVII. Es uno de los espacios más especiales de todo el convento, ya que se edifica sobre la que fue sala capitular en tiempos de la Santa.

Fueron cinco años los que pasó aquí antes de continuar sus fundaciones y no duda en calificarlos como "los más felices de mi vida". Se siente Teresa rodeada de "almas tan santas y limpias" y se asombra del desinterés que sienten por las cosas mundanas, el total desapego a lo material y su dedicación a la vida contemplativa en una comunidad pobre y solidaria: "si alguna vez no había para todas el mantenimiento, diciendo yo fuese para las más necesitadas, cada una le parecía no ser ella, y así se quedaba hasta que Dios enviaba para todas".

De San José, no obstante, saldrá en 1567 para continuar en Medina del Campo su imparable reforma. Nunca perderá de vista este primer convento, al que volverá en varias ocasiones, aunque siempre de forma temporal. De aquí partió a recorrer los caminos apoyada en su voluntad y un pobre bastón que hoy guardan los padres en La Santa. Este es el kilómetro cero de esa revolución contra infinitas dificultades y complicaciones salvadas a fuerza de fe hasta cerrar los ojos en Alba de Tormes. No regresó Teresa tampoco después de muerta, salvo un breve período de nueve meses, entre 1585 y 1586. Como recuerdo, queda la bella urna de madera damasquinada que fue su sepulcro aquí y también la camisola que vestía ese último día en el que dijo "ya es tiempo de caminar".

En la calle de las Madres el sol baña las paredes tranquilas y regala destellos a las herramientas de carpinteros que lucen en la fachada del convento San José y el Niño, obra de Giraldo de Merlo. Miro el reloj, es hora de volver. Voy cargado de historias. Tan curiosas como el regreso de Teresa a la Encarnación como priora en 1571. El convento entonces tenía inmensas necesidades y el visitador carmelita pensó que la capacidad gestora de la madre le iría bien, dejando de paso aparcada su actividad fundadora que empezaba a molestar a muchos. A pesar de que ella decía que había sido "el hambre" lo que la había hecho priora, su regreso no fue fácil, porque muchas monjas temían que las obligara a dejar la regla mitigada. Algunas llegaron a atrincherarse y a obligar a la madre y sus acompañantes a abrirse paso a empujones. Lo hizo portando una imagen de vestir de san José, que todavía hoy puede verse y al que las monjas llamaron el Parlero, porque supuestamente le chivaba a la Santa lo que hacían cuando no estaba, como cuando el profesor se va de clase y pide al delegado que apunte en la pizarra al que se porta mal.

Teresa ordenó la vida conventual, pero sobre todo buscó limosnas y rentas para garantizar la dignidad de sus monjas. Y eso que el día de su toma de posesión aseguró que ella, que solo estaba allí para cuidarlas a todas, solo iba a ser la vicaria y al decirlo colocó en la silla de priora la imagen de la Virgen de la Clemencia con las llaves del convento.

Historias como esa leyenda de descalzarse ante la Virgen de la Soterraña con sus primeras monjas camino a San José, en la cripta que puede visitarse en la maravillosa basílica de San Vicente; las ruinas de San Gil, por donde pasaron tantos jesuitas en los que se apoyó Teresa, entre ellos Francisco de Borja; o la retranca abulense de llamar la Manazas a la escultura que hizo Vassallo junto a la muralla en el Grande, imagen universal de la ciudad. Allí justo me espera Juan.

–Decir que hay huellas de Teresa en Ávila es decir que el agua moja. Cuesta separar la ciudad de la Santa. Más de ochocientas teresas pululando por sus calles. Más de cien negocios con su nombre de una manera u otra. Yemas, suministros, hormigones, pan. Inmobiliarias, hoteles, clínicas, colegios. Clubes de jubilados, peñas ciclistas, de petanca. Calles, azulejos, medallas, rosarios, llaveros…

–¿Sabes qué? Hay otros muchos lugares con huellas de Teresa. Sería bonito recorrerlos –responde Juan con su ya clásica sonrisa.

–¿Y tú sabes qué? Teresa nunca iba sola. Vas a tener que venir conmigo.

MEDINA DEL CAMPO
EL ENCUENTRO QUE LO CAMBIA TODO

El tren avanza por la inmensa llanura a velocidad de vértigo. Por la ventanilla se empieza a dibujar la ciudad arropada por su castillo. Se aproxima el animal mecánico con su pico romo a los arrabales, entre extensos campos agrícolas con pequeñas construcciones aisladas.

Se asoma a los cristales la vieja grandeza de una ciudad con una de las fortificaciones más famosas de Castilla. El lugar de las ferias más importantes, de la plaza más grande, el eterno cruce de caminos. Hoy un nudo ferroviario que articula en gran parte el tráfico del noroeste de la península. Quizá no fuera del todo casualidad que en estas calles tuviera lugar uno de los encuentros más importantes de todos los tiempos para la espiritualidad, la mística y la literatura: el de Teresa de Jesús y un fraile de cuerpo menudo y mundo interior infinito llamado Juan de la Cruz.

Como Juanito Yepes había crecido y leído sus primeras letras en Medina del Campo. Ha nacido en Fontiveros, pero su madre, Catalina Álvarez, tras enviudar, ha buscado mejor suerte para la familia, alguna posibilidad más de subsistir, mudándose primero a Arévalo y finalmente a Medina. Cuando

llegan, el niño apenas
tiene nueve años y, a pe-
sar de los esfuerzos maternos, crece
en un entorno de pobreza de solemnidad. Empero
este comienzo, aquel pequeño sabrá encontrar el camino a un manejo emocionante de las palabras en un aprendizaje que tiene aquí su punto de partida.

Quizá en estos barrios que bordea la línea del tren que se aproxima corriera nuestro Juanito. Quizá aquí (o quizá en Fontiveros, debaten los expertos) fuera donde cayó en esa especie de ciénaga de la que lo sacó un labriego
porque no quiso darle la mano a la señora luminosa que se la ofrecía, por
temor a mancharla de barro.

Algunos años después, ya fraile, volvería a Medina a reunirse con esa
monja que andaba revolucionando el panorama religioso del reino con su
empeño en buscar una vida más austera, sencilla y entregada a Dios. Fue a
conocerla convencido de que su destino estaba en el silencio cartujo y acabó
reclutado para la causa de Teresa de Jesús.

En Medina del Campo, histórica encrucijada, un encuentro lo cambió todo y en sus calles siguen resonando los ecos de los juegos del niño, las dudas del fraile y la determinación de Teresa para acometer su crucial segunda fundación.

No sabría decir qué he comido ayer, pero tengo un recuerdo nítido de todos y cada uno de los adornos, que eran muchos, que mi abuela guardaba en su salón comedor de aquella pequeña casa del barrio Vidal de Salamanca donde pasé muchas tardes de mi niñez. Era el mueble principal una suerte de inventario de recuerdos propios y ajenos, donde figuraba un vestigio en forma de barca de escayola de la primera vez que mis abuelos habían visto el mar, una torre Eiffel de cristal (que al parecer alguna vez había contenido un perfume), memoria de su etapa de emigrantes a Francia, y un gran plato de filos dorados como recuerdo de Medina del Campo.

No sé cómo habría llegado allí, pero de ese plato siempre me inquietaron dos cosas: que no se usara para comer, algo que yo sugería cada vez que en una reunión veía que andábamos algo cortos de vajilla, y que el gran castillo que ocupaba todo el fondo estuviera lleno de "agujeros".

Se lo pregunté mil veces a mi abuelo, que con paciencia me trataba de explicar los misterios de la construcción (entre otras muchas cosas, había sido albañil) y qué era un mechinal. Cientos de veces lo dibujé en la cara en blanco de las hojas de sucio reutilizadas, con bien de mechinales. "Qué bruto eres", se lamentaba mi abuela.

No sé qué fue de aquel plato, pero ver tantos años después el castillo erguirse frente a mí me instaló esa sensación de que dentro del pecho de repente todo era un poco más blando. En el gran aparcamiento antes de la barrera artillera iban y venían autocares y yo solo me fijaba en los mechinales, que tan mal supe dibujar, y las muchas heridas sobre los ladrillos dejadas por siglos de disputas y batallas que seguramente mi abuelo me ocultó por temor a que también quisiera emularlas sobre el sofá.

Lo cierto es que Medina del Campo no puede entenderse sin una fortaleza que es tan antigua como la propia villa. Lugar destacado en las continuas luchas entre bandos medievales, muchos de ellos vinculados con la llegada al trono de Isabel de Castilla, otra de las figuras clave en la historia de la localidad. Curiosamente, muchas de las ciudades que fueron importantes en la andadura de la reina católica también lo fueron luego en la reforma teresiana: Toledo, Valladolid, Segovia, Salamanca, Sevilla o Granada. Y Medina del Campo.

Cuando Teresa de Jesús llega a Medina, el castillo de la Mota ya se enseñoreaba del horizonte, en aquellos tiempos destinado a prisión de Estado además de guarnición. Fue, desde la altura imponente de su torre, un testigo más de esa hazaña que ponía en marcha una monja de clausura de 52 años, fundando su primer convento fuera de Ávila.

La vida discurre en una entrega absoluta a la oración y a la vivencia espiritual en ese pequeño convento abulense de San José que tras infinitos escollos se ha logrado establecer en 1562. Han pasado cinco años y cuando Teresa echa la vista atrás sentirá que son los más felices de su vida. Vive plena, rodeada de hermanas que ve como auténticos "ángeles", pero un pensamiento empieza a turbarla: si no será necesario extender esa forma de vida a otros lugares. "Y muchas veces me parecía como quien tiene un gran tesoro guardado y desea que todos gocen de él, y le atan las manos para distribuirle; así me parecía estaba atada mi alma, porque las mercedes que el Señor en aquellos años la hacía eran muy grandes y todo me parecía mal empleado en mí".

Un pensamiento que ya no tendrá marcha atrás cuando reciba la visita de un fraile franciscano, Alonso Maldonado, que regresa de América. Predica a las monjas y les cuenta "los muchos millones de almas que allí se perdían por falta de doctrina", una idea que atormenta a Teresa, que tiene la íntima convicción de que el mejor servicio a Dios es ganar un alma para él.

A esa inquietud vendrá a sumarse la llegada del general de la orden del Carmen a Ávila. Juan Bautista Rossi, el padre Rubeo, está realizando una visita apostólica por España. Teresa teme que al tener noticia de su convento se indigne porque esas monjas estén bajo autoridad directa del obispo Mendoza y que a ella, que formalmente corresponde a la Encarnación, la mande de vuelta a ese convento multitudinario.

Pero nada más lejos. El general queda admirado del modo de vida bajo la regla descalza que allí llevan, las toma bajo su obediencia y, lejos de deshacer esa casa, le pide que funde más: "diome muy cumplidas patentes para que se hiciesen más monasterios, con censuras para que ningún provincial me pudiese ir a la mano". Estas son las palabras de Teresa, que mesura su recuerdo. En el proceso de Salamanca, su confesor, el dominico Domingo Báñez, afirmará que Rubeo le pidió "que hiciese tantos monasterios cuantos pelos tenía en la cabeza". A medio camino, la patente firmada por el general el 27 de abril de 1567: "damos libre facultad y llena potestad a la reverenda Madre Teresa de Jesús, carmelitana, priora moderna en San José y de nuestra obediencia, que pueda tomar y recibir casas, iglesias, sitios, lugares, en cada parte de Castilla en nombre de nuestra orden para hacer monasterios de monjas carmelitas". El 10 de agosto también recibirá permiso para fundar dos monasterios de frailes descalzos, aunque con condiciones mucho más estrechas ante el temor de Rubeo de cisma en la orden.

Así que la madre se vuelve a poner manos a la obra y prepara la segunda de sus fundaciones, urgida por "los deseos grandes de ser parte para que algún alma se llegase más a Dios". Elige Medina del Campo. Está cerca de Ávila, es una población boyante capaz de sostener con limosnas un convento de pobreza y allí Teresa dispone de importantes aliados, como su antiguo confesor Baltasar Álvarez, y un futuro descalzo, fray Antonio de Heredia, por entonces prior de los carmelitas en el convento de Santa Ana.

Empieza a dar un respiro el sol del verano en la plaza Mayor de la Hispanidad. Se oyen voces de niños que se persiguen en un juego de siglos. El murmullo de las terrazas de la propia plaza y las calles aledañas también va ganando altura ahora que la tarde se vuelve más respirable.

Ofrece la plaza una extensión imposible de abarcar con un solo golpe de vista, rodeada de edificios nobles y soportales. Reina aquí la colegiata de San Antolín, en tiempos de la Santa en plenas obras de enriquecimiento y que hoy cierra el espacio con su inconfundible yuxtaposición de volúmenes. Sobresale de ellos el balcón de la Virgen del Popolo, que anima la fachada sobre sus tres robustas ménsulas. Esta particular capilla ya existía cuando llegaron las descalzas a Medina, al igual que el esplendoroso altar mayor de la colegiata, con obras de los mejores seguidores de Juni y Berruguete.

Es el gran vestigio del esplendor de la villa de las ferias. Los mercados, la afluencia de mercaderes de toda Europa, las casas de cambio, los tratos con el nuevo mundo llevaron a Medina del Campo a ser uno de los centros más vibrantes y cosmopolitas del reino, alcanzando en el siglo XVI ya los veinticinco mil habitantes.

Es el lugar al que, tras breves consideraciones, decide dirigirse Teresa de Jesús para continuar con sus conventos reformados. En junio de 1567 envía a su fiel capellán, Julián de Ávila, a Medina para tratar la obtención de las licencias.

Teniendo en cuenta todo lo que ocurrió con la fundación de San José de Ávila, no extraña saber que el anuncio de la llegada de Teresa de Jesús con sus monjas genere bastante controversia. En el concejo hay división de opiniones y se decide realizar una consulta con los principales de la ciudad y las órdenes presentes. El obispo de Salamanca, el poderoso Pedro González de Mendoza, comisiona al provisor de Medina a que recoja la respuesta de los clérigos, ya que en esos momentos no había abad.

Teresa recibirá un apoyo mayoritario, especialmente por parte del gremio de mercaderes. Simón Ruiz, regidor de la villa y encomendero de importantes comerciantes de Burgos, Flandes o Francia, defiende la fundación al considerar que "harían mucho provecho, así a mujeres que se meterán en el dicho monasterio, y aún están esperando algunas para en viniendo meterse en la dicha religión, como a otras personas que tratan de perfección".

Los otros principales se muestran conformes de igual manera y vaticinan el bien que la llegada del convento hará a los ciudadanos. Finalmente, el provisor certifica la licencia. "Y mando: ninguna persona impida la dicha fundación y erección so pena de excomunión mayor".

Y es que esta era ante todo una ciudad de comerciantes y mercaderes, distinta a otras del reino donde lo que pesaban eran los títulos nobiliarios. Ese particular cosmos queda hoy recogido en la interesante Fundación Museo de las Ferias, con obras y documentos originales de los siglos XV al XVII. Explican el vivo comercio que acogía la villa, donde no solo se compraban productos (lana, paños, sedas, encajes, libros, joyas, tapices, obras de arte), sino que actuaba en gran parte como corazón financiero de la corona. Se transaba con letras de cambio, deudas, derechos de cobro o conversión de moneda. De todo ello fue representante destacado precisamente Simón Ruiz, del que se conservan varios retratos, además de su escultura orante y, sobre todo, su archivo comercial, imprescindible para conocer el funcionamiento de los mercados en el amanecer de la Edad Moderna.

No muy lejos de la Fundación Museo de las Ferias, pasando la plaza de San Agustín, corre hacia las afueras la calle Barrionuevo. Una vía de normalidad contemporánea, en apariencia como cualquier otra, salvo por el recuerdo de lo que aconteció en un antiguo hospital que allí se levantaba, el de San Antón, en un solar que hoy corresponde al número 8.

El siglo XVI nos muestra una Medina populosa, con muchas necesidades y un potente aparato caritativo que había llevado a distintas órdenes e instituciones a abrir cerca de una quincena de hospitales. Los había para leprosos, para ancianos desfavorecidos, para los peregrinos y en general para gente necesitada. De todos ellos, quizá uno de los que nos resultaría hoy más inquietante era ese de San Antón, también llamado de las bubas, porque allí se atendían las enfermedades contagiosas y en particular la sífilis, que generaba las purulentas llagas que le daban nombre.

Por allí pasa ese niño llamado Juanito de Yepes que ha llegado a Medina del Campo con nueve años. Su situación familiar de absoluta pobreza le abre las puertas del Colegio de los Niños de la Doctrina, donde accede a una educación elemental y como contrapartida debe ayudar en misas y oficios religiosos. Allí empieza a ahondar en las prácticas piadosas que también le inculca su madre, Catalina Álvarez.

Toda su infancia y juventud alternará su formación con distintos trabajos. Gracias a su buena disposición, obtiene el patrocinio de otros de los importantes de la villa, Alonso Álvarez de Toledo, quien le facilita la entrada en el colegio de los jesuitas, donde ya va a acceder a una instrucción académica más sólida que deberá simultanear con su condición de enfermero en el hospital de las bubas, para el que además debe a menudo solicitar limosna por las calles de Medina.

Cuando años después, en 1584, en Granada, el fraile escriba su impresionante *Llama de amor viva*, quizá aflorasen algunos recuerdos de lo vivido en aquel hospital en su adolescencia, resaltando el contraste entre los males de la enfermedad y el amor de Dios:

> "¡Oh cauterio suave!
> ¡Oh regalada llaga!
> ¡Oh mano blanda! ¡Oh toque delicado!
> Que a vida eterna sabe y toda deuda paga;
> matando, muerte en vida la has trocado".

Al parecer, Juan de la Cruz contaría frecuentemente a lo largo de su vida que estando en este hospital cayó a un pozo que había en el patio y que la presencia poderosa de la Virgen lo rescató. Se desconoce si es un hecho distinto del que le acaeció en la ciénaga, donde fue rescatado por un labriego aunque también sintió la presencia mariana, o si narró varias versiones. Lo cierto es que, aunque el episodio no aparece en sus primeras biografías, nos dicen que en un solar de la calle Barrionuevo hay un pozo con una placa que recuerda este percance.

En todo caso, curiosidades de la vida, a ese mismo Alonso Álvarez de Toledo que ayudó a Juanito Yepes llama años después Julián de Ávila para alquilarle un lugar para las monjas de la madre Teresa, que esta vez quería la mejor casa de toda Medina.

Cuando la Santa recibe la confirmación de que el concejo de Medina le otorga su permiso para fundar, quiere resarcirse de todos los problemas con los que comenzó en su primer San José. A su capellán le explica la importancia de que esta vez todo se lleve "con toda la publicidad que el negocio requería" y le encarga que busque una casa de relevancia para que toda la villa esté al tanto de que llegan sus monjas. "Quería no poner a las monjas sino con autoridad", narra Julián de Ávila.

Busca una casa temporal hasta que se adecente la que ha prometido a fray Antonio Heredia que le venderá a muy bajo precio María Suárez, señora de Fuente el Sol, "que tenía una que se le había caído toda, salvo un cuarto, y era muy buen puesto. Fue tan buena, que prometió de vendérsela, y así la concertaron sin pedirle fianzas, ni más fuerza de su palabra".

La casa de alquiler que ha contratado Julián de Ávila cuesta 51.000 maravedíes al año, la madre solo tiene la dote de una novicia, Isabel de Fontecha, que no había podido entrar en el primer convento abulense y ahora formará parte de la primera comunidad de Medina. "Una doncella muy virtuosa, para quien no había habido lugar en San José que entrase, sabiendo se hacía otra casa, me vino a rogar la tomase en ella. Esta tenía unas blanquillas, harto poco, que no era para comprar casa, sino para alquilarla (y así procuramos una de alquiler) y para ayuda al camino".

Esa dote apenas alcanzaba los 15.000 maravedíes, pero la confianza de Teresa en que todo se irá resolviendo –"no podía persuadirme a que había de dejar de suceder bien"–, hace que se prepare la comitiva: cuatro monjas de la Encarnación, dos monjas de San José, el capellán y la fundadora.

Otra vez con Ávila envuelta en el escándalo por la salida de clausura de la monja "inquieta", parten hacia Medina en unos pobres carros tirados por asnos. Llegan a Arévalo con cierta dificultad, las monjas iban "cansadas por el mal aparejo que llevábamos". Lo peor es que ahí reciben una inesperada noticia. Alonso Álvarez, el arrendador, ha escrito para que no salgan hacia Medina "en ninguna manera", ya que los agustinos se han opuesto a la fundación. "Que ellos resistían que no entrásemos ahí, y que forzado había de haber pleito".

Teresa ni se imagina volver a Ávila derrotada, así que decide seguir hacia su destino y acomodarse como sea en la casa que ofrece la señora de Fuente el Sol. Para evitar problemas con una expedición numerosa, envía de momento a cuatro de las monjas a Villanueva del Aceral. Mientras, ella sigue hacia Medina. ¡Vamos que si sigue!

Siendo Medina una ciudad de alma comercial y quizá con evocaciones de su arabización –que según los expertos tampoco fue demasiado pronunciada–, lo cierto es que es una localidad con ciertos atavismos de discreción entre los que destaca una marcada sobriedad de edificios y fachadas, que a menudo guardan toda su ornamentación y voluptuosidad para el interior.

Sirve como ejemplo Santiago el Real, antiguo templo que fue del colegio jesuita de San Pedro y San Pablo, donde estudió Juan de la Cruz. Su recia austeridad exterior oculta un excepcional patrimonio en su gran retablo mayor escultórico y la singular capilla relicario, uno de los rincones más originales de Medina, reedificada casi un siglo después del paso de Teresa por la villa.

Aquí arrancaba la antigua calle de Santiago, hoy de Santa Teresa de Jesús, donde pocos metros más arriba se encuentra el convento de las carmelitas descalzas. También esconde sus secretos: ni espadaña ni linterna se ven desde la calle. Estamos ante el mismo lugar al que llegaron aquella noche del 14 al 15 de agosto de 1567 las monjas que habían partido de Ávila.

Desde Arévalo han seguido camino Teresa de Jesús, María de los Ángeles, María Bautista y la postulante Isabel de Fontecha. Se han desviado primero a Fuente el Sol para asegurar que al menos la casa de doña María Suárez sigue disponible, y así fue: "dio licencia para que si fuese menester aprovechase de su casa, dijese al mayordomo se saliese de ella luego y nos la dejase desembarazada, y aun que, si fuese menester, unos tapices que allí tenía, que se aprovechasen de ellos".

También han dado un rodeo hasta Olmedo, donde se encontraba el obispo de Ávila, para confirmar su apoyo y finalmente llegar con los carros hasta el convento de los frailes carmelitas a la medianoche. Por el temor a que ese rechazo de los combativos agustinos pueda ocasionarles problemas, deciden ir a pie y rodeando por las afueras desde Santa Ana hasta la casa de María Suárez. Iban con las monjas el prior, fray Antonio, y otros tres frailes, y entre todos llevaban como podían los ornamentos para decir la primera misa y el poco ajuar de las monjas. "A toparnos la justicia, estaba obligada a llevarnos a la cárcel, hasta averiguar a dónde iban a tal hora clérigos y frailes y monjas", recuerda Julián de Ávila, que dice que parecía que hubieran "robado" una iglesia.

Pero había otro problema, Medina del Campo tiene el 15 de agosto una de sus fiestas grandes que se celebra con corrida de toros, que se encerraban la víspera en medio de gran expectación popular. Así que la calle está llena de gente por todas partes y quienes se cruzan con la particular procesión no pierden la ocasión de hacer chanza. En el grupo de Teresa, todos agachan la cabeza y siguen, el objetivo es solo uno y cada vez está más cerca.

Más que a las burlas, lo que luego temería la fundadora era haberse cruzado en el camino con los toros. A las palabras necias se había ya habituado, pero los pitones eran otra historia. "Fue harta misericordia del Señor, que a aquella hora encerraban toros para correr otro día, no nos topar alguno". Y sin más sobresaltos llegaron al convento.

Cada fundación de Teresa de Jesús tiene rasgos propios que la hacen especial. A menudo, la historia de las comunidades y distintos problemas harán que muchas de ellas vayan cambiando de lugar hasta asentarse (sin duda Salamanca es el ejemplo más complicado), mientras que unas pocas pueden presumir de permanecer allí donde las vio la Santa. Medina del Campo ocupa un lugar destacado entre estas, ya que además se ha mantenido en gran parte el espíritu de la obra inicial y pasear por sus estancias ofrece el regalo de descubrir cómo era uno de aquellos conventos del siglo XVI que la madre entendía como ideales para vivir cerca de Dios.

El actual complejo es fruto del añadido de algunas casas, y desde luego de la iglesia, pero conserva el epicentro fundacional, el espacio al que llegan aquellos primeros minutos del 15 de agosto de 1567 las monjas descalzas acompañadas de unos pocos frailes con la intención acuciante de colocar el sacramento y decir misa antes de que la oposición de los agustinos pudiera echar al traste la fundación.

Y aquellos primeros momentos fueron de desconcierto. El prior carmelita aseguró a la madre, cuando se canceló el alquiler de la vivienda de Alonso Álvarez, que la casa de María Suárez reunía las condiciones mínimas para acoger el monasterio: "era bastante y tenía un portal a donde se podía hacer una iglesia pequeña, aderezándole con algunos paños". La realidad es que está caída casi totalmente. "Llegadas a la casa, entramos en un patio. Las paredes harto caídas me parecieron, mas no tanto como cuando fue de día se pareció".

Tampoco esto iba a rendir la determinación inquebrantable de esta mujer y de sus compañeras. En lo poco que queda en pie se desata una labor febril, "unos a entapizar, nosotras a limpiar el suelo". Se recurre a colgaduras que tenía la dueña de la casa y hasta a una ropa de cama de damasco azul que sirve para el altar. No hay clavos donde sostener las telas, ni dónde comprarlos a esas horas, y se buscan por las paredes, como restos de anteriores usos de la casa. Y aparecen. "Nos dimos tan buena priesa que cuando amanecía estaba puesto el altar y la campanilla en un corredor".

Al tocar esa campana para la primera misa acude tanta gente que las monjas deben retirarse a una escalera que subía al único lienzo del sobrado que estaba en pie y cerrar la puerta, tan llena de agujeros, que les sirve de celosía.

Queda instituido el convento de San José de Medina del Campo en el mismo lugar en el que hoy puede visitarse el locutorio. Un espacio cargado de historia y arte, con las fieras rejas con pinchos que marcaron otras épocas y donde se conserva un curioso ventanuco que tiene mucho peso en esta historia.

Porque tras esa primera misa Teresa de Jesús constata que la situación es muy precaria: "vi todas las paredes por algunas partes en el suelo, que para remediarlo era menester muchos días", y peor es que "el Santísimo Sacramento faltaba poco para estar en la calle". Se deciden a buscar una casa hasta que se acometan las obras necesarias, pero la situación se alarga. Las monjas velan la custodia por el día y durante la noche se organizan turnos de vigilia por algunos hombres de la ciudad. Pero Teresa no se queda tranquila y continuamente se levanta por la noche a comprobar que los hombres no duermen. Lo hace a través de esa puerta desvencijada de cuyo recuerdo sirve la actual pequeña ventana.

La situación era penosa para la fundadora y sus monjas y, sin embargo, no deja de despertar la devoción de los medinenses. "Todos estos días era mucha la gente que venía, y no sólo no les parecía mal, sino poníales devoción de ver a nuestro Señor otra vez en el portal".

Entre arcos, soportales, vegetación y sombrillas, la tarde se va adueñando de la inacabable explanada de la plaza Mayor de la Hispanidad, donde se cruzan trazados caóticos de cortos viajes en bici, eternas persecuciones de un balón o el ir y venir de los vecinos en torno al corazón de su ciudad. Hemos vuelto a la inconfundible silueta de San Antolín y su torre herida por el rayo para seguir el relato de la historia, que nos lleva a conocer a otro de esos generosos comerciantes medinenses que echan una mano a Teresa de Jesús en su aventura.

Algo más de ocho días desde la fundación ha pasado Julián de Ávila de cabeza buscando una casa provisional, pero "como Medina estaba entonces en su prosperidad no había casa ni rincón desembarazado". Hasta que al fin Blas de Medina se compadece de la situación y les ofrece a las monjas temporalmente la planta de arriba de su vivienda. "Díjonos fuésemos a lo alto de ella, que podíamos estar como en casa propia".

Estaba esta residencia "hacia la iglesia mayor", así que formaba parte del trazado de la plaza. Lo más probable es que se situara entre el actual Ayuntamiento y San Antolín, posiblemente junto al inmueble en cuyo bajo se sitúa hoy la oficina de Turismo, donde, nos dicen, se pregunta cada vez más por santa Teresa de Jesús, sobre todo desde la celebración de su quinto centenario en 2015, además de las habituales consultas sobre el castillo de la Mota y la vinculación de la ciudad con la reina Isabel.

Así que, aproximadamente en este punto, se acomodan las monjas. Pueden vivir con el encerramiento propio de la regla y ordenar sus horas de oraciones, ya que además la planta "tenía una sala muy grande y dorada, que nos dio para iglesia".

El traslado desde la antigua calle Santiago debió de producirse el 24 de agosto y, una vez asentadas, Teresa llamó a las otras cuatro monjas que había enviado provisionalmente a Villanueva del Aceral, quienes llegaron a Medina el 30 de agosto.

Poco a poco, la presencia de las descalzas va calando en el lugar. Teresa recibe el cariño de la ciudad en forma de "harta limosna para comer", pero en especial la ayuda de doña Elena de Quiroga (que acabaría ingresando en el convento de Medina como Elena de Jesús poco después de morir la Santa): "dijo que me ayudaría para que luego se comenzase a hacer una capilla para donde estuviese el Santísimo Sacramento y también para acomodarnos cómo estuviésemos encerradas". En dos meses, las obras acaban y pueden regresar al convento.

A vista de pájaro, la gran manzana conformada entre las calles de las Farolas, Villanueva y la plaza del Carmen permite aproximarse a las dimensiones enormes del antiguo convento de Santa Ana. Era el monasterio carmelita del que era prior fray Antonio Heredia, que ya había tratado con Teresa su vocación de cambiar hacia una forma de vida con "más estrechamiento", quizá con los cartujos.

Ese era el mismo camino que había decidido tomar Juan de Yepes. Aquel pequeño niño pobre, retraído, pero extremadamente inteligente y sensible, había decidido primero ser novicio carmelita de Santa Ana en 1563, desechando la opción de hacerse capellán del hospital de San Antón. Ya como fray Juan de Santo Matía ingresó en el convento de San Andrés de Salamanca, donde comenzó su etapa universitaria en 1564 y donde se ordenó sacerdote en 1567, aunque vuelva a su primera casa conventual, en Medina, para decir su primera misa.

Esa eucaristía se reza en la actual capilla de San Juan de la Cruz, el único testimonio del desaparecido convento calzado. Un espacio que tras muchas vicisitudes los vizcondes de Roda cedieron a los carmelitas para mantener vivo el testimonio de la estrecha vinculación del santo con la ciudad. Una vitrina transparente permite contemplar el interior desde la puerta: un trazado cuadrangular, de techo adintelado y protagonizado por dos grandes lienzos del siglo XVII que aluden a los inicios de esa vida como descalzo del menudo fraile que comienza no muy lejos de allí.

El convento de San José alcanza la normalidad terminadas las obras y Teresa está muy satisfecha con sus monjas, "porque no entendían sino en cómo pudiese cada una más servir a nuestro Señor". Sin embargo, vive inquieta por la ansiada creación de los conventos de frailes para los que ya cuenta con licencia del general. Duda, aunque confía, que ese paso lo pueda dar fray Antonio, pero sí cree plenamente en un joven fraile al que conoce en el locutorio de Medina. "Acertó a venir allí un padre de poca edad, que estaba estudiando en Salamanca". Era ese fray Juan de Santo Matía que, de hecho, ya había iniciado una especie de reforma por su cuenta –vivía en la peor celda y se aplicaba los rigores de la regla primitiva– y que tenía pensado ingresar en la Cartuja de El Paular.

Los espíritus de los dos santos se encuentran y se entienden, pese a la diferencia de edad (ella 52 años, él 27). Teresa le pide que no se haga cartujo, sino que inicie la reforma del Carmelo descalzo, que espere "hasta que el Señor nos diese monasterio, y el gran bien que sería, si había de mejorarse, ser en su misma orden". Juan solo le pide que se pueda fundar ese monasterio en un plazo breve y la madre, exultante, constata que, en definitiva, "ya tenía dos frailes para comenzar, pareciome estaba hecho el negocio".

Aun habrá que batallar, pero todo está, efectivamente, encauzado. En agosto de 1568, Teresa y Juan vuelven a encontrarse en Medina del Campo, camino de la fundación de Valladolid. Unas jornadas de viaje en las que tratarán los fundamentos de la reforma que fraguará ese mismo año en el primer convento de frailes descalzos en Duruelo: "Nos, fray Antonio de Jesús, fray Juan de la Cruz y fray José de Cristo, comenzamos hoy, 28 de noviembre de 1568, a vivir la regla primitiva".

Sueños, anhelos, firmeza y fe que permanecen también en gran medida encapsulados entre las paredes del convento de las carmelitas de Medina del Campo. Pocos lugares han tenido la suerte de conservar entre sus paredes esa sensación de estar pisando el mismo lugar, respirando el mismo aire, que aquellos renovadores admirables que hoy casi se tendrían por locos.

Eso no quiere decir que no haya habido algunos cambios inevitables con el correr del tiempo. Por ejemplo, el añadido de la iglesia con el esfuerzo inicial de Elena de Quiroga al que se suma el de Antonio Vera, correo mayor de Castilla, enterrado junto a su mujer bajo la cúpula. El resultado es una colección de valiosos retablos y piezas de arte destacadas. El gran San José que preside el templo, de José de Rozas (1690), la Santa Teresa de la derecha, de un seguidor de Gregorio Fernández, y una excepcional Virgen del Carmen de Sebastián Ducete (1610).

Pero es al salir del templo cuando encontramos esas estancias conventuales al modo y manera de las construcciones castellanas del siglo XVI: los suelos de barro cocido, el ladrillo al exterior y las frías paredes lisas al interior de celdas que cuentan con un jergón y una recia cruz de madera por todo mobiliario.

Un recorrido que acaba en un pequeño museo. Alguna vez se ha comparado la vida de las carmelitas con una colmena de abejas, que desde la humildad y el trabajo incansable van creando la miel. En esta sala vemos ese fruto, con telas, ropa litúrgica bordada por las hermanas y alguna, incluso por la propia Santa.

Se expone la licencia de Medina del Campo para la fundación, el 29 de julio de 1567, o un curioso libro de cuentas conventual donde quedan reflejados gastos como el precio de las alpargatas para fray Juan de la Cruz o los sacos de cebada que, a veces, las monjas entregaban "para los burros de los frailes".

También quizá la reliquia más extraña de Teresa de Jesús. La nota de su puño y letra guardada en el breviario que siempre llevaba consigo y en la que se dice que quizá profetizó su muerte: "A diecisiete días de noviembre, octava de San Martín, año de mil y quinientos y sesenta y nueve, vi, para lo que yo sé, haber pasado doce años, para treinta y tres que es lo que vivió el señor faltan veinte y uno. Es en Toledo en el monasterio del glorioso San José del Carmen. Yo por ti y tú por mí. Vida. Doce por mí, y no por mi voluntad se han vivido". Un críptico mensaje sobre el que los teresianistas llevan siglos discutiendo, pero que, de alguna manera, podría indicar que la mística tenía la certeza de que fallecería al alcanzar aproximadamente los 68 años. O quizá no, quién sabe.

Toda la intensa vivencia de Teresa está aún por los muros del viejo convento. Su vitalidad se recrea en la celda de la Santa, un espacio salvado de todos los cambios y alteraciones internas de los espacios para recordar para siempre el lugar en el que vivía la fundadora cuando pasaba por Medina del Campo. También aquella última vez cuando su deseo era regresar desde Burgos a su San José de Ávila, pero en Medina la esperaban los coches de la duquesa para llevarla a Alba de Tormes. Era 1582, el último viaje.

Curiosamente, apenas hacía 80 años que en la misma ciudad había cerrado los ojos toda una reina, Isabel la Católica, otra de las mujeres más relevantes de la historia, que también había dictado aquí su testamento, entregando a su marido Fernando la gobernación de Castilla en un paso ya sin retorno para la unión de los reinos.

Dos mujeres que cambiaron el paso de su siglo, que ensancharon cada una a su manera el mundo, que dejaron Medina llena de huellas de su paso.

La ciudad en la que comenzó a expandirse el espíritu fundador de Teresa, la que la guarda a ella y a sus monjas en su callejero, la que la celebra cada octubre con toda la solemnidad, bajo la atenta mirada de su eterno gigante. "Pues tornando a nuestro hermoso y deleitoso castillo, hemos de ver cómo podremos entrar en él".

MALAGÓN
LA ARQUITECTURA TERESIANA

Ha salido de casa como cada día, se ha preparado con todo lo necesario para ir a echar un ojo a la huerta. No es que sea una gran explotación, pero es un recuerdo de los mayores. De todos los que la han antecedido, que siempre han tenido esa franja de tierra, cerca del parque de El Calvario, como un tesoro de la familia.

Ahora, entretiene más que otra cosa. Es un lugar de paz y, aunque da trabajo, allí se respira diferente. Se está bien. Ha caído granizo hace dos días, muy fuerte. Una primavera rara en la que el frío no acaba de querer irse y donde los colores del campo todavía están como lavados por una pátina gris. Ya con todo preparado para sembrar lo que toca, el pedrizo debe de haber hecho mucho daño. Da un poco de pena pensarlo, pero otras peores se han visto.

Se cubre con un forro polar, muy útil para el trabajo en la huerta. Se decide también por un gorro impermeable. Aunque no parece que hoy vaya a llover, cualquiera se fía. Coloca alguna herramienta en la cesta de la bici y echa a andar. No tiene que atravesar demasiadas calles, pero hay una por la que no dejaría de pasar por nada del mundo.

Pedalea por la calle de Santa Teresa despacio, segura sobre el sillín. Al llegar a la esquina de Cardenal Cisneros, frena despacio y se apea. Toca la reja y deposita con cuidado una flor, se persigna. Murmura "otro día que estamos aquí, Teresa", sonríe y sigue su camino.

Es una escena que puede tener lugar en miles de capillas en todo el mundo de forma parecida. Pero aquí hay un elemento que la hace única. Es un pequeño espacio, sin apenas fondo, y alargado. Una reja protege una reliquia que no puede ser más peculiar: se trata de una sencilla piedra más o menos cuadrangular, no más alta que un par de palmos. La rodean flores y velas, ofrendas.

Dicen en Malagón que esta piedra es en la que se sentaba Teresa de Jesús para seguir de cerca las obras de construcción del convento que está justo enfrente. Sobre la piedra, lo recuerda un azulejo con la imagen de la Santa. Y ahí, en esa pequeña esquina, se articula en gran medida la vida de la villa.

Muchos van de propio intento, y procuran pasar por allí todos los días, otros se topan con la capilla en el ir y venir cotidiano. En coche, en moto, en bici o andando. Una forma sencilla de saber si alguien es malagonero es observar qué hace cuando pasa junto a esta capilla. Si circula como si estuviera ante un cruce cualquiera, posiblemente sea de fuera. Si, en cambio, el cerebro emite una orden automática a la mano derecha, que empieza la señal de la cruz ya estuviera sobre el volante de un tractor, tirara de un carrito de la compra o haya que soltar un instante a la niña que se lleva agarrada, entonces, es muy posible que estemos ante alguien de Malagón.

"Lo hemos aprendido desde pequeños, para nosotros es algo natural", me explica una vecina que ha ido también a dejar una flor. "Hay quien se quita el sombrero o inclina la cabeza y otros simplemente hacen la señal de la cruz, pero todos tenemos un gesto de cariño hacia nuestra Santa".

"Nos hace gracia que a la gente de fuera le llame tanto la atención, porque nosotros lo tenemos tan interiorizado que lo vemos como lo más normal", explica una joven llamada, casualmente, Teresa. Hay muchas teresas por aquí. Es una de las cosas que primero se aprenden al llegar a Malagón. En pocos sitios se tiene tan presente en el día a día cotidiano a esta monja universal, pero tan de ellos. Lo curioso es que estando tan cerca el convento de las carmelitas, la presencia más viva de su recuerdo se dirija hacia una piedra. "Hombre, es que ahí se sentó santa Teresa de Jesús".

Hemos salido de madrugada para llegar a Malagón por la mañana y aprovechar al máximo un día que se promete intenso constatando las huellas que permanecen en uno de los rincones más devotos de la Santa. En nuestro camino, curiosamente, vamos dejando atrás lugares por los que hubo de pasar la comitiva de Teresa de Jesús en el año 1568. La carretera hoy discurre no demasiado lejana del viejo Camino Real de Andalucía que conectaba como opción principal el sur con la corte antes de la apertura definitiva del puerto de Despeñaperros siglos después. Es un itinerario cargado de historia desde Toledo, pasando Orgaz o los Yébenes.

De Toledo partió Teresa de Jesús con su comitiva el 31 de marzo para acometer su tercera fundación. Realmente, como casi nunca, entraba en sus planes. Por aquel entonces se sentía muy urgida a fundar en Valladolid, para poder salvar un alma, como ya veremos, pero se cruzó otra vez en su camino doña Luisa de la Cerda. Es la importante dama toledana a la que acudió a consolar seis años antes por su viudedad de don Antonio Arias (o Ares) Pardo de Saavedra, mariscal de Castilla. En aquel momento, se tejió una estrecha relación de amistad que sería, de hecho, un apoyo fundamental para iniciar su reforma en San José de Ávila. Así que cuando tiene noticia de la licencia recibida por Teresa de Jesús para fundar más monasterios bajo su regla descalza, doña Luisa no duda en que tiene un lugar perfecto para acometer una nueva empresa, su villa de Malagón.

Arias Pardo fue un poderoso noble del núcleo Toledano que adquirió, en 1548, apenas cumplidos 18 años y precisamente como regalo de boda, a la corona por cincuenta y cinco millones de maravedíes el sitio de Malagón, una antigua encomienda de la orden de Calatrava. La creación del nuevo señorío no estuvo exenta de problemas, ya que los vecinos adujeron algunos derechos adquiridos por la fuerza de la costumbre y, tras seis años de litigios, alcanzaron un acuerdo con su nuevo señor firmando las Escrituras de Concordia, dando inicio a lo que luego sería la curiosa jurisdicción de los Estados del Duque. Un bello relieve de bronce recuerda este momento en la fachada del Ayuntamiento.

Así que todo estaba pacificado en Malagón cuando doña Luisa de la Cerda, ya viuda, empieza a insistir a Teresa para que acuda a fundar en su señorío. Había, no obstante, problemas: "Como esta señora entendió que yo tenía licencia para fundar monasterios, comenzóme mucho a importunar hiciese uno en una villa suya llamada Malagón. Yo no le quería admitir en ninguna manera, por ser lugar tan pequeño que forzado había de tener renta para poderse mantener, de lo que yo estaba muy enemiga".

Teresa ha iniciado la aventura de las descalzas pensando en que los conventos siempre se funden en pobres y pequeñas comunidades que vivirán de lo que Dios provea. Sin embargo, en Malagón, al igual que le pasará en otros lugares en el futuro, choca con la realidad de economías rurales, prácticamente de subsistencia, en zonas de muy poca población. Pero frente a la reticencia a fundar, se encuentra el impulso de extender lo más posible la presencia de sus monjas, "que no se había de dejar de hacer un monasterio adonde se podía tanto el Señor servir, por mi opinión".

Llegamos a Malagón a través de la Nacional-401, que enseguida se va a convertir en la calle Cervantes. No dejamos de estar en el escenario de las correrías de don Quijote. Antes de eso, lo primero que nos sale al paso es precisamente un mural con el nombre de la villa que ya es toda una declaración de intenciones. Será la primera de las muchas alusiones a santa Teresa que encontraremos aquí. Se conforma un espacio acogedor en el que sobre un muro se representa a la Santa con un relieve creado de forma hábil con piezas metálicas de color carmelita y blanco y en el que aparece con la característica pluma de la mano. El blanco de la toca se alarga hacia el hábito, como si fuera una de esas bufandas con los colores de un equipo deportivo.

Porque si Teresa de Jesús fuera seguidora de un club de fútbol, seguramente tendría que ser del de Malagón. No solo porque su imagen sirve de bienvenida a la puerta del campo municipal, el Félix Barrero, sino porque este equipo no lleva el nombre de la villa, sino que se llama Atlético Teresiano y tiene en su escudo el emblema de la orden del Carmelo Descalzo. No por casualidad se creó en 1968, en el cuatrocientos aniversario de la fundación malagonera.

Cuando los fines de semana los jugadores de este club, que milita en 1ª Autonómica Preferente de Castilla-La Mancha y en Preferente Juvenil, saltan al césped artificial de este recinto, lo hacen con una de las equipaciones más peculiares del fútbol mundial. La camiseta simula un escapulario de color castaño en degradado sobre el que resaltan las tres estrellas del Carmelo. En la parte posterior, encima del número, todos llevan el nombre de Teresa de Jesús serigrafiado con la reconocible caligrafía de una Santa que no hubiera podido por menos, imagino, que festejar los triunfos de este equipo (aunque los teresianos los celebren en la plaza del Santo, junto a la escultura de Sancho Panza y Rucio).

De momento, lo que tuvo que hacer en el siglo XVI fue encajar con deportividad el gol que le marcaba doña Luisa de la Cerda llevándola a fundar aquí. "Con esto se juntaron las muchas importunaciones de esta señora, por donde no pude hacer menos de admitirle. Dio bastante renta; porque siempre soy amiga de que sean los monasterios, o del todo pobres, o que tengan de manera que no hayan menester las monjas importunar a nadie para todo lo que fuere menester".

Teresa ha salido en los primeros días del año 1568 de Medina del Campo hacia Malagón, pero antes ha debido acudir a Alcalá de Henares bajo la encomienda de reconducir los rigores de penitencia y mortificación de un convento fundado bajo la regla primitiva del Carmen por María de Jesús Yepes. Era esta mujer una viuda andaluza que había caminado descalza a Roma en peregrinación para que se le permitiera constituir un cenobio, lo que consiguió bajo el patrocinio de Leonor de Mascareñas, aya de Felipe II.

Sin embargo, su carencia absoluta de formación intelectual y el celo en el sacrificio convirtió pronto su convento en un lugar de una aspereza casi cruenta, que en seguida pasa factura a la salud de las hermanas. Teresa y María se habían conocido en Toledo, se estimaban y respetaban y la madre atendió esta petición de reconducir esas prácticas de dureza extrema. "Dieron orden de como nuestra santa madre Teresa de Jesús viniese a este convento a mitigar este rigor y ponerlo en la forma que iba fundando sus conventos", contará Catalina de Belén, una de las hermanas de Alcalá.

Teresa permanece dos meses en esta comunidad y a su marcha ha dejado sus Constituciones a María de Jesús y sus compañeras para que se rijan por ellas en el día a día de la casa. Contemplan el estilo de vida más reflexivo y de penitencia interior que caracteriza su reforma descalza, frente a la pura mortificación, y que solo algunas de las alcalaínas se resistirán a aceptar.

De ahí, tras pasar por Madrid para informar a Leonor de Mascareñas, ha vuelto a Toledo con doña Luisa de la Cerda con quien, ahora sí, ultima esas condiciones para la fundación de Malagón. Se compromete la señora a destinar 150.000 maravedíes anuales al convento, 64 fanegas de trigo y 60 fanegas de cebada y 30.000 maravedíes más al año para una capellanía con misa diaria por el alma de Arias Pardo. También se establece que el convento se llamará San José del Monte Carmelo.

Vuela una exhalación blanca junto al parque de El Calvario. Hay un ligero alboroto de aves que ven alterada su rutina solo por un instante. El vértigo de este otro AVE, al fin y al cabo, es parte del paisaje y de su día a día también. Malagón tuvo tren hasta 1988 –hoy su estación de viajeros conserva memoria de aquellos días reconvertida en un local hostelero–, y aunque ya no hay parada, las vías del tramo de alta velocidad entre Madrid y Ciudad Real pasan muy cerca.

Es tentador pensar qué hubiera pasado si Teresa de Jesús hubiera dispuesto en su tiempo de algunos de los adelantos de hoy. Cómo se hubiera multiplicado su mensaje por WhatsApp, qué imagen se hubiera proyectado de ella en redes sociales o cuántos conventos le habría dado tiempo a fundar si hubiera podido moverse en tren rápido o siquiera por carretera asfaltada.

El caso es que Teresa, con 53 años, ha transitado durante dos días por los caminos desde Toledo, esta vez imaginamos que con cierta comodidad al venir acompañada por doña Luisa de la Cerda. La señora se ha comprometido a construir el convento y su iglesia en unas casas de su propiedad. "Erijo el dicho monasterio en unas casas principales que yo tengo y poseo junto a la iglesia de la dicha villa y en otra casa que dicen de la Quintería con un pozo y peral, para que en las dichas casas se haga con toda brevedad posible, que esté acomodado conforme a las constituciones de la primera regla de las carmelitas".

Los coches de caballos con las monjas de la nueva comunidad y con la señora de la villa entraron precisamente a Malagón por el actual parque de El Calvario, donde nos encontramos otra de las representaciones de Teresa, un monolito de acero corten con la inconfundible silueta teresiana en actitud de caminar hacia los cuatro puntos cardinales.

En la narración de la madre, particularmente sintética en el capítulo dedicado a Malagón, se recoge que "hechas todas las escrituras, envié por algunas hermanas para fundarle, y fuimos con aquella señora a Malagón, adonde aún no estaba la casa acomodada para entrar en ella; y así nos detuvimos más de ocho días en un aposento de la fortaleza".

Dado que la casa principal de los primeros señores de Malagón se encontraba en Toledo –Arias Pardo tenía además importantes propiedades en Sevilla–, no es probable que en la villa se construyera ningún espacio palaciego al margen de la antigua fortaleza a la que alude la Santa, que actuaría como residencia cuando hubieran de visitar el lugar.

Hoy de ese castillo de origen árabe, tomado para la corona de Castilla en tiempos de Alfonso VIII, no queda absolutamente ningún resto visible. De lo que debió de ser una imponente fortaleza sobre un montículo que conocería la madre, se fue apoderando la ruina y a finales de los años 60 del siglo pasado, a pesar de que aún se conservaba el cuerpo principal de la fortificación, fue derruido para construir viviendas.

Esa historia de siglos, de luchas, conquistas, acontecimientos y visitas ilustres queda recogida en los testimonios incorporados a un monolito que preside la glorieta Veintitrés de Junio, donde la presencia de Teresa se esquematiza apareciendo únicamente un brazo, con hábito, y una mano que sostiene el inconfundible bastón de la fundadora. Rematando este monolito con forma de campana se ha colocado también la silueta del quinto centenario del nacimiento de la Santa, celebrado en 2015.

Teresa ha llegado a Malagón el 1 de abril de 1568 y hasta el 9 de abril no se firman definitivamente todas las licencias en Toledo. "Y que es casa y parte cómoda y decente para se poder hacer en ella el dicho monesterio y que todos los vecinos de la dicha villa le quieren y desean que se haga un servicio de Dios nuestro señor. Y para que en la dicha casa y monesterio pueda haber iglesia, con altares, retablo e imágenes, para que estando bendecida la dicha iglesia se pueda decir misa en ella".

La villa se ha volcado desde el primer momento con las monjas y el alcaide de la fortaleza, Juan Huidobro de Miranda, se desvive para que estén en las mejores condiciones hasta que llegue el momento de ocupar el convento. Algo que finalmente se produce el 11 de abril, Domingo de Ramos.

"Día de Ramos, año de 1568, yendo la procesión del lugar por nosotras, con los velos delante del rostro y capas blancas, fuimos a la iglesia del lugar, adonde se predicó, y desde ahí se llevó el Santísimo Sacramento a nuestro monasterio. Hizo mucha devoción a todos".

Toda esta narración queda recogida bellamente en un relieve de Carlos Guerra situado junto a la puerta principal de la iglesia parroquial de Santa María Magdalena. Es en este templo en el que Teresa y sus monjas escuchan la misa de Ramos y posteriormente van en procesión hacia su convento.

El relieve presenta al padre Juan Bautista Hurtado, acompañado por los diáconos, llevando el Sacramento en procesión bajo palio, mientras que, con sus palmas características de la celebración del día, observan la escena el corregidor, Antonio Sánchez de Molina, doña Luisa de la Cerda y Teresa de Jesús. En esta nueva presencia escultórica de la Santa nos la encontramos en un momento particular: tiene a una niña de la mano.

El libro de profesiones del convento explica que "cuando vinieron con la procesión a colocar el Santísimo sacramento, trajo la Santa desde la fortaleza a una niña de la mano, hija del corregidor de la villa, y pasándole la mano por el rostro le dijo: «mira que has de ser aquí monja». Y así sucedió: llámose esta religiosa Brianda de San José".

Faltaban algunos años para que Brianda entrara en el convento de Malagón, pero la nueva comunidad echa a andar con siete monjas en total. Ana de los Ángeles –que sería luego priora–, Antonia del Espíritu Santo, María del

Sacramento, María Magdalena, Isabel de Jesús e Isabel de San José acompañan a la madre en los primeros días.

Hoy la zona que rodea el lugar donde debió de estar aquel primitivo convento está formada fundamentalmente por casas bajas de ladrillo o revoco de colores claros. Por las cuestas que descienden desde la iglesia parroquial se respira un aire tranquilo, solo interrumpido por el paso de algún vehículo.

Poco más allá se intensifica el trasiego de camiones que van y vienen en torno a la producción de queso manchego o las cooperativas de aceite, cultivo en el que Malagón ha tenido una importancia histórica y hoy cuenta con la almazara más grande de la comunidad autónoma. Un ir y venir que quizá nos permita acercarnos a las dificultades de aquel primer convento en el que enseguida las condiciones del entorno se rebelaron como imposibles para las descalzas.

En la zona en torno al castillo se arracimaban los principales edificios públicos del señorío: el pósito municipal y la casa consistorial. Además, eso atraía un gran número de personas que se atendían en mesones y tiendas. Julián de Ávila recuerda lo que le comentaría después Teresa sobre ese primer emplazamiento, "el ruido y pregones y otras cosas semejantes que pasan en las plazas no les hacían buena vecindad". Hay que buscar un nuevo lugar más adecuado para el "encerramiento" que la fundadora busca para sus conventos.

Mientras eso sucede, el tiempo que Teresa pasa en esas casas en Malagón también está lleno de prodigios, entre ellos la visión de Jesús con los estigmas de la pasión, que narraría Isabel de Santo Domingo en el proceso de Ávila. La madre se queda muy afligida por esa visión y le pregunta cómo podría ella remediar ese daño: "le respondió el señor que no era tiempo de tomar reposo sino de que con toda prisa edificarse las casas de la nueva reformación, con cuyas moradoras serían todos sus regalos y que no dejase de aceptar las fundaciones que le ofreciesen, porque muchas almas le dejaban de servir por no haber retiro y soledad donde encerrarse".

También se recogen testimonios de aquellas primeras monjas que ven cómo son frecuentes los éxtasis en la madre. Las hermanas aseguran que, en ocasiones, Teresa se levanta del suelo. Como en una oportunidad que se había elevado quedando los pies a la altura de la ventanilla del comulgatorio y no acertaba el sacerdote a darle la comunión y entonces, dicen, la sagrada forma salió de su mano directamente a la boca de la Santa.

Teresa, por lo demás, respondía a estos prodigios, como era habitual, desde la máxima humildad. Tanta que por más que el resto de las monjas intentaron que se cambiara de celda, ya que la que había escogido era la peor y más incómoda de todo el convento, la madre se negó: "para quien yo soy esta me basta y sobra".

Cualquiera de las empinadas cuestas que suben desde la antigua plaza donde se instaló la primera comunidad hacia la parte alta de la villa sirven para llegar, disfrutando de un sol amoroso portado por el clásico aire manchego, hasta el convento actual. Uno de esos bonitos rincones teresianos, donde no es extraño encontrar algún grupo de visitantes, que se levanta justo enfrente de la piedra que recuerda a la Santa.

Teresa ha empezado a recorrer Malagón, acompañada del párroco, del regidor y de una de las hermanas, para buscar el lugar ideal para establecer la nueva casa. El espacio que a todos les parece más apropiado ella lo desecha señalando que les irá mejor a los franciscanos descalzos. Posiblemente, en ese momento pocos sabrían que era intención de fray Pedro de Alcántara, apoyo vital de Teresa, fundar también en Malagón y morir allí, algo que, no obstante, nunca llegaría a ocurrir.

La comitiva pasa por un olivar y Teresa observa cómo una paloma de singular blancura se ha posado en una de las ramas. Lo considera la señal definitiva y elige esa finca para instalar allí el convento de San José. El 17 de mayo de 1568 se formaliza la compra. "A linde del monasterio de la señora priora y monjas del glorioso señor San José del Monte Carmelo y otras en la calle Real para incluir y juntar con el dicho monesterio, venta que otorgaron por el precio de 119.116 maravedíes".

Los trámites comienzan rápido y, además de la compra, doña Luisa de la Cerda también autoriza a la madre a que busque al arquitecto que mejor considere para el desarrollo de unas obras en las que tendrá voz decisiva en todos y cada uno de los elementos. Lo habitual en las fundaciones anteriores, y también en las posteriores, es que los conventos tengan que adaptarse a las condiciones fijadas por construcciones preexistentes. El de Malagón se hará de nueva planta y conforme al criterio que la fundadora considere como más adecuado para el mejor desarrollo espiritual de sus hijas.

A través del torno, nos recibe la voz de la priora de San José. Nos da la bienvenida y nos pregunta por el viaje con una amabilidad entre la que asoma tímidamente un deje de acento andaluz. Sobre todo cuando, con algo de melancolía, lamenta el granizo de unos días antes que se ha llevado por delante horas de trabajo en la huerta. Son solo unos segundos. Un "así lo quiere Dios", remata el breve silencio y a otra cosa. "Este monasterio lo hizo nuestra santa madre, tenemos documentos de todo, cuentas, planos y muchos papeles", nos explica. "Habitamos un lugar especial, así lo sentimos y cuidamos. Y nos preocupamos por transmitir a las visitas lo que significa en el conjunto del mensaje de Teresa de Jesús".

Para la obra se contrata a Nicolás de Vergara el Mozo, que llegaría a ser maestro mayor de la Catedral de Toledo, y aunque evidentemente el escultor y arquitecto puso su ciencia, nadie duda de que tanto en las trazas como en la alzada se plasmaron las ideas de Teresa. Por eso, los planos tienen marcas de haber sido copiados una y otra vez, a calco, a carboncillo o a presión y, de hecho, se han empleado como modelo en todo el mundo. Como una maqueta a tamaño real de cómo entendía la Santa la vida en un convento.

La comunidad descalza actual la conforman nueve monjas y quizá Ana María de Jesús es buen ejemplo de lo que representa Malagón en el universo teresiano. Ella es una arquitecta de Australia, desde siempre interesada en la figura de la fundadora. Cuando conoció más profundamente su obra y la historia de San José no dudó en venir a conocer el convento y, finalmente, acabar profesando en él.

Así que si siempre cuando se actúa en un espacio patrimonial se debe hacer con extremo cuidado, en el caso del convento las madres lo multiplican. Conservan como auténticas reliquias de Teresa todos los elementos y mobiliario de la casa y si hay que hacer alguna obra o reparación se intenta que sea con los materiales originales.

Lo cierto es que el tiempo pasaba y a pesar de contar con proyecto y planos, la obra no avanzaba. En varias ocasiones escribe la madre a doña Luisa de la Cerda para recordar que la poco digna situación de sus monjas en la plaza de Malagón.

Todavía en 1576 doña Luisa reconoce que el convento no está hecho, a pesar de que ya está el lugar "señalizado". Se producirá finalmente un impulso de las obras que hará que tres años más tarde, Teresa viaje de nuevo a Malagón –ha pasado en estos años en varias ocasiones en sus idas y venidas desde el sur– para asistir al final de los trabajos y al traslado al nuevo edificio.

Salió de Ávila el 16 de noviembre de 1579 y llegó a Malagón el 24 de ese mes, tras haber pasado todo tipo de penurias: frío, lluvia, nieve y viento. "Algunos días caminaba siendo todo el día de agua o nieve y sin hallar poblado en algunas leguas ni llevar alguna defensa para no se mojar", recordará Ana de San Bartolomé, inseparable enfermera de la Santa en sus últimos años de vida.

A Malagón llega "tan mala que le parecía no tenía cosa en todo su cuerpo que no la doliese y que no estaba para menearse de una cama", pero Teresa, que ya tiene 64 años, no se queda quieta un momento. Lo primero que hace, con su ya casi inherente bastón, es subir al altozano a ver cómo van las obras. Allí las noticias no son buenas: le explican que por lo menos falta todavía medio año. La madre echa sus cuentas y les dice que en diez días la casa tiene que estar lista. "Espantáronse los oficiales cuando tal oyeron, por parecerles imposible, y aún yo me espantaba también de haberla visto la noche antes tan mala y inhabilitada de sus miembros, y de verla que parecía no tenía mal según el ánimo y aliento que mostraba".

Sabemos que una cosa es hablar y otra es hacer. Y también que Teresa de Jesús es muy de ambas cosas. Así que la fundadora, olvidada de sus años y sus males, se convierte en un albañil más. Acarrea materiales, sube y baja herramientas, limpia. "Todo este tiempo que se acomodó la casa anduvo desde que amanecía hasta las medias noches con los oficiales y la primera que tomaba la escoba y la espuerta era ella y a las once de la noche que se iba a descansar, rezaba el oficio divino", cuenta su enfermera.

"Ella tenía en mente que el día de la Inmaculada Concepción había que hacer el traslado del convento y así fue", explica Alberto Monteagudo, el hermano mayor de la Cofradía de Santa Teresa de Malagón. "Ese empeño y esa determinación era la misma que puso en tantas y tantas empresas que realizó en su vida y es lo que la hace tan admirable. Aquí, en la villa, desde siempre se extendió esa creencia de que las obras las dirigía desde esta piedra, cuando se sentaba a descansar, así que por eso para nosotros es algo tan valioso".

Aunque en las estipulaciones de 1576 se apunta al acabado del monasterio con revoco, el aspecto exterior está hoy marcado por ladrillo y mampuesto en aparejo toledano, fruto seguramente de los vaivenes que las pieles de los viejos edificios sufren con el paso del tiempo. Conforma esta plaza del Convento un lugar apacible en el que una escultura de Santa Teresa, sentada, contemplando su obra, se hace protagonista del espacio.

Como si estuviéramos en uno de esos musicales en los que la acción va milimétricamente encajando en las canciones, mientras hablamos con Alberto pasa por allí Carlos Guerra, el autor de la obra, nacido en Almodóvar del Campo y que reside habitualmente en Ciudad Real. Hoy en Malagón por unas gestiones tras las que ha decidido, precisamente, hacer una visita a la Santa.

Carlos se apasiona al hablar de Teresa, una figura icónica que conoce bien y sobre la que se ha documentado hasta el extremo para acometer sus diferentes trabajos. "Esta mujer podía con todo, tantos siglos después su nombre tiene una fuerza impresionante y además cuando te acercas a su obra descubres un sentido del humor que te desarma por completo".

El escultor completó en 2014 esta imagen después de un largo proceso de reflexión. "Cuando venía a Malagón me llamaba tanto la atención el respeto que se tiene aquí a esa piedra de santa Teresa que acabé diciéndome: lo que darían todos ellos por poderse sentar ahí y además al lado de ella". Es lo que hizo. Una gran piedra de 3.500 kilos sobre la que se sienta una Teresa de aspecto conforme a su edad. "Tenía ya más de 60 años, con lo que eso significaba en la época" y con espacio para que malagoneros y visitantes se sienten junto a ella. "El día que la colocamos, muy de mañana, ya había aquí doscientas personas esperando".

Una obra llena de simbolismo, en la que la madre tiene su bastón en una mano y la otra sobre el libro de las *Fundaciones*, abierto por su primera página. Una paloma se ha colocado sobre el olivo que le da sombra, recordando el motivo por el que eligió el espacio para su convento, y sobre el suelo, la firma teresiana también en bronce.

Apenas unos metros más allá, siguiendo el recorrido de la calle Santa Teresa, se encuentra otra de las grandes aportaciones del propio Carlos Guerra a la imaginería teresiana, la Puerta del Encuentro que celebró el 450 aniversario de la finalización del convento. Una colosal obra de bronce fundido a la cera perdida, con cuatro altorrelieves de tamaño natural con las imágenes de san José y la Virgen del Carmen y de santa Teresa y san Juan de la Cruz. El escultor cuenta que asumió esta obra como "una gran enciclopedia para acercarse a la historia de los dos santos tan vinculados con Malagón" y subraya que "la labor de la escultura de calle tiene que ser esa, lanzar un mensaje disponible para todo el mundo, que todos la puedan tocar, sentir y emocionarse".

Aunque el lugar que ocupa la Puerta del Encuentro se sitúa sobre la que debió de ser fachada principal del complejo conventual, algo que no delata ningún signo externo en la humilde arquitectura, hoy el acceso a la iglesia se lleva a cabo por la puerta que se encuentra en la plaza, bajo una hornacina con la imagen de san José.

Nos sorprende una iglesia de una sola nave –exceptuando el espacio que se ensancha en la vistosa capilla del que aquí llaman el Cristo Verde– protagonizada por un exuberante retablo que se encuentra en la cima de la escultura europea del siglo XVIII. Un altar mayor dedicado a la Trinidad jalonado con numerosas imágenes de talla exquisita que ha sido atribuido a Narciso Tomé y que cuenta con un dato abrumador, la presencia de hasta 72 ángeles repartidos por todo el conjunto.

No vio nada de esto Teresa aquel 8 de diciembre de 1579. "Pasaron estas hermanas a la casa nueva yo estaba acá ocho días hacía, que no fueron de menos trabajo que los del camino, porque había mucho que hacer. Y por que se pasasen en día tan señalado me cansé harto. Fue la pasada con mucho regocijo; porque vinieron en procesión y con el Santísimo sacramento. Hanse holgado mucho que no parecían sino lagartijas que salen al sol en verano".

La fundadora contemplaba feliz el término de los padecimientos en la vieja casa. Curiosamente, después de haberse vaciado en las obras, Ana de San Bartolomé constata, asombrada, cómo le vuelven todos los achaques: "en la noche le tornó el mismo mal y tullimiento en los huesos y dolores ni más ni menos que lo que tuvo cuando llegó del camino". Pero Teresa sabe que ha cumplido su misión humilde y esforzadamente. Al día siguiente, tras comulgar, la hermana Ana de San Agustín ve claramente "encima de su cabeza una paloma alear y le pareció ser cosa del cielo; lo uno porque la madre estaba con rostro muy resplandeciente y porque en la parte donde estaba no podía entrar paloma".

Una paloma sobre un olivo recuerda en el sagrario la elección del lugar y también con esa compañía está representada la imagen de Santa Teresa custodiada en una hornacina en el lado derecho. Es la talla que recorre la villa en procesión cada 15 de octubre, recibiendo el cariño más solemne de los malagoneros.

Solo en muy contadas ocasiones sale de clausura la imagen de Santa Teresa Sentada. Una obra de vestir que presenta a la fundadora en el escritorio, con el birrete de doctora. Nos cuentan que las madres le cambian de vez en cuando las sandalias. Se dice que se desgastan porque Teresa sigue recorriendo por las noches su convento, viendo si acaso es necesario tapar alguna gotera o arreglar alguna puerta. También se dice que esas pisadas misteriosas protegieron a las monjas de San José durante la Guerra Civil.

De la plaza del Remedio, donde junto a la estatua de la Santa escribiendo –obra de Joaquín García Donaire de 1922–, vecinos, operarios, visitantes desayunan en la Churrería Santa Teresa, por calle Tercia adelante, donde imágenes, azulejos, carteles de la Santa van jalonando los balcones; hasta la plaza de la Cruz Verde en la que los malagoneros se encuentran, tientan la suerte, leen las últimas esquelas o toman el sol junto al centro cultural que lleva inevitablemente el nombre de Santa Teresa.

De aquellas madres de quintos que ponían una vela en el interior del convento para saber la suerte de su hijo en la mili –si ardía verticalmente, Península; si se torcía, islas o África–, a la señal que sale del corazón al pasar junto a la piedra de la Santa.

De los niños de la escuela de deporte que juegan con el escapulario de Teresa en la camiseta a los que estudian en el colegio que lleva su nombre. De las decenas de Teresas que hay por sus calles a los llamativamente muchos Jesús de Teresa. De los aficionados que van a los toros en la peña El capote de Santa Teresa a los que van al fútbol a animar al Atlético Teresiano.

El día a día de Malagón es una carta de amor a Teresa. La hija predilecta, la alcaldesa perpetua, aquella que saltándose sus propias normas se involucra con aquella pobre gente del siglo XVI y decide que el convento pague una maestra que enseñe costura a las muchachas del pueblo, "como hemos de hacer otra limosna, que sea ésta".

Del oro del retablo, al amarillo deslucido de la bayeta que deja un rastro húmedo en la barra sobre la que se asientan dos cafés para los forasteros.

—¿Qué han venido, por la Santa?

— Y cómo no.

VALLADOLID
CAMINO DE PERFECCIÓN

He viajado a menudo a Valladolid. Familia, trabajo, oferta cultural. Con frecuencia, me he visto atravesando Campo Grande en el recorrido entre la estación de autobuses y el centro de la ciudad.

Un parque amplio y cotidiano, frondoso y cuidado que siempre ha tenido un motivo para ser famoso. Antes de Delibes capeando el frío castellano, bufanda al cuello, camino del periódico, lo era por los fotógrafos minuteros que retrataron a generaciones de vallisoletanos, tiempos en los que todavía todo el mundo no llevaba aún una cámara táctil en el bolsillo. O por la barca de el Catarro y su recorrido acuático temerario junto a la Casa de la Bruja o la de las Muñecas.

Hoy las verdaderas reinas del Campo Grande son las ardillas. Da la impresión de que todo el parque se ha ido tejiendo para ellas. Han sido capaces de amaestrar a los paseantes para que las provean de abundantes frutos secos con los que van llenando su despensa, además de lo que pillan allá y acá de la naturaleza.

Es curioso que en un jardín con pavos reales y otras aves exóticas se haya acabado por imponer este roedor modesto, acostumbrado a convivir con los humanos pero que pasado un tiempo prudencial prefiere volver a lo alto del árbol y seguir con su vida.

Cruzo Campo Grande en un viaje hacia aquella Valladolid del siglo XVI y pienso que bien podría decirse que las ardillas visten de color carmelita y que con su sencillez se han ganado las fotos de los visitantes y el corazón de la ciudad. Como aquella monja tan inquieta que también prefería permanecer en su árbol particular viviendo intensamente su espiritualidad, pero no tenía más remedio que pisar el suelo cada poco para tratar las cosas de este mundo, comprometida en hacer de él un lugar mejor.

Como las ardillas confían en la mano generosa de los niños, Teresa confiaba a ciegas en la voluntad de Dios, convencida de que se allanarían al fin todas las dificultades. De las ardillas se decía que podían recorrer de árbol en árbol aquella vieja Iberia. Qué lejos queda aquello, pero en cambio sí podría recorrerse el mundo de convento en convento de las hijas de Teresa, presentes casi en cada rincón. Fruto de una obra inmensa que sigue asombrando y que tuvo aquí, en Valladolid, una de las primeras plasmaciones. Fue por salvar un alma.

Como centro del mundo que fue un día, Valladolid está hecha de capas que explican sus vicisitudes, glorias y tragedias. Ciudad natal de reyes, asiento de muchas de las principales órdenes religiosas, conserva importantes vestigios patrimoniales que son, sin embargo, solo una parte pequeña de lo que hubo. Pavoroso aquel incendio de 1561 que se llevó por delante decenas de edificios, aunque trajo, sobre sus cenizas, la primera plaza regular de España, antes llamada del Mercado y hoy plaza Mayor. Sin más contrapartida que la de crecer, sin duda peor que el fuego fue el siglo XX, cuando su vertiginosa mutación se llevó por delante un inmenso patrimonio que solo queda en las crónicas y grabados y hoy deja un hueco de tristeza en la mirada del visitante.

Poco se parecía aquella Valladolid que recibió a Teresa en 1568 a la de hoy. Una ciudad amurallada en cuyo centro existía un esplendoroso convento, el de San Francisco, que ocupaba una extensión que ahora sería casi absurda dentro de un casco urbano y que marcó durante siglos la vida religiosa de sus vecinos. Cuando llega Teresa con su expedición fundadora, la nueva plaza Mayor ya estaba avanzada y el convento, también afectado por el fuego, en plena reconstrucción. "Que se haga la portada de San Francisco, sacándola a nivel de las demás y encima se haga un corredor con un altar para decir misa y sobre este corredor, haya otros hasta igualar con el alto de las casas de un lado y del otro", dictaron las instrucciones de Felipe II.

En 1568 Teresa de Jesús había fundado ya San José de Ávila y los nuevos conventos de Medina del Campo y Malagón. Pero antes de acudir al señorío de doña Luisa de la Cerda ya se le había ofrecido la posibilidad de fundar en Valladolid. En su relato, la madre no desvela que quien lo ofrecía era don Bernardino de Mendoza, hermano del obispo de Ávila y de doña María de Mendoza, otra de las grandes aliadas en su reforma descalza. Guarda prudente silencio sobre la identidad porque atestigua que el joven había tenido hasta el momento de su arrepentimiento una existencia bastante licenciosa y no quiere perjudicar ni a su memoria ni a su familia.

"Me dijo que si quería hacer monasterio en Valladolid, que él daría una casa que tenía, con una huerta muy buena y grande, que tenía dentro una gran viña, de muy buena gana, y quiso dar luego la posesión; tenía harto valor", recoge en las *Fundaciones*, si bien recuerda el temor a poner convento en ese lugar, ya que estaba bastante alejado de la ciudad, lo que dificultaba la pretensión de vivir en pobre solo de las limosnas.

Ocurre que don Bernardino, que quería expiar con esta fundación esa juventud de vida disoluta, contrae algún mal que devora su vida rápidamente. Primero le quita el habla y a poco provoca su muerte repentina. Con gestos ha pedido confesión y perdón, pero Teresa recibe un mensaje en oración: el alma del difunto está en peligro. "Díjome el Señor que había estado su salvación en harta aventura, y que había habido misericordia de él por aquel servicio que había hecho a su Madre en aquella casa que había dado para hacer monasterio de su orden, y que no saldría del purgatorio hasta la primera misa que allí se dijese, que entonces saldría".

En cuanto deja asentada la casa de Malagón, Teresa parte hacia Toledo. De ahí a Escalona y luego a Ávila, donde tiene que detenerse forzosamente a poner orden como priora tras su larga ausencia y preparar la casa para los siguientes meses en los que estará fuera. Solventados los trámites, al fin se ponen en camino hacia Medina del Campo.

Es allí, mientras está más centrada en impulsar con fray Antonio y fray Juan la primera casa de descalzos en Duruelo, cuando, en oración, recibe el apremio de fundar con sus monjas en Valladolid: "me dijo el Señor que me diese prisa, que padecía mucho aquel alma".

Como es habitual, la madre envía a su fiel Julián de Ávila a agilizar los trámites de la licencia, que aún debe entregar el abad dado que Valladolid entonces no contaba con obispo y dependía orgánicamente de Toledo, mientras que a fray Juan le corresponde ir a Ávila a por tres monjas para la nueva fundación. Finalmente, se reúnen todos en Medina.

Van pues con la madre cinco hermanas, una novicia de velo blanco, una postulante y ese joven fraile de voz callada y ojos encendidos que definitivamente deja atrás su vida como Juan de Santo Matía para vivir plenamente como Juan de la Cruz. Será en esa caminata de ocho leguas donde Teresa pueda hablar abiertamente con él del futuro de los conventos descalzos, de la forma de orar y de vivir para estar siempre cerca de Dios.

Las noches eran frías, incluso en agosto. El cielo, sin contaminación ni relojes, les regalaba estrellas que parecían signos. Teresa las miraba en silencio mientras las demás dormían. A veces rezaba, a veces escribía en el alma lo que luego pondría en papel. El carro en el que viajaban era lento, incómodo. Pero avanzaban. "El alma que anda en amor no cansa, ni se cansa".

En las proximidades de la avenida de Medina del Campo, en un pasillo que en ese punto se estrecha entre los dos grandes corredores vallisoletanos, el río Pisuerga y el paseo de Zorrilla y muy cercana a la actual iglesia de San Mateo y Santo Domingo de Guzmán, una cruz blanca marca el inicio de la senda de Santa Teresa. Ese lugar adonde se acercan las barcas en la festividad de El Carmen, es también el comienzo de un recorrido para peatones y bicis, paralelo al paseo de Juan de Austria, que marca aproximadamente el lugar en el que se encontraba la huerta de aquel primitivo espacio donado por don Bernardino al que llega la expedición de la madre Teresa.

Ha sido un recorrido desde Medina en medio del calor del día. Los cereales han dejado paso a las viñas y después a los chopos que marcan la proximidad del río, el destino de los castigados viajeros que llegaban por fin a Valladolid, de madrugada, con la urgencia, acaso mantenida en secreto, por salvar el alma de don Bernardino siempre fijada en la mente.

Por las calles estrechas de la ciudad procuran que el paso del carro sea lo más discreto posible sobre la tierra dura. Cruzaron por el sur, bordeando el Pisuerga, hasta alcanzar el paraje de Río de Olmos. Allí, entre huertas y tapias, les esperaba una casa de campo: una finca con árboles altos, gallinas desordenadas y una humedad que se adivinaba hasta en las paredes.

Las recibieron algunos criados de los Mendoza y un puñado de vecinos curiosos que se acercaron al ver el carruaje. "Entré en Valladolid el día de San Lorenzo. Y como vi la casa, diome harta congoja, porque entendí era desatino estar allí monjas sin muy mucha costa; y aunque era de gran recreación, por ser la huerta tan deleitosa, no podía dejar de ser enfermo, que estaba cabe el río".

Aquella mañana, 10 de agosto, lo primero que hace Teresa es acudir a misa al antiguo convento de El Carmen. Era un gran complejo donde se habían instalado los frailes en el año 1551, que llegaría a acoger la tumba de Gregorio Fernández, y que tras un sinfín de remodelaciones, ruinas, abandonos y desamortizaciones, fue, con el tiempo, hospital militar. Hoy, ya sin huellas de aquel pasado, es la sede del Servicio de Emergencias de Castilla y León 112.

El convento carmelita estaba entonces muy a las afueras de la ciudad y aun así la finca de don Bernardino está aún más lejos. "Con ir cansada, hube de ir a misa a un monasterio de nuestra Orden, que vi que estaba a la entrada del lugar, y era tan lejos, que me dobló más la pena. Con todo, no lo decía a mis compañeras por no las desanimar. Aunque flaca, tenía alguna fe que el Señor, que me había dicho lo pasado, lo remediaría".

Con esa confianza y determinación que la acompañaría en toda su vida de fundadora, Teresa no se deja vencer por el pesimismo y se pone de inmediato a trabajar. "Hice muy secretamente venir oficiales y comenzar a hacer tapias para lo que tocaba al recogimiento, y lo que era menester". Comienza así la historia de un proyecto espiritual que cambiaría el alma de la ciudad. A la mañana siguiente, con el canto de los gallos y el murmullo del río, Teresa empieza a organizar la casa, a repartir tareas, a hacer de un caserón enfermo un convento vivo, mientras Julián de Ávila continúa trabajando para obtener la licencia del abad.

Son días de actividad intensa, pero también de espiritualidad. De hecho, esas primeras jornadas de obras en Valladolid constituyen un hito fundamental en la reforma del Carmelo. Antes de colocar la clausura, Teresa departe con fray Juan sobre los pormenores de cómo entiende la vida dedicada a Dios. "De toda nuestra manera de proceder, para que llevase bien entendidas todas las cosas, así de mortificación como del estilo de hermandad y recreación que tenemos juntas, que todo es con tanta moderación, que sólo sirve de entender allí las faltas de las hermanas y tomar un poco de alivio para llevar el rigor de la Regla. Él era tan bueno, que al menos yo podía mucho más deprender de él que él de mí".

Aún antes de estar lista la licencia definitiva, el vicario general sale tan conmovido de la visita que realiza a la nueva comunidad, que autoriza que se pueda ya decir la primera misa en el lugar en el que se hará la iglesia. Así que la salvación de don Bernardino llega antes de lo esperado: "viniendo el sacerdote adonde habíamos de comulgar, con el Santísimo Sacramento en las manos, llegando yo a recibirle, junto al sacerdote se me representó el caballero que he dicho, con rostro resplandeciente y alegre; puestas las manos, me agradeció lo que había puesto por él para que saliese del purgatorio y fuese aquel alma al cielo". Eso debió de ser el viernes 13 de agosto y dos días más tarde, domingo de la Asunción, se toma formalmente posesión del convento de la Concepción de Nuestra Señora del Carmen de Valladolid. Cuando Rubens llega a Valladolid en 1603 como embajador del Duque de Mantua conocerá esta historia y no dudará en llevarla al lienzo unos treinta años más tarde en una obra espectacular. Ese cuadro, que presenta a Teresa de Jesús como intercesora de rodillas en la ribera del Pisuerga, se conserva en el Museo de Bellas Artes de Amberes y es una de las escenas teresianas más reproducidas en la historia.

El barrio Cuatro de Marzo, de ecos desarrollistas, no quiere olvidar el paso de Teresa de Jesús hace más de cuatro siglos por esa orilla entonces poco salubre. En 2009, la Asociación Vallisoletana de Heráldica y Genealogía Raíces abrió una suscripción popular para costear una escultura que recordara que, precisamente, las remotas raíces de la barriada están enlazadas con aquel primer y efímero convento descalzo.

La realizó Carmen Tablada, artista crecida en Valladolid, con su particular estilo inscrito por ella misma en el realismo mágico. El espíritu y la pluma, que así se llama la obra, presenta a la Santa con sus atributos característicos: hábito carmelita, pluma y conexión mística en forma de paloma, pero aparece agitada por un movimiento interno que se desata en un rostro en éxtasis, en permanente búsqueda de Dios. Obra ya de su última etapa, Tablada confesó que tuvo que trabajar a fondo para trasmitir en el gesto de la Santa toda su intensidad espiritual.

Lo cierto es que la vida en el convento de Río de Olmos fue una escuela de humildad y resistencia. A pesar de estar en la ribera, el agua del pozo era escasa. Las paredes, en cambio, lloraban humedad y las celdas eran frías. "Estuvimos poco allí, porque caímos casi todas malas", va a recordar la madre, que omite detalles que conoceremos por otros testigos.

De noche, los ruidos propios del cauce se entremezclan con la tos de las hermanas enfermas. Teresa, tan afectada como ellas, se levanta de madrugada a preparar infusiones y otros remedios. Un día, una hermana se desmayó por la fiebre. Teresa la llevó en brazos hasta su celda, le humedeció los labios y le susurró al oído: "aguanta, hija, que el cielo se gana con sudor". Aquella hermana sobrevivió y escribió más tarde que ese momento fue su verdadera conversión.

Hacían falta muchas dificultades para doblegar el espíritu de aquellas primeras monjas que acompañaban a la fundadora. Así que, a pesar de todos los contratiempos, el convento se pone en marcha como si estuviera en el mismo paraíso. Se reza, se acompañan las celebraciones en un coro improvisado donde las voces resuenan contra los muros ásperos. Y se trabaja. Se limpia, se recoge leña, se cose. Teresa participa como una más en las tareas y en las recreaciones procura enseñar, pero también distender. Leía a las hermanas, hablaba de oración, de silencio, de cómo encontrar a Dios en el zumbido de una abeja o en trabajo en la huerta. "El que no halla a Dios en lo pequeño, no lo hallará en lo grande". O les recita algunas coplas, ajenas o propias, para llamar a la risa. El humor, asegura, es también cosa de santas.

En fin, Teresa "acomoda el convento como si hubiese de quedarse allí siempre", refiere Julián de Ávila, aun cuando todos sabían que "no era asiento para perseverar en él". La mayoría de las hermanas siguen enfermas, con síntomas que podrían ser compatibles con el paludismo –"tuve unas cuartanas", escribe la madre desde el convento en una de sus cartas–, están muy lejos de la ciudad y eso dificulta la llegada de alimentos y auxilios. Avanza el otoño y se intensifican las lluvias. Hace unas semanas que fray Juan de la Cruz ha partido para Duruelo, donde ya está fray Antonio, para poner en marcha el primer convento descalzo de frailes. En Valladolid, la situación es insostenible. Es la hora de marchar.

El antiguamente bullicioso tráfico se ha convertido hoy en un susurro en el adoquinado de la plaza de San Pablo. Uno de los rincones más hermosos y cargados de historia de Valladolid. Un espacio amplio, acotado por las siluetas palaciegas que se afrontan con la iglesia con una de las fachadas más famosas de la ciudad.

A los vallisoletanos les gusta contar que cuando nació el futuro Felipe II en el Palacio de Pimentel, donde estaban alojados los reyes para asistir a las Cortes, lo sacaron por una ventana para garantizarse que fuera bautizado en San Pablo en lugar de en la más modesta San Martín, que le hubiera correspondido de haber salido por la puerta. Una cadena en la reja de una de las ventanas da supuestamente fe del hecho. En realidad, lo que sí hizo la familia real fue construir una tribuna de madera, bellamente decorada con pinturas, ramas y hasta frutas, para que el cortejo pasara directamente del palacio a la iglesia sin pisar la calle y al estar la tribuna construida a una altura elevada, se conectó a una ventana en vez de a la puerta.

Hoy este palacio es la sede de la Diputación. Acabada la Guerra Civil, se encargó al ceramista de Talavera Ruiz de Luna que realizara una serie de azulejos con hechos relevantes de la vida de la ciudad. Y precisamente el último del ciclo es que el que presenta a Teresa de Jesús hablando con Juan de la Cruz antes de entrar en la Valladolid, ante la Puerta del Campo.

La serie también recoge uno de los episodios negros de la historia de la ciudad: el segundo de los autos de fe que aquí tuvieron lugar. Es el celebrado en 1559, nueve años antes de la llegada de la Santa, en el que fue quemado el doctor Cazalla. La conmovedora historia llevó al genial Miguel Delibes a escribir *El hereje*, que nos estremece con la suerte del bondadoso Cipriano Salcedo, dictada por el obispo de Palencia, con ese mismo punto de la vieja muralla como destino trágico: "los reos sentenciados a prisión, añadió, serán conducidos en procesión a las cárceles real y del Santo Oficio para cumplir sus condenas, en tanto los restantes se desplazarán en borriquillos al quemadero, erigido tras la Puerta del Campo, para ser ejecutados".

Por entonces la monumental fachada de San Pablo no era como hoy la conocemos. De hecho, apenas alcanza la altura del rosetón cuando llegan a la plaza años después las monjas descalzas de Teresa, que pasan de la insalubridad absoluta de Río de Olmos a vivir directamente en un palacio.

La discreción de la fundadora sobre el propietario del alma en peligro que urge la fundación en Valladolid hace que deba explicar a través de vericuetos por qué doña María de Mendoza se involucra de lleno en las dificultades de las monjas. Expone que es hermana del obispo Álvaro de Mendoza –figura crucial para el San José abulense–, y que es una mujer "muy cristiana y de grandísima caridad". Omite quizá el dato más relevante: es hermana de don Bernardino.

En todo caso, doña María de Mendoza y Sarmiento, esposa del cuasi omnipotente Francisco de los Cobos, secretario de Estado de Carlos V, desde el principio ha seguido de cerca las vicisitudes de las fundaciones de la Santa y no la abandona a su suerte en Valladolid. Se compromete a comprar una casa mejor y más habitable para las monjas. Antes, dada la situación tan apurada del convento, no duda en trasladarlas a su casa mientras encuentra ese emplazamiento definitivo. Así llegan las monjas a lo que hoy se denomina Palacio Real, actual sede de la Capitanía del Ejército de Tierra.

Las monjas, con su precaria salud, se trasladan el 31 de octubre de 1568. Teresa ya no puede ocultar que quizá es la más afectada de todas. Dice la novicia Francisca de Jesús: "estuvo tan mala la santa madre que pensaron que se muriera. Y con ser el mal tan recio no quería tomar cosa de alivio, que aún unos jarros que la dieron, con tener una sed grandísima, no los quiso tener, diciendo que era poca pobreza y perfección tener tanto regalo".

Han llegado a una casa amplia, de muros gruesos y techos altos, con dos patios, entre ellos el que acoge la célebre fuente de mármol de las sirenas, donde aún hoy se escucha el eco del agua. Las hermanas envolvieron los pocos libros, los útiles del altar, las imágenes y ropas y los cargaron en un carro prestado por un vecino.

Doña María las quiere tener envueltas entre algodones, ante la resistencia de Teresa que le recrimina que las "mataba a regalos". Aun en las nuevas condiciones provisionalísimas, no quiere la fundadora perder un ápice del sentido original de la vida en oración y encierro y las monjas viven juntas en un solo salón. Quedará recogido en la historia de la fundación: "las dichas monjas están muy estrechas y todas ellas en una cuadra de la casa de la ilustrísima señora doña María de Mendoza, que aunque es casa y aposento decente respecto de la dicha señora doña María, pero no tanto como es menester para la estrechez y clausura de las monjas, y también para lo que toca a celebrar los oficios divinos y sus devociones".

En la improvisada clausura del palacio, desde donde oyen misa en una tribuna hacia la desaparecida iglesia del Rosario, tendrá lugar uno de los episodios más relevantes de la vida conventual de Teresa de Jesús. Ha llegado Navidad y la madre toma la palabra. Les habla a sus hermanas de la dureza del pesebre, de la pobreza de María y José y de las lágrimas del recién nacido. Se desata uno de esos ambientes de espiritualidad desbordada. Dice Francisca de Jesús que a la madre "le resplandecía el rostro con más claridad que la vela" y al acabar todas las monjas sintieron una paz y una alegría especial y salieron "desafiando y llamando a voces los trabajos". Faltan apenas dos meses para que la comunidad abandone el idílico rincón de la plaza de San Pablo.

La calle del Cardenal Torquemada (no el feroz inquisidor, sino su tío, re-fundador del convento dominico de San Pablo) nos lleva directamente a la principal huella teresiana en el callejero de Valladolid. Tras un corto paseo ya por edificios modernos, entre ellos una de las dependencias del Hospital Clínico, llegamos a la Rondilla de Santa Teresa.

Es uno de los barrios populares de la ciudad, surgido en la década de los 60 y 70 del siglo XX ante el crecimiento exponencial de la demanda de vi-vienda para acoger a los obreros que acuden desde toda la región ante el auge fabril. Hoy llama la atención que esas calles estrechas tengan nombres como Las Moradas, Camino de Perfección, San Juan de la Cruz, Místicos o Medi-taciones. También, por ejemplo, hay una placita dedicada a Alba de Tormes. Todo se explica porque antes de la llegada de esas largas colmenas de ladrillo las monjas de Teresa de Jesús ya estaban allí.

En enero de 1569 doña María de Mendoza ha localizado cerca de la Puer-ta de Santa Clara unos terrenos bastante apropiados para el convento "con todo el corral y corralizo y suelo y cobertizo, y con el jardín", pertenecientes al mayorazgo de Alonso de Argüello. Se negocia la compra en 2.600 ducados de oro, que en parte serán pagados con cargo a las alcabalas de Medina del Campo. Se libera el mayorazgo y al fin se obtiene licencia del abad de Valladolid: "autorizando a doña María de Mendoza para mudar y trasladar a la priora y monjas de las casas de su señoría, donde al presente están, a las casas que fueron del regidor Juan de Argüello, que están al cabo de la calle Real de esta villa, y sitio y monasterio por su señoría comprado".

Es 3 de febrero, día gris y templado, y sin esperar ni un minuto más tras el sello abacial, las monjas salen hacia su nueva morada con la habitual pretensión de sencillez y discreción, pero no puede ser. La noticia se había extendido entre los fieles y los curiosos. Había gente en las ventanas, en la calle. Las cofradías y todo el que es alguien en Valladolid quiere estar presente en un momento que se presiente histórico. Desde San Pablo se les une el obispo de Ávila y también se dejan ver las cofradías de la ciudad.

Imaginamos otra vez una escena que se repetirá en lo sucesivo en otros lugares. El sacerdote va delante con la cruz alzada. Las campanas redoblan por la nueva vida que se abre en el corazón de Valladolid, las mujeres rezan al paso del Santísimo y los hombres se descubren. En fin, "hízose la traslación con grande solemnidad, día del glorioso san Blas". Las descalzas entran a su nueva casa entre rezos y, acallados los ecos mundanos, es posible que la madre dijera como acostumbraba: "Aquí fundamos en nombre del Señor, y por su gracia será para su gloria". Es el asiento definitivo del convento de la Concepción del Carmen que ya nunca ha faltado desde entonces en Valladolid.

En un entorno de marcada modernidad, un barrio de apenas 70 años de historia, entre semáforos, aparcamientos de duración regulada y grandes bloques de ladrillo de nueve alturas, sobresaliendo por su bella sencillez, permanece hoy el convento carmelita que sigue siendo una de las joyas teresianas. Casi todo lo que vemos está tal cual lo conoció la Santa.

El muro humilde que delimita el espacio de recogimiento, con la marca de una de las crecidas del río, la espadaña modesta que pudiera parecer la puerta de un garaje y que da acceso a una corrala donde a un lado quedan las casas auxiliares y al otro los espacios conventuales con la iglesia como testigo adelantado.

Nos reciben las hermanas en el trasiego diario por los encargos de flores y ramos que realizan para homenajes, actos, celebraciones y recuerdos y que gozan de gran fama en la ciudad. Recorremos en silencio los lugares que llaman al respeto reverencial por un lugar en el que las huellas de Teresa palpitan. Es una casa viva, habitada, orante y también lugar de memoria, recogimiento y patrimonio espiritual. Quien cruza su zaguán entra en una dimensión distinta, en la que la historia susurra desde los muros.

El claustro conserva su traza original. Es sobrio, con un jardín central donde florecen rosales, hiedras y una fuente que murmura. En una de las esquinas está la morera que, según la tradición, plantó la misma Teresa. A su sombra rezó, meditó, y quizá escribió alguna de sus cartas. Este convento puede presumir de contar con la mayor colección de cartas autógrafas de la fundadora, cerca de medio centenar. Con ese mismo celo y ternura con los que se guardaron aquellos pliegos, las hermanas cuidan hoy este espacio como quien protege un relicario.

Así se conserva también la celda que ocupó la Santa. Un espacio reducido y de techo bajo, entre recias vigas de madera, que hoy ocupa un altar con un Yacente sobre el pobre lecho y con las imágenes de Teresa de Jesús y Juan de la Cruz a los lados. Enfrente, una mesa con lámpara de aceite y recado de escribir donde reposa un facsímil de la otra gran joya que guardan las hermanas: el autógrafo de *Camino de perfección* en su segunda y definitiva redacción.

Llegamos al coro de la iglesia, protagonizado por un rico altar dedicado a san Juan de la Cruz y con una hornacina lateral que protege un primoroso Ecce Homo de Gregorio Fernández. Todo el convento es en realidad un museo, salpicado de obras de valor, entre ellas un crucificado de Juan de Juni y varias tablas de Luis de Morales, y da particularmente esa sensación la Sala Capitular, donde se guardan piezas de arte, orfebrería y reliquias.

También la iglesia lo es. Un templo más bien pequeño con un vistoso zócalo de azulejería en el que destaca una de las magníficas Inmaculadas de Gregorio Fernández, a quien se atribuye también la imagen de la Santa en la parte derecha del retablo mayor y el San José con el Niño de la izquierda.

En la misma orilla del Pisuerga, a unos tres kilómetros del convento, en una línea que pasa por encima de la plaza Mayor o el Campo Grande, en la calle de Recondo, en 1939, nació Concha Velasco. Lo hizo en un lúgubre segundo piso de un edificio ya desaparecido en el que la familia no permaneció más de cinco años. Pero ahí comienzan los pasos de una de las actrices más queridas de la historia del cine español. Una "muchachita de Valladolid" que tras una trayectoria exitosa en el teatro y la pantalla se topa en los años 80 con una de las mayores producciones hasta el momento en la televisión nacional: Teresa de Jesús. Presupuesto de 400 millones de pesetas (2,5 millones de euros, que entonces era una cantidad casi desorbitada) con 15.000 metros cuadrados de decorados y rodajes en escenarios reales de Castilla y León, Extremadura y Andalucía. Más de 300 actores y 50 especialistas. Los diálogos los escribe una salmantina, Carmen Martín Gaite, y supervisa el guion un profesor de la Universidad de Salamanca, Víctor García de la Concha. La directora, Josefina Molina, tiene claro que el personaje va a exigir una profundidad psicológica fuera de lo común. Quiere dibujar una mujer rompedora, espiritual, pero profundamente humana. Teresa tiene que ser Concha Velasco.

La directora le propone unas pruebas con unas lentillas opacas para rodar la parte dedicada al final de la vida de la Santa. La actriz acepta y en los preparativos de esas lentes le descubren que padece desprendimiento de retina. Debe operarse de urgencia, mientras la producción aguarda a su piedra angular. Concha dirá que la Santa la salvó de quedarse ciega.

Después llevará a cabo una actuación colosal. Su mejor papel. Durante la convalecencia había sido capaz de estudiar a fondo a un personaje tan complejo que requiere lo mejor de sus muchas capacidades. El éxito, en un momento en el que la tele en abierto cuenta con audiencias millonarias, es abrumador. "Interpretarla me cambió la vida; entendí que una mujer podía enfrentarse al mundo con fe y con palabras".

Le llueven los reconocimientos y regalos. Uno le llega al alma. Se lo manda una comunidad de monjas con todo el agradecimiento por haberles hecho ver una Teresa viva en la pantalla. Es una pequeña lámina a tinta con la dormición de la Virgen que desde entonces siempre llevará consigo. Falleció en 2023 y fue enterrada en el cementerio del Carmen, en el Panteón de Hijos Vallisoletanos Ilustres, con el epitafio que ella quiso: "Nada te turbe, nada te espante, todo se pasa, Dios no se muda. La paciencia todo lo alcanza; quien a Dios tiene nada le falta: Solo Dios basta". Algunos días más tarde, la familia llamó a las puertas del convento para entregar a las carmelitas aquella vieja lámina. Una obra sin valor económico que vale, sin embargo, por todo el calor que Concha llevó a millones de corazones siendo Teresa.

Junto a la plaza de la Rinconada permanece fosilizado uno de los pocos restos de muralla de la ciudad que conoció la Santa en el siglo XVI. Hacia el Mercado del Val el latido diario se acelera y remansa a la vez. Entre carritos con las compras cotidianas, grupos que disfrutan de los muchos bares y tabernas, ciudadanos que van y vienen en el centro administrativo de la urbe o turistas que acuden en busca de información, se yergue la monumental iglesia de San Benito.

Un templo que ya estaba edificado en el momento de la fundación de la Concepción del Carmen, pero al que le faltaba aún por realizarse su imponente fachada, aun cuando hoy sus torres solo sean la mitad de altas de lo que diseñó Gil de Hontañón, tan atrevidas que se desmontaron por miedo a un derrumbe en el siglo XIX.

Dentro nos aguarda Luis Javier Frontela. Es uno de los frailes que habita la casa carmelita. Su despacho es un lugar impracticable para recibir visitas, tomado el espacio en un noventa por ciento por libros y más libros colocados sobre unas agotadas estanterías, apilados hasta alturas críticas o mantenidos en equilibrio precario sobre los lugares más inverosímiles.

El padre Frontela es una enciclopedia sobre santa Teresa, los místicos, la historia de la orden y la propia vida de su comunidad. Nos cuenta cómo el viejo convento benedictino fue luego exclaustrado y convertido en cuartel. No sería hasta 1892 cuando se retome el culto a través de la orden Tercera del Carmen, lo que posibilita la llegada de los frailes en 1897, primero en unos altos construidos sobre las bóvedas y al fin en una de las pandas del antiguo complejo monacal.

Como Teresa, Frontela habla con profundidad y rigor, pero sin ceremonias. Explica cómo en torno a la iglesia fue tejiéndose una comunidad habituada a escuchar hablar de la Santa, de san Juan de la Cruz o de San José. De hecho, el monasterio cuenta con una de las bibliotecas josefinas más importantes del mundo.

Es la evidencia de que el legado teresiano en Valladolid se extiende más allá de edificios y arte. Está incrustado en la ciudad, como un nervio oculto que conecta épocas, devociones y silencios. La huella de Teresa no solo persiste en las piedras, sino en las personas, como el padre Frontela. O fray Teófanes Egido, ya fallecido, pero uno de los grandes nombres propios contemporáneos de los descalzos por su erudición y humanidad. O como las propias monjas de la Rondilla, que siguen habitando el convento, trabajando, orando día y noche.

Valladolid subraya su condición de ciudad teresiana. Se celebran sus fiestas de octubre, se dedican programas especiales a sus grandes efemérides. Las representaciones de la Santa proliferan en capillas, museos y colecciones privadas. En la Catedral se encuentra un curioso armario relicario recogido del antiguo Colegio de Niñas Huérfanas

que presenta un busto de la mística en actitud de escribir una carta. Tampoco falta en el Museo Nacional de Escultura. En el antiguo Colegio de San Gregorio se encuentra una representación mayúscula de la Santa por Gregorio Fernández del año 1625 que causó enorme fortuna y desde entonces ha servido de modelo recurrente para representar a la mística.

En Valladolid, Teresa no es escultura fría y distante, sino una presencia familiar. Encajada en gran medida en el modo de ser de una ciudad donde pareciera que cada mañana aquella monja inquieta se sigue levantando a los maitines de su convento.

TOLEDO
LA CIUDAD DE RECREO DE TERESA

Está cayendo la primera luz del día sobre la monumental Toledo. Que aquella capital imperial tuvo tres murallas uno lo empieza a comprender desde aquí. Estribado en una de ellas, con el acceso que franquea la Puerta del Sol que queda abajo, a la derecha, llamativamente abajo, de hecho. Porque en esta ciudad todo parece pensado en horizontal, pero en realidad hay enormes diferencias de altura propiciadas por sus siete colinas, como en Roma. Algo más allá de la del Sol, tras parte del caserío de la zona baja, la puerta de Bisagra. Coloso adelantado de otro cinturón murario, cuyas torres empiezan a brillar al primer sol de la mañana, lanzando destellos al más humilde ladrillo mudéjar de Santiago el Mayor.

Mientras por la Real del Arrabal empieza el hormigueo de los turistas más madrugadores en busca del epicentro de Zocodover y el trasiego de las tiendas que sacan sus reclamos a la puerta, en el jardín de los Carmelitas descalzos también empiezan a desperezarse los huéspedes. Otra manera de visitar la ciudad, de entre los miles de visitas posibles.

Estamos en un recinto peculiar que sin dejar de ser convento también es hospedería. Una de esas llamativas embajadas del silencio en medio del bullicio. Una simplemente bella construcción del siglo XVII de ladrillo y mampostería, con la hermosa mezquita del Cristo de la Luz casi al otro lado del muro, que nos permite adentrarnos enseguida en el intenso vínculo entre Teresa de Jesús y esta ciudad en la que sabemos que fue feliz. Aquí llevaría a cabo su quinta fundación, lo que le permitiría a menudo repetir en sus cartas el juego de palabras "mi quinta de recreo" para referirse a un lugar en el que ocurrieron acontecimientos fundamentales. Aquí empezó la primera redacción de su *Libro de la vida* y, años más tarde, de *Las moradas*. Desde aquí planificó minuciosamente la fundación de San José de Ávila y, en contacto con las clases más altas de su tiempo, lamentaría haber querido alguna vez ser "señora".

Al fin y al cabo, este propio convento que nos acoge puede considerarse heredero de aquel primer humilde emplazamiento en el que se acomodaron las descalzas en una ciudad llena de historias y huellas apasionantes.

No muy lejos de los Carmelitas descalzos nos adentramos, a través de las Tendillas tras dejar a la derecha el abrumador complejo de Cardenal Lorenzana, en el viejo dédalo toledano. La ciudad de las tres culturas tuvo históricamente una importante comunidad hebrea, aunque el endurecimiento de las condiciones de convivencia llevó a muchas de aquellas familias a convertirse al cristianismo.

Teresa descendía de una de ellas. Su abuelo, Juan Sánchez de Toledo, era recaudador de impuestos y tenía una posición razonablemente acomodada en la ciudad, pero en el hostil siglo XV de repente nadie quería olvidar que hace tan solo dos generaciones esos Sánchez profesaban el judaísmo. Eran esos clanes mirados con recelo y cualquier mínimo gesto (por ejemplo, estrenar la ropa limpia de la semana el sábado en vez del domingo) ya podía ser visto como un indicio de prácticas judaizantes.

Nada más pasar el convento de la Purísima Concepción, conocido en la ciudad como las Capuchinas (en cuyo interior, en un altar lateral de mármol, se encuentra una magnífica pintura de Francisco Rizi con santa Teresa en conversación con santa Gertrudis), arranca la calle de San Ildefonso.

En el actual número 4 de esa vía, en una discreta vivienda, solo remarcada por un dintel de potente granito, vivió la familia paterna de Teresa. De esa casa salió su abuelo una mañana de 1485 para presentarse ante el Tribunal de la Inquisición y autoinculparse por sus prácticas. Todos los cronistas resaltan que se trató de una hábil maniobra del mercader y recaudador, que se anticipó a una casi segura delación envidiosa y se acogió a un periodo de gracia dado por el tribunal, garantizándose una pena mucho más leve. Sabemos exactamente cuál fue: recorrer durante siete viernes todas las iglesias de Toledo descalzo y portando una vela, acompañado por los varones de la casa –incluyendo el padre de Teresa, que entonces tendría cinco años– y vistiendo el sambenito que marcaba su culpa, pero también que se había librado de la hoguera.

Al acabar su penitencia, don Juan tuvo que colgar ese sambenito de su parroquia, la de Santa Leocadia, que se encuentra justo al final de la calle, con su elegante torre y reconocible ábside mudéjar de arcos polilobulados, en un mensaje de convivencia entre credos que, ya vemos, no siempre fue tal. Todavía no regía la norma de dejar escrito junto con el sambenito el nombre del reconciliado, lo que permitió a la familia borrar ese molesto pasado con el correr del tiempo. Aun así, casi todos prefirieron salir de Toledo a otros lugares lejos de ese posible estigma, Ávila en el caso del padre de Teresa.

Se toma el pulso a esa cautivadora zona de Toledo, engarzada sobre una de sus colinas, abigarrada de iglesias y conventos y testimonio de viejas noblezas, desde la Subida de la Granja, que solo unos pocos valientes recorren a pie en su prolongada pendiente. Para la mayoría de las visitas, a ese cogollo de la ciudad monumental se llega a través de las escaleras mecánicas, donde se entremezclan los turistas ansiosos por empezar a bañarse en la historia con la prisa de funcionarios y también con el ir y venir de muchos estudiantes.

Sonreímos pensando cómo sería hoy la imagen de Teresa con su compañera Juana subiendo por esas escaleras en su primera llegada a la ciudad y con que, a pesar de su discreción, seguramente ese particular carisma que siempre la acompañó haría que se llevara más de una foto. Pero la madre llega a Toledo en los primeros días de 1562, y entonces, con 24 conventos de monjas, 12 de frailes, 4 colegios de órdenes y 300 clérigos solo al servicio de la catedral primada quizá lo raro fuera no de ir de hábito por la calle.

En el interior del convento de la Encarnación, cuando ya planifica fundar San José, ha recibido la orden del provincial, el padre Salazar, de acudir a Toledo a consolar a doña Luisa de la Cerda, abatida tras el fallecimiento de su marido, don Antonio Arias Pardo, señor de Malagón.

Teresa llega tras 20 leguas de viaje desde Ávila en un carruaje que le ha provisto doña Luisa con algún personal de servicio, acompañada de otra monja de la Encarnación, Juana Suárez, y de su cuñado, Juan de Ovalle. Atravesaría la puerta del Cambrón y remontaría por el zigzagueante trazado hasta la casa de doña Luisa, en la plaza de San Román.

La vieja casa de los Manrique había pasado a manos de Arias Pardo y es hoy, pese a sus muchas transformaciones, uno de los más elegantes testimonios de los palacios mudéjares de la ciudad. Su impresionante salón, lleno de atauriques y filigranas, techumbre artesonada y bella azulejería ya estaba en tiempos de Teresa.

La monja conecta desde el primer momento con doña Luisa. "Fue el Señor servido que aquella señora se consoló tanto, que conocida mejoría comenzó luego a tener y cada día más se hallaba consolada". Teresa, no obstante, comprueba que esa vida de lujo y ostentación que llevaban los nobles toledanos no era para ella: "en lo poco que se ha de tener el señorío, y cómo, mientras es mayor, tienen más cuidados y trabajos, y un cuidado de tener la compostura conforme a su estado, que no las deja vivir; comer sin tiempo ni concierto, porque ha de andar todo conforme al estado y no a las complexiones. Han de comer muchas veces los manjares más conformes a su estado que no a su gusto. Es así que de todo aborrecí el desear ser señora".

Es durante esta estancia cuando va a recibir un mandato crucial, el del confesor dominico fray García de Toledo, que le pide que ponga por escrito su vida, sus experiencias espirituales y su modo de oración, dando lugar a la primera redacción del *Libro de la vida*. "Quisiera yo que, como me han mandado y dado larga licencia para que escriba el modo de oración y las mercedes que el Señor me ha hecho..."

Desde el cielo, las callejas del Toledo antiguo deben de parecer las galerías de un hormiguero, transitadas por nutridos batallones que, provistos de gorra, gafas de sol y chubasquero, por si acaso, siguen a un líder que sostiene un paño de vivo color enganchado de una antena o a veces simplemente un paraguas. En las proximidades de Santo Tomé, se intensifican los que buscan el cuadro más famoso del Greco. Se cruzan con quienes indagan cómo llegar a la sinagoga del Tránsito o a Santa María la Blanca, aquel viejo templo que ha sido casi de todo en su larga historia, incluido un centro para "reformadas" (mujeres que abandonaban la prostitución), que era su uso en tiempos de Teresa. A veces los grupos se entremezclan en unos instantes de cierta confusión, hasta que finalmente prevalecen las formaciones primigenias que siguen su marcha hasta su objetivo. La calle San Juan de Dios acoge buena parte de ese tráfico, sumado al de los que simplemente quieren callejear por el trazado de la judería, pero pocos reparan en una pequeña placa cerámica que señala la fundación en mayo de 1569 del convento de descalzas de San José.

Teresa está en Valladolid, donde ha fundado su cuarto convento, cuando recibe noticia del jesuita Pablo Hernández, un buen amigo que la ha acompañado a la fundación de Malagón, de que puede contar para abrir convento en Toledo con una herencia de un rico mercader, Martín Ramírez, que acaba de fallecer sin hijos y cuyo deseo era destinar su dinero "a obra que fuese muy agradable al Señor".

La noticia le debe de llegar en noviembre de 1568 y aunque el jesuita le pide que se apresure para acometer la fundación, Teresa quiere dejar primero asentada la de Valladolid y no saldrá hasta el 21 de febrero de 1569. Lo hace para pasar primero por Medina del Campo –fija la estricta norma de guarda de clausura para sus conventos de una vez por todas–, Ávila y Duruelo, donde ha comenzado la primera fundación de frailes descalzos con fray Antonio de Jesús y fray Juan de la Cruz.

De vuelta a Ávila, parte finalmente hacia Toledo el 22 de marzo, acompañada por Isabel de Santo Domingo e Isabel de San Pablo. "Caminaron muy honestamente, puestos sobre los rostros sus velos para no ser vistas, y señaladas sus horas de oración mental y vocal". Llegan a una posada en El Tiemblo que les cede las habitaciones que había reservado previamente otro viajero, cuyas cosas saca el posadero a la calle. A su regreso, el viajero, enojado, desenvaina la espada y a punto esta de liarse a estocadas con toda la comitiva, hasta que el corregidor pone orden y le manda que se marche. Donde hoy nosotros veríamos un caso para acudir a la OCU, ellos vieron al diablo.

Alcanzan Toledo el 24 de marzo. Teresa ha procurado que se vayan moviendo los hilos necesarios para la fundación, pero a su llegada ni se han conseguido licencias ni los albaceas de Ramírez tienen prisa por desembolsar la herencia. Hay muy buenas palabras, pero muy pocos hechos. Todo vaticina problemas.

La catedral de Toledo es testigo de la grandeza de la ciudad en tiempos de Teresa. Un templo de dimensiones colosales, lleno de prodigios arquitectónicos, pictóricos y escultóricos, acorde con una capital del imperio que era, a su vez, un gran centro religioso con miles de personas dedicadas a la vida consagrada. Sin embargo, en 1569 la sede estaba vacante, en prisión el arzobispo Carranza, con Gómez Tello Girón como gobernador eclesiástico. Entre cabildo y gobernador existía una abierta guerra desde que este intentó ocupar la silla arzobispal y ambas partes se molestaban todo lo que podían. En medio de ese conflicto se vio Teresa. "No podía acabar que me diesen esta licencia, porque cuando tenía un poco blando el gobernador, no lo estaban los del Consejo".

Tampoco había manera de encontrar casa en una superpoblada Toledo que contaría con más de 80.000 habitantes. En cuanto a la licencia, todo hace indicar que el pobre linaje del mercader hacía que nadie quisiera un convento con tan poca solera en el exclusivo barrio de San Nicolás. Para colmo, el hermano del comitente había dejado en manos de su yerno, Diego Ortiz, la gestión del asunto y las condiciones eran cada vez más difíciles. "En fin, vinimos a desconcertarnos del todo", lamenta la madre.

Quizá porque en el terreno de la pobreza sintiera manejarse mejor, Teresa toma entonces la iniciativa de hablar con el gobernador eclesiástico. Le envía una nota pidiendo que la reciba en una iglesia junto a su casa y la entrevista transcurre en estos términos: "díjele que era recia cosa que hubiese mujeres que querían vivir en tanto rigor y perfección y encerramiento, y que los que no pasaban nada de esto, sino que se estaban en regalos, quisiesen estorbar obras de tanto servicio de nuestro Señor".

Le echa "hartas cosas" en cara tras dos meses de mareo burocrático y silencios y Tello Girón, en vez de echarla, le otorga la ansiada licencia. La madre sale tan contenta, aunque no hay casas, ni dinero. En realidad, lleva consigo tres o cuatro ducados que invierte en dos lienzos, dos jergones y una manta para el convento que ya empieza a vislumbrar.

Un detalle que llama la atención del visitante en Toledo es la vieja tradición de los conventos de colocar en el muro exterior una cruz bajo tejaroz para marcar el punto en el que, dentro, se encuentra el sagrario. San Clemente es uno de ellos. Un inmenso complejo de monjas cistercienses –hoy con parte del espacio destinado a otros usos–, en cuyos entornos siempre huele bien.

Dice la leyenda que fue en este convento donde, inspiradas milagrosamente por san Clemente, las monjas comenzaron a elaborar mazapán como un producto barato –contaban con muchos almendros en la huerta–, y resistente. Dado que la pasta la obtenían golpeando las almendras y el azúcar antes de hornear, de ahí el nombre: pan de maza. Sea o no cierto, que seguramente no, lo indiscutible es que aquí se sigue haciendo uno de los, con justicia, más afamados mazapanes de Toledo.

También es un buen ejemplo de que en cualquier lugar puede asaltarte la historia en una ciudad como esta, llena de leyendas, ritos y tradiciones. En San Clemente, muy próxima al palacio de doña Luisa de la Cerda, estaba oyendo misa Teresa cuando se le presenta un joven estudiante, Alonso de Andrada. Lo enviaba otro clérigo amigo de la madre, fray Martín de la Cruz, con el encargo de que la ayudara todo lo que pudiera.

Y la verdad es que, a priori, bien poco podía. Era este joven de aspecto desastrado, "nonada rico, sino harto pobre", todo lo contrario que el Toledo que las monjas habían conocido desde su llegada, donde habían tratado con el entorno de una de las señoras más principales. De hecho, las dos monjas que acompañan a la madre se toman a risa el ofrecimiento del estudiante y le dicen que ni se le ocurra ponerse en sus manos para encontrar casa. Pero ella, desoyendo todos los consejos, llama a Andrada, lo pone al corriente de lo que necesita y le avanza también que cuenta con un fiador para el alquiler, Alonso de Ávila. A Andrada no le supone ningún problema afrontar un desafío en el que llevaban meses fracasando gentes poderosas de la ciudad. "A él se le hizo muy fácil y me dijo que la buscaría".

Efectivamente, al día siguiente Andrada acude a la madre, que en esta ocasión está en los Jesuitas (también cerca del palacio de doña Luisa, pero no en su ubicación actual, a la que llegarían apenas unos meses más tarde, sino en una casa anterior en la calle de Santo Tomé), y le dice que ha conseguido a pocos metros de allí una casa que van a ver en el momento y les parece más que suficiente para poder instalarse. Cómo es la vida, piensa Teresa. "Muchas veces, cuando considero en esta fundación, me espantan las trazas de Dios; que había casi tres meses –al menos más de dos, que no me acuerdo bien– que habían andado dando vuelta a Toledo para buscarla personas tan ricas y, como si no hubiera casas en él, nunca la pudieron hallar, y vino luego este mancebo, que no lo era, sino harto pobre, y quiere el Señor que luego la halla".

En una vieja ciudad universitaria como Toledo, que lo es desde el siglo XV, pienso en Andrada como uno de esos estudiantes brillantes que, pese a su aspecto disconforme con el canon del momento, tiene una mente capaz de desarrollar grandes ideas. Hoy ese joven quizá guardara en su portátil el germen de una startup capaz de sondear el mercado inmobiliario de forma personalizada y eficaz, con visos de facturación millonaria. Entonces, le encontró una casa a la Santa, que no fue poco.

"Bien en breve me vino a decir el dicho Andrada que aquel día se desembarazaba la casa, que llevásemos nuestro ajuar. Yo le dije que poco había que hacer, que ninguna cosa teníamos sino dos jergones y una manta". Las otras monjas temen que ahora que sabe que son tan pobres, quizá ya no las quiera seguir ayudando, pero nada más lejos, trabaja por el convento como el que más: "él anduvo en acomodar la casa y traer oficiales, no me parece le hacíamos ventaja".

Las obras no son muchas, pero es necesario hacer una pieza para la iglesia, para lo que finalmente se alquila también una pequeña casa contigua a la primera, en la que se encuentran dos mujeres como inquilinas. Teresa decide no comunicarles nada hasta el último momento, por evitar que el precario equilibrio de naipes con el que hasta el momento se ha ido avanzando se caiga al más leve descuido.

Así que, ya amaneciendo, se derriba el muro que va a comunicar el convento con la nueva iglesia, y se produce el primer sobresalto de la fundación a cuenta de las inquilinas. "Como ellas oyeron golpes, que estaban en la cama, levantáronse despavoridas. Harto tuvimos que hacer en aplacarlas, mas ya era a hora que luego se dijo la misa y aunque estuvieran recias, no nos hicieran daño; y como vieron para lo que era, el Señor las aplacó".

Era la primera hora del sábado 14 de marzo de 1569. Oficia la misa el prior del Carmen, fray Juan Gutiérrez de la Magdalena, el notario levanta acta de la fundación del convento de San José, en presencia de doña Luisa de la Cerda, algunos amigos suyos y parte del personal de servicio de su palacio. La quinta fundación está en marcha.

Y lo está en medio de una pobreza absoluta. Con jergones y la manta para las tres y ni siquiera con posibilidad de comprar algo de leña, "ni para asar una sardina". Un sencillo donativo las alivia un poco –"y no sé a quién movió el Señor que nos pusieron en la iglesia un hacecito de leña, con que nos remediamos"–, aunque se pasa mucho frío. Sin duda, doña Luisa hubiera solventado el problema con facilidad, pero ni ella se dio cuenta ni Teresa se lo quiso pedir, "sino que quiso Dios que experimentásemos el bien de esta virtud".

Además de esta severa pobreza inicial, hay otros problemas muy serios. El cabildo intenta por todos los medios echar abajo la fundación. Indignados porque se haya llevado a cabo sin su permiso –"espantados de tal atrevimiento, que una mujercilla contra su voluntad les hiciese un monasterio"–, los canónigos exigían pruebas de la licencia del gobernador, que se encontraba de viaje. También la dueña de la casa protesta aduciendo que no sabía que el alquiler era para un convento. Finalmente, ambas cosas se resuelven. El gobernador confirma su licencia y la mujer piensa que quizá en vez de alquilarla pueda sacar un buen dinero por la venta y se aplaca.

También empiezan a llegar todo tipo de ayudas para las tres primeras monjas y las seis más que la madre ha mandado venir. "Así sentía pena de que se nos iba acabando la pobreza y mis compañeras lo mismo; que como las vi mustias, les pregunté qué habían, y me dijeron: ¡qué hemos de haber, Madre, que ya no parece somos pobres!".

Hay ciudades que son como troncos de árbol, en los que cada uno de los anillos cuenta infinidad de vivencias. Es muy difícil poner un solo adjetivo a Toledo. La ciudad imperial, la de las tres culturas, la de las espadas, la del Tajo y, sobresaliendo entre muchas otras más cosas, es también la ciudad del Greco. Miles de personas la vistan cada año atraídas por la obra de un pintor emocional y único. No faltan quienes ven entre él y santa Teresa una particular conexión en la mística, como si las palabras y las pinceladas se expresaran al fin y al cabo como parte de un mismo lenguaje de espiritualidad y búsqueda de Dios.

Si hay un lugar donde Teresa y el Greco están muy cerca es en la capilla de San José, en la actual calle Núñez de Arce. Una excepcional representación del santo con el Niño, en la que cautiva la belleza de las túnicas –de un azul y rosa llameantes, difíciles de encajar en una definición– y en la que se

abre paso esa imagen de José vigoroso, protegiendo al Niño con su brazo, tan lejos de las representaciones que lo sitúan en la ancianidad. Si Teresa veía de algún modo a san José era seguramente así.

En la sencillez absoluta –solo alterada para la salida a fundar en Pastrana– discurre la vida de la primera comunidad descalza toledana, hasta que finalmente los herederos de Ramírez insisten en cumplir la voluntad de su antepasado y entregar su importante capital a la madre. Ocurre que personas de más alto linaje se han interesado también por la obra y están dispuestos a pagar generosamente por su enterramiento en la capilla mayor. Teresa duda, pero en oración recibe un claro mensaje: "así me dijo una vez, cuán poco al caso harían delante del juicio de Dios estos linajes y estados".

El 18 de mayo de 1570 se firma formalmente el acuerdo con los albaceas de Ramírez para que, en diez años y en una nueva casa, las carmelitas descalzas cuenten con una capilla mayor "con un altar, otros altares colaterales e sus retablos" y con la posibilidad de que la familia, con Francisca Ramírez como patrona, pudiera "pintar y esculpir en la dicha capilla mayor y los pavimentos y sepulturas que en ella se hicieren sus armas e insignias". También se establece un rígido calendario de misas por el alma del fundador y otros muchos requisitos que se aceptan. El 27 de mayo se conforma la compra de las casas de Alonso Sánchez de Toledo y su esposa, Bernalda de Quirós, con la entrega de casi tres millones y medio de maravedíes y ese mismo día la comunidad abandona las casitas de doña Cecilia y se traslada al nuevo convento. "Con su ayuda compramos [la casa] en la que ahora están, que es de las buenas de Toledo, que costó doce mil ducados y, como hay tantas misas y fiestas, está muy a consuelo de las monjas, y hácele a los del pueblo".

Las continuas exigencias de los albaceas, sin embargo, harían que la vida allí acabara por revelarse imposible para las monjas, quienes solo dos años después de la muerte de Teresa de Jesús abandonan el lugar. La actual Capilla de San José se inició en unas casas adyacentes al antiguo convento en 1587 y no se acabó hasta 1594 y cuenta con uno de los más importantes retablos del Greco en la ciudad, del que se conservan en su lugar original el San José con el Niño y una Coronación de la Virgen.

Por la puerta del Cambrón, que Teresa hubo de cruzar en tantas ocasiones en sus viajes a Toledo, nos adentramos de nuevo en la zona amurallada, con los pináculos solemnes de San Juan de los Reyes a la vista. A poco de comenzar a ascender la cuesta, nos guía el callejero a nuestro destino. A la izquierda se abre la calle Carmelitas Descalzas, que nos dirige al convento de San José actual. Un sobrio edificio de aparejo toledano que estaba a medio construir cuando las monjas lo adquieren a los herederos de Fernando de la Cerda, hermano de Luisa, para el traslado definitivo de su comunidad en el año 1607, tras un paso de dos décadas por la casa de Alonso Franco en las Tendillas, donde luego se edificaría el convento de las Capuchinas.

El contrato firmado por Beatriz de Jesús, priora y sobrina de la Santa, es uno de los documentos que se guardan con celo en la casa, al igual que otros objetos que hablan directamente de la madre fundadora. Sorprenden dos instrumentos, una pandereta y un tambor, que la tradición asegura que tocaba directamente Teresa de Jesús para celebrar las navidades. También hay una carta autógrafa de la madre con su inconfundible firma y, junto a ella, el sello de hierro con el que lacraba sus escritos.

La orden del Carmen ha celebrado en 1575 el tormentoso capítulo de Piacenza, donde se ponen de manifiesto las tensiones generadas por la reforma descalza, que acabaría años después desembocando en la separación de la orden. Estando Teresa en Sevilla, del capítulo le llega –aunque los historiadores no acaban de aclarar quién y a través de qué canal– la orden de dejar de fundar y elegir un convento para hacer vida de clausura. "De un capítulo general que se hizo, tráenme un mandamiento dado en Definitorio, no sólo para que no fundase más, sino para que por ninguna vía saliese de la casa que eligiese para estar, que es como manera de cárcel".

Teresa elige Toledo para esa suerte de prisión y viaja en junio de 1576. En Toledo, cuyo clima le parece admirable, experimenta una notable mejoría de salud que la lleva a volcarse como nunca en la escritura: "yo estoy mejor que ha años que estuve, a mi parecer si estas cartas me dejasen, que no fuesen tantas, tan bien estaría que no es posible durar".

Más de un centenar de cartas despacha desde Toledo, tristemente perdidas la mayoría. Pero queda como testimonio ese sello con el lacraba sus envíos. Al principio, solo tenía a mano uno que tenía grabada una calavera y dos tibias, pero le pide a su hermano Lorenzo que le mande el suyo: "venga mi sello, que no puedo sufrir sellar con esta muerte, sino con Quien querría que lo estuviese en mi corazón". El que hoy se conserva, tiene un águila que sostiene un escudo con el anagrama JHS coronado.

Pero lo fundamental es que aquí, en 1577, comienza a escribir *Las moradas*, su obra cumbre. "Suplicando a nuestro Señor hablase por mí, porque yo no atinaba a cosa que decir ni cómo comenzar a cumplir esta obediencia, se me ofreció lo que ahora diré, para comenzar con algún fundamento: que es considerar nuestra alma como un castillo todo de un diamante o muy claro cristal, adonde hay muchos aposentos, así como en el cielo hay muchas moradas". Un hilo conductor, dice la tradición, inspirado en una visión en Toledo, ciudad amurallada igual que su Ávila natal, donde vivió incontables experiencias místicas.

Curiosamente, es posible que alguna de ellas fuera en el actual convento de las carmelitas, porque, aunque ella nunca lo conoció como tal, mientras era palacio de Fernando de la Cerda sí acudía en ocasiones a misa en el oratorio del conde, que ella escuchaba desde la parte alta, en el ochavo, espacio que hoy permanece en clausura como oratorio de Santa Teresa.

A sus pies se levanta la iglesia actual del convento, construida ya a mediados del siglo XVII. Nos han dejado la llave amablemente por el torno, solo con la petición de que cuando nos vayamos todo quede apagado y bien cerrado. La iglesia, a la luz de la tarde, no necesita mucho más añadido.

Es un templo descalzo prototípico. Avanzamos en medio de un silencio impresionante (pensando en que apenas unos metros al otro lado de los muros hemos dejado una auténtica riada de visitantes), por una nave donde llama la atención el fino trabajo de yesería de las bóvedas, además del retablo dorado. Protagoniza el altar mayor una magnífica pintura de San Agustín y Santa Teresa, de Antonio Pereda. También es el autor de un gran Jesús Nazareno en el retablo de la izquierda.

A los pies del altar, tras una reja, permanece expuesto el cuerpo de la beata María de Jesús. María López de Rivas era hija de una noble familia de Guadalajara que desde niña sintió la vocación religiosa. Con apenas 17 años escribió a Teresa de Jesús para que la admitiera en alguno de sus conventos, y la madre le pidió que fuera a Toledo, donde llegó en 1577, muy poco después de que la fundadora hubiera salido hacia Ávila. Pero se encontrarían en 1579 y nacería una enorme sintonía entre ambas. Teresa la llamaba cariñosamente "mi letradillo", fiándose de su juicio en diversos asuntos –por ejemplo, le dio a leer *Las moradas*–, y de ella decía "María de Jesús no sólo será santa, sino que ya lo es".

Falleció a los 80 años tras haber desempeñado todas las labores en la casa toledana, particularmente la de maestra de novicias. Fue beatificada por Pablo VI en 1972. "Mirándola a ella comprendemos qué valor representa para la Iglesia de todos los tiempos la vida contemplativa".

Salimos en silencio, apagamos las luces y antes de cerrar atisbamos en la reja del coro alto la sombra de Teresa de Jesús, esa presencia indeleble en su "quinta de recreo".

Desde la imponente mole del Alcázar, la bajada hacia el puente de Alcántara es un paseo entre siluetas monumentales, vegetación exuberante y ese ruido del Tajo que tanto hizo temer en tiempos de la Santa que terminara un día llevándose por delante la roca madre y acabando con la ciudad. De las primeras cosas que llamaron la atención de Teresa en sus visitas a Toledo fue el convento del Carmen. Un enorme complejo donde vivía un gran número de frailes y del que ya no queda nada, incendiado por los franceses y luego finiquitado tras la Desamortización.

Un convento que tiene un lugar, sin embargo, en la historia por haber acogido el injusto calvario de san Juan de la Cruz. Teresa ha regresado a Ávila en julio de 1577, a San José, mientras fray Juan permanece en una pequeña celda en el huerto de la Encarnación abulense, como confesor de las monjas.

Allí es capturado en diciembre, junto a fray Germán de San Matías, por orden del Carmen. La facción que se opone a la reforma descalza ha logrado que se decrete el cierre –nunca ejecutado– de los conventos fundados en Andalucía y ha comenzado a perseguir a los descalzos. "A mí me tiene muy lastimada verlos en sus manos, que ha días que lo desean, y tuviera por mejor que estuvieran entre moros, porque quizá tuvieran más piedad. Y este fraile tan siervo de Dios, está tan flaco de lo mucho que ha padecido, que temo su vida", escribe Teresa pidiendo ayuda al mismísimo Felipe II.

Tras la captura, fray Juan ha sido azotado con dureza y llevado con los ojos vendados a Toledo. A su llegada, el prior carmelita le informa de que está preso por grave desobediencia. Le pide que abjure de la reforma, que abandone el hábito de descalzo y pare de reclutar novicios. Le ofrece a cambio un crucifijo de oro y ser prior. Como el buen fraile se niega, es de nuevo azotado y encerrado en una sala que actúa de celda conventual.

A los pocos días se tiene noticia de que fray Germán ha escapado del convento de Arévalo y eso hace que, por temor a que Juan pueda hacer lo mismo, su encierro se endurezca. Es conducido al hueco de una escalera, pensado para retrete, con una pequeña saetera en el muro. Se le echa la poca comida en un plato en el suelo y no se le permite vaciar el cubo con sus necesidades.

En ese clima insalubre se le infectan las heridas, la tela del hábito se le ha injertado en la piel por los azotes. A los pocos meses, cambian a su carcelero y se alivia levemente la tortura: al menos lo trata con algo de humanidad y no con insultos y le facilita papel.

Es el inicio de una de las cimas líricas de la literatura castellana. Empieza a componer en estas condiciones *Cántico espiritual*. Leer su arranque es un puñetazo en el alma:

"¿Adónde te escondiste,
Amado, y me dejaste con gemido?
Como el ciervo huiste,
Habiéndome herido"

La tradición dice que es la Virgen quien le insufla el valor para intentar la huida. El fraile aprovecha la ligera relajación en el celo carcelario y va aflojando el candado de su celda. El 14 de agosto de 1578 obsequia a su guardián su crucifijo de madera, regalo de Teresa de Jesús, quizá guarda sus papeles, donde se encuentra *Noche oscura del alma*, o quizá no lo necesita por tener grabados sus versos en la mente de tanto repetirlos en soledad. Esa noche, el pequeño fraile hace saltar su cerrojo, pasa con sigilo por una habitación donde duermen varios frailes y, con unas mantas viejas que ha atado, se descuelga hasta el patio. Después, logra saltar el muro del convento y huye.

> "A oscuras y segura,
> por la secreta escala, disfrazada,
> ¡oh dichosa ventura!
> a oscuras y en celada,
> estando ya mi casa sosegada"

Busca el convento de las carmelitas, pero es de noche y pide a un hidalgo al que se encuentra por Zocodover que le permita permanecer unas horas en su portal. Al alba, entra en San José, con el pretexto de confesar a una hermana enferma. Es más un muerto con un poco de vida que un vivo con algo de muerte. Las hermanas logran que lo trasladen hasta el Hospital de la Santa Cruz, del que es administrador el canónigo Pedro de Mendoza, amigo de los descalzos. Esa conmovedora noche oscura queda recogida en una inscripción en el paseo del Carmen. "Estuvo en una carcelilla que no cabía bien, con cuan chico es, y en todos ellos no se mudó la túnica, con haber estado a la muerte", escribía a Gracián Teresa, la única que en esos nueve meses nunca se olvidó de él.

Sobre el claustro acristalado de los carmelitas cae un sol plomizo que anuncia ya el verano. Empiezan a animarse los pasillos, con huéspedes que regresan después de una jornada intensa de visitas, ahora que los días se alargan. Nos sale a despedir fray Eustaquio. El octogenario fraile avanza algo dubitativo sobre un bastón. No hace mucho de un infarto que asustó a toda la comunidad, pero del que ha salido bien. Es una de esas personas que ha vivido tanto, que ha querido tanto a Teresa, que nunca debería irse. Nos pregunta si hemos visto la Virgen de la capilla ante la sonrisa indulgente de fray Gustavo, que aprovecha la caída de la tarde para regar las plantas. Con la penumbra se extiende en el patio una armonía difícil de definir. La quinta de Teresa está en buenas manos.

PASTRANA
TERESA DE ÉBOLI

En los años cuarenta, un espigado escritor se embarca en un viaje por la provincia de Guadalajara, en la que seguramente aún latían muchas de las heridas de las cruentísimas batallas de la Guerra Civil. En el verano de 1946 comienzan a aparecer las primeras entregas en un diario llamado *El Español* de una particular crónica de los caminos titulada *Viaje a la Alcarria*, del autor que había alcanzado el éxito unos pocos años antes con la brutal novela *La familia de Pascual Duarte*. A Pastrana llegó en autobús, después de infinitas esperas en cruces y ventorros y, posiblemente, nadie supo quién era ese joven repeinado que tomaba notas de lugares, coplas y motes.

En 1985, convertido en una celebridad nacional, Camilo José Cela decide hacer un *Nuevo viaje a la Alcarria*. Está en el pico de su popularidad –y eso que aún falta por llegar el Nobel– y opta por tomarse a risa casi todo, empezando por él mismo. Cambia el coche de línea por un Rolls-Royce plateado, de casi cinco metros y medio de largo, conducido por una modelo afroamericana, Vivian Gordon, ataviada con un uniforme de moderno diseño y de blanco nuclear. Esta vez la ruta se convirtió en una fiesta en cada una de sus paradas.

Llegaba don Camilo, el escritor, a la misma Pastrana a la que había llegado cuatro siglos antes Teresa de Jesús. Ella no con el afán de documentar la vida alcarreña, sino de fundar, un tanto a su pesar, un nuevo convento en su reforma descalza. Y muy a su pesar el paso por Toledo y por Madrid había empezado a darle una popularidad nunca deseada que iba a venir acompañada de no pocas complicaciones.

Los poderosos empezaban a poner sus ojos en ella, en un momento en el que los conventos también eran utilizados como un arma política más. Así se cruza el camino de Teresa con el de Ana de Mendoza y de la Cerda, la esposa de Ruy Gómez de Silva, uno de los nobles más influyentes de la corte de Felipe II, quien en 1569 acaba de comprar la villa de Pastrana por 65.000 ducados.

La enigmática, iracunda y dicen que bella princesa de Éboli puso todo su empeño por contar en su mayorazgo con un convento de la madre. Teresa, sin embargo, siempre tuvo la íntima convicción de que las cosas iban a acabar mal. Fue una historia que esta vez no comienza ni en carromato ni en mula, sino en uno de los mejores coches de caballos que existían en el reino, con una servidumbre de pajes y cocheros a la altura de una de las más altas estirpes nobiliarias. Así llega la humilde monja a Pastrana, por primera vez entre galas de realeza. Más o menos como cuando Cela apareció con su Rolls y su séquito de periodistas. Él disfrutando de todos los agasajos, ella esperando que todo acabara cuanto antes.

La carretera nos ha traído en una hora larga desde Madrid hasta un paisaje de eras y llanuras de antigua explotación cerealística, con algunos tesos y laderas horadadas por viejos caminos del agua y presencia de encinas y olivos que dejan paso a la vegetación de rivera al paso del Tajuña, que también se va adueñando de la toponimia.

Así, mientras el imponente castillo de Zorita de los Canes nos mira de reojo, nos topamos con los llamativos Cerros Margosos. Una microrreserva natural cuya alma de marga y yeso ha permitido que nazca una especie herbácea única en el mundo.

Al igual que el *limonium erectum*, Teresa de Jesús también fue una especie única que tuvo en medio de las dificultades del siglo XVI la fortaleza de florecer y ser capaz de extender su espiritual modo de vida primero por aquellos viejos reinos y luego por todo el mundo. Esta vez la vemos en medio de una problemática relación con otra de las mujeres fundamentales del siglo, la princesa de Éboli, quien, harta de que sus invitaciones para que Teresa acuda a Pastrana a fundar caigan en saco roto, le manda directamente su coche de caballos a buscarla.

Estamos en Toledo, 28 de mayo de 1569. Se había logrado poner en marcha el convento de San José no sin escollos, y Teresa confía vivir intensamente la Pascua, sin preocupaciones por obras, tratos con albañiles y extenuantes gestiones. "No merecí mucho este consuelo, porque, estando en esto, me vienen a decir que está allí un criado de la princesa de Éboli, mujer de Ruy Gómez de Silva. Yo fui allá, y era que enviaba por mí, porque había mucho que estaba tratado entre ella y mí de fundar un monasterio en Pastrana. Yo no pensé que fuera tan presto. A mí me dio pena, porque tan recién fundado el monasterio y con contradicción, era mucho peligro dejarle, y así me determiné luego a no ir y se lo dije".

Teresa rechaza amablemente la invitación, pero no es consciente de que Ana de Mendoza y de la Cerda, rama del árbol del más alto abolengo, no está acostumbrada a recibir un no por respuesta. El enviado se lo hace saber: "díjome que no se sufría, porque la princesa estaba ya allá y no iba a otra cosa, que era hacerle afrenta", pero la madre sigue sin convencerse y se propone escribir a la princesa razonando su rechazo.

Pide en oración la inspiración para hacer que esa negativa no pueda tomarse como ofensa, pero Dios parece tener otros planes. "Fueme dicho de parte de nuestro Señor que no dejase de ir, que a más iba que a aquella fundación, y que llevase la *Regla y Constituciones*". Explica lo ocurrido a su confesor, el padre Barrón, quien también entiende que conviene que acuda a Pastrana. "Y con eso me determiné a ir".

El 30 de mayo, en ese lujoso coche enviado por la princesa, se pone en marcha con dos monjas y un fraile. El camino obliga a pasar por Madrid, donde se hospedarán en las Descalzas Reales, el convento fundado por doña Juana, la hermana de Felipe II y viuda de Juan Manuel de Portugal. "Con la princesa de Portugal he estado hartas veces y holgádome, que es sierva de Dios".

No sabemos si se ha dado la vuelta antes de llegar a Pastrana en lo que llegan las monjas o si su enviado lo utilizó como medida de presión, pero lo cierto es que en Madrid aguarda la princesa de Éboli, que además ha llamado a sus amigas de la corte para que vean de cerca a la ya famosa Teresa de Jesús, cuya presencia, imaginamos, presenta como una muestra más de su inmenso poder.

Francisco de Santa María recoge el episodio: "estaban prevenidas para recibirla muchas señoras principales de Madrid, que cuál por devoción, cuál por curiosidad habían concurrido a verla. Esperaban unas ver un milagro, otras deseaban verla arrebatada; una quería una respuesta de su curiosa duda y otra que le dijese lo por venir. Prevenida la Santa de su humildad afectó un trato ordinario, llano; y después de las cortesías ordinarias dijo: ¡oh, qué buenas calles tiene Madrid!".

Teresa también tiene tratos con las franciscanas del desaparecido convento de Nuestra Señora de los Ángeles, donde ha permanecido el año anterior, antes de erigir el convento de Toledo, y con cuya fundadora, Leonor Mascareñas, la une una relación de afecto. Es doña Leonor quien le presenta a dos curiosos personajes. Dos italianos, Ambrosio Mariano Azzaro y Juan Narduch, a quienes ha buscado aposento en su peregrinar a Roma para solicitar al Papa permiso para poder seguir viviendo como ermitaños en el Tardón, en la provincia de Sevilla. Teresa ve enseguida que pueden ser dos frailes que sumar a su reforma descalza. "Pues como me dijo la manera de su vida, yo le mostré nuestra regla primitiva y le dije que sin tanto trabajo podía guardar todo aquello, pues era lo mismo, en especial de vivir de la labor de sus manos, que era a lo que él mucho se inclinaba".

Ambrosio Mariano le cuenta que el propio Ruy Gómez de Silva les ha ofrecido un lugar en sus feudos donde vivir como ermitaños y Teresa se pone en marcha para que eso fragüe en su segundo monasterio reformado de frailes, tras el de Duruelo. Ahora está convencida de que esa orden espiritual de acudir a Pastrana tiene más que ver con los descalzos que con las monjas, de cuya fundación sigue recelando.

El 8 de junio sigue camino al fin hacia la Alcarria. La acompañan, además de las dos monjas y el capellán con quienes vino de Toledo, Beatriz de Cisneros, criada de Leonor de Mascareñas a quien ha reclutado para su reforma.

Pastrana ofrece su bella silueta desde la carretera, con una llegada en acusada pendiente. Una villa histórica acostumbrada al avance a ritmo de vértigo que marcan los tiempos y al paso lento irremisible que supone mantener en gran parte el viejo trazado urbano que une sus principales monumentos.

En todo caso, es más un lugar para pasear que para circular con vehículos y al que conviene no ir con prisa, disponer del tiempo suficiente para descubrir a pie los muchos rincones que hablan de esos tiempos de santas y princesas. Hay calles estrechas hasta lo inverosímil, vías intransitables para el tráfico rodado, que al ser tan en cuesta han requerido escalones, y otras que, sin estar cerradas a la circulación, hacen una exigente selección del ancho de las carrocerías que admiten, dejando a menudo su queja impresa en forma de rayón en las puertas de coches y furgonetas.

Conviene, por esto, no siempre fiarse de los trazados que son posibles en el GPS, para no verse en una situación tan comprometida como la nuestra, tras acabar, no sé muy bien cómo, ante un paso improbable en la calle de las Damas tras haber callejeado entre curvas angostas y pendientes.

—¿Usted cree que pasamos? –pregunto a un albañil que se afana cargando materiales en una obra en esa misma calle.

—No sé, intenta –es la respuesta poco convincente del hombre con acento extranjero que abre los brazos advirtiendo de que, llegados hasta ahí, hay poca alternativa.

El tributo que nos exige el estrechamiento es un zarpazo en la puerta y el embellecedor del arco de la rueda, que salta por los aires y que luego nos acerca el mismo obrero unos metros más allá, con gesto solidario.

—Siento. Yo rozo algunas veces –y ahora su mirada es tranquilizadora. El daño no ha sido tanto como ha sonado.

Lo comentaremos algo más tarde ante un café: bien sabía santa Teresa lo que convenía llegar a los sitios lo más liviano posible. Nunca sabes dónde te puedes quedar encajonado. El carruaje de la princesa no se atoró en ningún recodo –entre otras cosas porque seguramente el cochero se supiera el camino–, pero las circunstancias la llevaron a una asfixiante encrucijada nada más poner un pie en Pastrana.

El relato de Teresa en este punto es bastante sucinto. Tras agradecer el "muy buen acogimiento", refleja cómo hubieron de hospedarse más tiempo del previsto en un lugar apartado hasta que finalizaran las obras en el convento. En realidad, la obra estaba casi concluida, pero con los particulares criterios de doña Ana, que había previsto para aquellas monjas un rigor extremo, con unas celdas minúsculas y otros inconvenientes que Teresa no puede aceptar. En su narración envuelve todo en una argamasa de cierta confusión: "porque la casa estaba tan chica, que la princesa la había mandado derrocar mucho de ella y tornar a hacer de nuevo, aunque no las paredes, mas hartas cosas".

Fue algo más de un mes el tiempo en el que se prolongan los arreglos. En ese paréntesis se producirán otros dos choques de trenes con riesgo de descarrilamiento. La princesa ha decidido que las monjas vivan solo de las limosnas, sin una asignación de manutención fijada a su cargo. Su "compromiso" es que, si no llegan los donativos, ella ayudará al convento, pero Teresa sabe que eso en realidad significa que la princesa tenga el control absoluto de la comunidad, a la que puede ahogar o aliviar económicamente en función de si se someten a sus deseos o no, y se niega en redondo.

Tampoco acepta la entrada en el convento de una agustina de Segovia que le exige la princesa, pero que la madre no ve conveniente. El resumen es que "se pasaron hartos trabajos, por pedirme algunas cosas la princesa que no convenían a nuestra religión, y así me determiné a venir de allí sin fundar".

La mediación de Ruy Gómez de Silva será fundamental para frenar la decisión de la madre de volverse a Madrid. "Con su cordura, que lo era mucho y llegado a razón, hizo a su mujer que se allanase". Aunque el principal motivo para no deshacer una fundación tan problemática es que Teresa no quiere dejar escapar la oportunidad de abrir el segundo convento de descalzos, algo que considera fundamental para garantizar la guía espiritual de sus monjas por padres de su misma orden. "Porque tenía más deseo de que se hiciese el monasterio de los frailes que el de las monjas, por entender lo mucho que importaba, como después se ha visto".

Entre la plaza de los Remedios y la plaza de Abajo, en la parte más cercana a la vega, serpentea por Pastrana la calle de las Monjas. Un recorrido empedrado entre casas renovadas, pero que conservan el viejo sabor medieval. Aquí se yergue el hoy llamado San José, en el mismo espacio conventual que fundó Teresa de Jesús. Una vez superados los muchísimos problemas iniciales con las ocurrencias caprichosas de la princesa, solo falta el permiso del gobernador eclesiástico de Toledo –recordemos que por entonces la sede estaba vacante por encontrarse en prisión el arzobispo–, que llega enseguida con la mediación de Ruy Gómez.

El *Libro de profesiones y elecciones* del convento, hoy en Segovia, recoge aquel día: "fue con procesión muy solemne de cruces, pendones, reliquias y religiosos y con grande congregación de gentes y fiestas, de danzas y repiques de campanas. Entraron en el dicho monasterio habiendo los príncipes otorgado cierta escritura en favor del monasterio, la cual asimismo otorgó y aceptó la señora Teresa de Jesús". Fue el jueves 23 de junio y bajo la advocación original de Nuestra Señora del Consuelo.

El convento actual ocupa un conjunto de casas, fruto de sucesivas ampliaciones y reformas a lo largo de los siglos, aunque la iglesia se encuentra en el mismo lugar en el que la conoció la Santa, quien en cuanto logre poner en marcha el convento de frailes saldrá de la villa –lo que da idea de lo poco cómoda que se encontraba en la encrucijada alcarreña–, y seguiría las evoluciones (y complicaciones) de la fundación ya a distancia. A pesar de todo, siempre con un mensaje de agradecimiento. "En lo que toca a las monjas, estuvo el monasterio allí de ellas en mucha gracia de estos señores y con gran cuidado de la princesa en regalarlas y tratarlas bien".

Cuando la madre salga de Pastrana, lo hará, sin embargo, con una fuerte inquietud. El motivo no es otro que ha acabado entregando a la princesa, con gran reticencia, su *Libro de la vida*, que ha llevado consigo a este viaje. Ha sido una petición más de doña Ana de Mendoza, a la que esta vez no ha podido negarse –siempre por el miedo de que pudiera echarse atrás la fundación del convento de frailes–, aunque exigiendo el compromiso de que solo leerían el libro ella y su marido, y nadie más.

La princesa posiblemente sabe que durante su estancia en Toledo, en 1562, en casa de su prima, doña Luisa de la Cerda, Teresa ha plasmado su intensa vivencia espiritual en un libro, hoy perdido. El que lleva a Pastrana es una segunda redacción que inicia en el San José abulense en 1565 para someterlo a consideración de san Juan de Ávila. Es el manuscrito que recibe y "secuestra" la princesa y que hoy, tras distintos avatares, se conserva en la biblioteca de El Escorial.

Una obra a medio camino entre la guía de oración y el relato místico, cuya lectura requiere cierta sensibilidad y ánimo de empatía. Ni una cosa ni otra puso la de Éboli cuando cayeron en sus manos párrafos como "no se puede encarecer ni decir el modo con que llaga Dios el alma, y la grandísima pena que da, que la hace no saber de sí; mas es esta pena tan sabrosa, que no hay deleite en la vida que más contento dé. Siempre querría el alma –como he dicho– estar muriendo de este mal".

Lejos de cumplir su promesa, doña Ana de Mendoza lee y da a leer desde la burla al personal de palacio las intimidades de la Santa. Las mofas a sus episodios espirituales se reproducen por Pastrana y llegarían seguro a Madrid. Se acusa a Teresa de ser otra Magdalena de la Cruz, monja franciscana condenada por la Inquisición tras su confesión (a saber en qué términos) de que todas sus vivencias espirituales fueron falsas. Acabó recluida en un convento de Andújar, donde murió más o menos al tiempo de estos hechos. Años después, la princesa completaría su traición denunciando el libro ante la Inquisición de Madrid.

A un kilómetro y medio largo del casco urbano de Pastrana se encuentra el convento del Carmen, separado del caserío por el cauce del arroyo y en una zona elevada que ofrece una interesante vista de la villa y su entorno natural. Este era el cerro de San Pedro que Ruy Gómez ofreció a los ermitaños y en el que al fin se llevaría a cabo el segundo de los conventos de frailes.

"En este tiempo vino Mariano y su compañero, los ermitaños que quedan dichos, y traída la licencia, aquellos señores tuvieron por bien que se hiciese la ermita que le había dado para ermitaños de frailes descalzos", explica Teresa. Ambos ermitaños tendrán un lugar en la historia de la orden. Sin ir más lejos, tras el nombre de Juan Narduch se esconde fray Juan de la Miseria, autor del célebre retrato de la Santa en Sevilla.

Con ellos llegarán algunas monjas más que había hecho venir desde Medina del Campo y también Baltasar Nieto, un predicador carmelita que quiere ser descalzo, de trayectoria errática y que luego escribirá páginas funestas en la orden, pero que de momento ha sido recibido por Teresa con un "alabado sea Dios".

Ella ansía por encima de todo consolidar a los frailes descalzos. "Yo les aderecé hábitos y capas, y hacía todo lo que podía para que ellos tomasen luego el hábito". Al fin, llega del primer convento fray Antonio de Jesús, a quien ha llamado para que presida la fundación, y con procesión solemne se inicia la historia de la casa. "A doce días de julio de 1569 se tomó la posesión y dijo la primera misa", cuenta la crónica. Ruy Gómez de Silva dota a la nueva comunidad de frailes con 200 fanegas de trigo anuales y 150 ducados y así la comunidad irá creciendo y convirtiéndose en uno de los centros fundamentales de la reforma.

Finalizada la puesta en marcha de ambos conventos, Teresa deja Pastrana. "Acabadas estas dos fundaciones, torné a la ciudad de Toledo, adonde estuve algunos meses". Apenas un año más tarde de su marcha, al convento de frailes llega Juan de la Cruz como maestro de novicios. Ocupa una de las cuevas del cerro, donde los descalzos viven como eremitas. Por aquel entonces, fray Mariano está llevando a cabo todo un conjunto de excavaciones y estancias subterráneas que no han llegado hasta hoy al derrumbarse al poco tiempo. Sí se conservan estrechos pasadizos en el cerro entre cortantes y los descensos a las cuevas pétreas que ocupó el místico. Hay que imaginarlos con calaveras incrustadas en las rocas para hacer aún más impresionantes vestigios como esa cama de piedras que llegó a usar el menudo fraile.

Fue muy corta la estancia en Pastrana de Juan de la Cruz, entre octubre y mediados de noviembre de 1570, ya que consigue el apoyo del príncipe de Éboli para fundar un colegio en Alcalá de Henares que pueda ser germen de vocaciones descalzas. Sin embargo, es posible que algunas de las imágenes del eremitorio alcarreño se quedaran en su mente y aflorasen años después cuando escribiera su *Cántico espiritual*:

> "Y luego a las subidas
> cavernas de la piedra nos iremos,
> que están bien escondidas,
> y allí nos entraremos".

Con las heridas y cambios provocados por el tiempo, El Carmen es hoy mitad museo, mitad establecimiento hotelero, en medio de un agradable entorno natural. Recibe al viajero una muy sobria fachada, de tipología inconfundiblemente carmelita, con tres arcos de acceso retranqueados a la línea de fachada que en los diferentes cuerpos, ya de ladrillo, ocupan una hornacina vacía escoltada por los escudos de la orden y un vano rectangular.

La iglesia, que no sería edificada hasta el siglo XVII, tiene igualmente ese ambiente de rotunda austeridad carmelitana –con sobrias columnas toscanas y capillas aprovechando el espacio de los contrafuertes–, solo desmentida por el retablo dorado con el característico *horror vacui* barroco en el que sobresale un gran San Pedro de Luca Giordano.

Paco nos acompaña en la visita por el lugar, convertido en espacio cultural en 2015 con motivo del quinto centenario del nacimiento de Teresa de Jesús. Nos explica que los grupos de turistas son muy habituales en otoño, primavera y al comienzo del verano. "Pastrana es una villa monumental cerca de Madrid y la gente que viene quiere conocer su historia (y disfrutar de su gastronomía); cada vez más me preguntan por Teresa de Jesús, aunque es verdad que si ya traen una figura conocida de antemano es la princesa de Éboli, que sigue siendo nuestro gran reclamo".

Doña Ana de Mendoza está presente a través de la llamativa serie de seis grandes lienzos que antiguamente estaban insertos en el claustro y ocupan el centro de la iglesia, donde se narran los episodios fundamentales de la fundación. Son cuadros de muy buena mano, de la escuela madrileña del XVII, que cuentan el encuentro de Teresa con los dos ermitaños en Madrid, la entrega a ambos del hábito carmelita, la prédica de Teresa a los novicios, la visión profética de fray Mariano, la entrega por Ruy Gómez de la ermita y cuevas de San Pedro para hacer convento de frailes y la erección solemne de la casa.

En los cuadros hay varias curiosidades. No falta el característico parche de la princesa de Éboli en las escenas en las que está presente, algunos anacronismos (Teresa predica ante el retablo barroco que no pudo ver, pero que sirve para identificar el convento) y, sobre todo, a Baltasar Nieto (o fray Baltasar de Jesús), que llegó a ser prior de la casa, se lo representa con una mosca sobre la frente, en pago a sus muchas afrentas posteriores en contra de los descalzos.

El museo cuenta con otras piezas muy interesantes, fruto de los años de vida carmelita, como un lienzo de Carreño de Miranda que presenta a la Virgen con San Joaquín y Santa Ana, con la peculiaridad de que la niña María está vestida de hábito carmelita. Y, por supuesto, destaca el impresionante

Cristo de la Verdad, otra muestra de la absoluta maestría de Gregorio Fernández en la plasmación de crucificados.

También se guarda con curiosa veneración el escaño de Santa Teresa, donde dice la tradición se sentó la mística durante la fundación del convento y cuyo asiento ha sido absolutamente expoliado a lo largo del tiempo, arrancando astilla a astilla casi todo el sitial como reliquia, motivo por el que tiene una sobretapa.

Los carmelitas estarán en San Pedro hasta la Desamortización. Posteriormente, llegarían los franciscanos, que aún ocupan el convento durante la visita de Cela en su primer viaje en los cuarenta: "El convento aparece a cien pasos, o aún menos, de las ermitas. Hoy pertenece a los franciscanos. Al viajero y a sus amigos los acompaña un fraile sano y de buen color, que fuma cigarrillos de noventa".

También fue colegio, en el que estudió Paco, nuestro guía. "Aquí venía también gente de fuera a estudiar y fue la primera vez que descubrí que los de la Alcarria teníamos un acento particular".

Ya que además de a Teresa de Jesús también en cierta medida vamos siguiendo a Cela, es momento de visitar la plaza de la Hora. No se sabe a ciencia cierta dónde estuvo la Santa con aquellas dos primeras monjas que trajo con ella hasta que acabaron las obras del convento, aunque es muy posible que cuando dice que estuvieron apartadas se refiera a alguna estancia discreta y más o menos incomunicada del palacio. Aunque casas para alojarlas no les faltarían a los príncipes, desde luego.

Lo que sí se sabe es que cuando Cela visita Pastrana se aloja en la fonda Santa Teresa, en la misma plaza, y que desde ella escribió una de las frases más célebres sobre la villa. "A la mañana siguiente, cuando el viajero se asomó a la plaza de la Hora, y entró, de verdad y para su uso, en Pastrana, la primera sensación que tuvo fue la de encontrarse en una ciudad medieval, en una gran ciudad medieval".

En el segundo viaje el escritor va "en derechura" a la misma fonda (que hoy ya no existe, aunque sí hay en otro punto de Pastrana una casa rural con el nombre de la Santa) y a la plaza. Justo lo que nos faltó a nosotros, que nos enredamos en su trazado imposible. Curiosamente, a Cela le presentan al alcalde, don Antonio, nada más pisar la plaza y nosotros también nos encontramos en ella con el alcalde, Carlos, que hace un hueco para intentar invitarnos a un café. Digo intentar porque al final le surge una urgencia y debe marcharse, pero no sin antes subrayar, al tanto de nuestra triste aventura junto a la colegiata, que, en Pastrana, "siempre directos a la plaza de la Hora y si no al aparcamiento de abajo, y luego ya andando".

"Como si fuera tan fácil", le murmuro a Juan (aunque luego comprobamos que era bastante más sencillo que el recorrido inverosímil que intentamos nosotros). En fin, tratando de olvidar el percance le comento lo extraño que supone como nombre que una plaza que podría ser del palacio, de la vega, del Duque o de los príncipes de Éboli se llame de la Hora.

Es hora (perdón por el juego) de hablar de otro pastranense con enorme peso en la historia, aunque tal vez no tan conocido: Antonio Pérez. "Mi madre entiendo que fue doña Juana Escobar, natural de Torrejón de Velasco. Yo me crié en Val de Concha, aldea de Pastrana, en el señorío de Éboli. A los doce años, mi padre me envió a estudiar a Alcalá, y después a Lovaina, Venecia, Padua y Salamanca". Así se presenta él mismo en el juego literario de Antonio Gala en *El pedestal de las estatuas*.

Fue Antonio Pérez el secretario de Felipe II y hombre al que la historiografía tradicional, hoy puesta en duda, ha pintado siempre como el "malo". En 1578, es asesinado en Madrid Juan de Escobedo, secretario de Juan de Austria, gobernador de Flandes. La trama es complejísima y posiblemente nunca acabe de aclararse del todo, pero lo que se da por cierto es que Pérez, llevado por su ambición y defendiendo su privilegiado puesto, malmete al rey contra su hermanastro Juan de Austria. Lo acusa de querer derrocar al propio Felipe, según un plan en el que Escobedo es el cerebro. Parece que el rey encarga a su secretario matar a Escobedo, pero como luego considerará que todo se basó en infundios, abre una causa contra Pérez que desata una inédita guerra de competencias. El prófugo se refugia en Aragón, que se levanta en defensa de sus fueros y jurisdicción contra la intromisión del rey. De forma paralela, la 'investigación' desvelará que el secretario traidor mantiene una relación clandestina con la princesa de Éboli (entonces ya viuda) que también es detenida en 1579 como cómplice y recluida en su propio palacio en Pastrana.

Es lo que hoy llamaríamos un arresto domiciliario. Como condición, Felipe II ordena que se pongan rejas al balcón de la torre a la derecha de la fachada del palacio. El motivo: en su encierro solo se le va a permitir a doña Ana salir a recibir el aire en ese balcón y únicamente durante una hora al día hasta su muerte, en 1592. Y ahí dejó de ser la plaza del Arrabal para ser la de la Hora.

Dejamos atrás el bullicio que se va arracimando en torno a los bares de la plaza para salir de frente por uno de los pintorescos arcos hacia la calle Mayor, porque si hablamos de las curiosidades del callejero, también nos llama la atención que bajando por la calle que sale directamente de la emblemática fuente de los Cuatro Caños podremos volver al convento hoy de San José a través de la calle Santa Teresa de Jesús "La Castellana". El curioso

apellido no es una señal de la procedencia de la religiosa, que ciertamente era castellana por ser de Ávila, sino que parece venir de una denominación anterior de la zona, ya que según consta en el libro del convento, las casas cedidas por la princesa para la fundación estaban "en la cuadrilla de La Castellana".

Habían sido muchos los problemas para arrancar el nuevo convento del Consuelo y más serían después. Prudentemente, Teresa ha pedido al marchar de Pastrana a las monjas que apunten con absoluto detalle todos y cada uno de los regalos que reciban de los príncipes. Todo anticipaba un mal final que se precipita en el momento en el que la princesa enviuda en 1573 e ingresa al convento. "Hasta que murió el príncipe Ruy Gómez, que el demonio, o por ventura porque el Señor lo permitió –su Majestad sabe por qué– con la acelerada pasión de su muerte entró la princesa allí monja. Con la pena que tenía, no le podían caer en mucho gusto las cosas a que no estaba usada de encerramiento".

Doña Ana pide varias criadas que la asistan en una "clausura" con total comunicación con el exterior, entre otras condiciones incompatibles con la regla descalza. La situación en el convento se va haciendo insostenible. Fray

Antonio de Jesús escribe a la duquesa de Alba (por otra parte de bando muy enemigo a la de Éboli) para que informe a Teresa de cómo se comporta la princesa: "se está dentro del monasterio mandando como priora y que quiere que las monjas le hablen de rodillas y con gran señorío".

Es el propio rey Felipe II quien interviene, dirigiéndose a ella como "mi prima". Le manda por carta que abandone el convento para ocuparse de sus hijos y de su hacienda: "es así forzoso y necesario [...] os encarguéis de la dicha tutela y administración, como os lo ruego y encargo mucho lo hagáis".

Salió efectivamente del convento, pero continuó haciéndoles la vida imposible, reteniendo el pago de las rentas o imponiendo normas arbitrarias. Teresa asume que no hay otro remedio que llevarse a sus monjas de allí, lo que hace en cuanto se pone en marcha el convento de Segovia el 19 de marzo de 1574. El 27 de ese mes ya envía a Julián de Ávila y Antonio Gaitán por ellas. Salen de noche las trece monjas del convento de Pastrana, tras levantar acta de la devolución de todos los regalos de los príncipes. Huyen del mayorazgo por temor a ser apresadas por los corchetes de la princesa, y tras no pocos peligros llegaron a Segovia el 7 de abril.

Entregando la llave por el torno, la hermana nos permite acceder amablemente a la iglesia, donde late ese silencio especial de los lugares donde se han ido sedimentando las peticiones, la fe y la oración de generaciones y generaciones de fieles. Tras la marcha de las carmelitas descalzas, la princesa de Éboli se vuelca curiosamente con el convento –el testamento de Ruy Gómez establecía que se diría una misa diaria por su alma– y tras lograr la llegada de una nueva comunidad, de concepcionistas franciscanas, acomete ampliaciones y mejoras que tienen la iglesia como centro. Las obras han comenzado el mismo año de 1574 y finalizarán en 1582.

El recuerdo a la familia fundadora quedará plasmado en la inscripción laudatoria que recorre el arranque de las bóvedas y también en la presencia de los escudos heráldicos tanto en el retablo como en los pies, donde destaca un descomunal escudo sostenido por dos ángeles con las armas de la princesa: el león rampante en la izquierda, símbolo del linaje de la Cerda y a la derecha el blasón de los Mendoza con la leyenda *Ave Maria, gratia plena*.

Cobija este gran escudo el sotocoro donde se acoge la venerada imagen procesional de Jesús Nazareno de Pastrana, una obra de vestir y con pelo natural que ofrece otra de las curiosidades de la localidad, ya que no la custodia ninguna cofradía, sino las madres franciscanas, y son un grupo de familias desde tiempo inmemorial quienes se reparten la responsabilidad de portarla en las cuatro procesiones de penitencia en las que participa.

Devolvemos la llave y tras recibir los buenos deseos de la hermana nos encaminamos, de nuevo, a través de Santa Teresa de Jesús "La Castellana" y la calle de la Iglesia hasta la célebre Colegiata de la Asunción. Es impensable salir de Pastrana sin hacer una parada en uno de los lugares de más densa historia y patrimonio de la comarca. El gran reclamo son los sensacionales tapices de Alfonso V de Portugal, que fueron donados a la villa en 1667 por Catalina Gómez de Sandoval, duquesa del Infantado y esposa del duque de Pastrana.

La sala que acoge los tapices ofrece una majestuosidad difícil de describir. Seis abigarradas composiciones de más de cuarenta metros cuadrados cada una en la que se celebran las victorias en Arcilla y Tánger del rey luso. Cuando Cela visita Pastrana por primera vez los tapices están en Madrid: "los pastraneros los reclaman, un día y otro, pero sus voces caen en el vacío". La Guerra Civil estalla cuando las obras están en restauración por la Real Fábrica de Santa Bárbara y ahí se quedaron hasta 1950, cuando también se restaura la iglesia.

La sorpresa es descubrir que también aquí Teresa de Jesús está por todas partes. Es la protagonista de la sala de las reliquias, con un vistoso busto-relicario; también se guarda una carta autógrafa de la Santa (la número 96 en el inventario, escrita desde Sevilla a la priora de Valladolid); y ocupa la escena principal del retablo de Miranda, recibiendo la regla de la orden de manos de Jesús.

A muy pocos metros, el impresionante catafalco de terciopelo, seda y oro, de la princesa de Éboli. Qué distintas las muertes de esas dos mujeres tan únicas, tan protagonistas del siglo XVI. Chocaron, sí, pero Teresa nunca ensució la memoria de la princesa y ella, pese a todo —fundación fallida y su denuncia a la Inquisición contra la madre—, al parecer siempre mantuvo su admiración por ella. En sus feudos, quinientos años después, santa Teresa es patrona y protectora de los pastranenses, que la siguen celebrando cada 15 de octubre en esas calles empedradas donde es tan fácil que el corazón se quede atrapado para siempre.

DE SALAMANCA
AL MUNDO

A final del verano, los alrededores de Salamanca están llenos de girasoles. Ejércitos disciplinados que siguen su rutina rotatoria, que, según la época, empiezan a inclinar su cabeza, como una vistosa armadura que declina. De vez en cuando, un girasol se desconecta del resto, y sigue, erguido, su propia relación con el astro y llama la atención como un fluorescente encendido en mitad de un apagón. Uno de esos girasoles, pienso, fue Teresa. Que habiendo podido seguir cómodamente las normas de su tiempo, decidió salirse al margen para seguir las reglas secretas del corazón, las que están llamadas a durar. "A lo que ahora me acuerdo nunca dejé fundación por miedo del trabajo, aunque de los caminos, en especial largos, sentía gran contradicción", escribe Teresa y no deja de sorprendernos la confesión en una santa que tenemos por andariega.

En Salamanca, como en otras muchas ciudades, los domingos son día de mercadillo. El bullicioso rastro llama con su polifónico reclamo a gente de todo tipo. El paseante, el deportista que se ha acercado hasta La Aldehuela para hacer unas series y ya aprovecha para echar un ojo. Las familias. Esos niños que tironean una y otra vez de las manos maternas reclamando un ju-

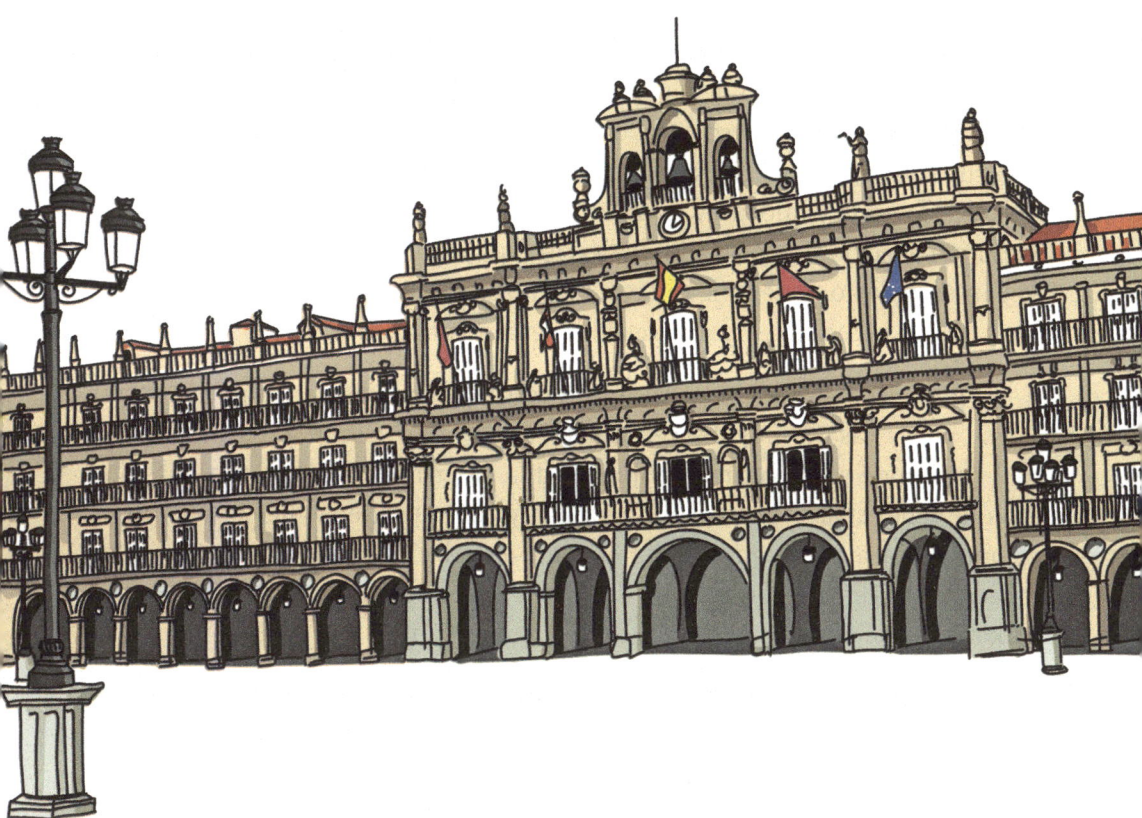

guete o una golosina. Pero fuera de lo típico, en el rastro sigue habiendo casi de todo para el que sabe buscar.

Curiosamente, lo primero que vio Teresa de aquella Salamanca erudita y estudiantil de finales del siglo XVI fue el rastro. Entonces no tan estructurado como el de hoy, con sus puestos numerados y la marca exacta del espacio fijada en el suelo con pintura blanca, pero, al fin y al cabo, la misma filosofía.

Teresa había viajado con la sola compañía de una monja, María del Sacramento, y dos frailes y espera discretamente ocupar la casa donde va a acometer su séptima fundación. Antes de llegar han pernoctado en una posada –"habiendo andado harto del camino la noche antes con harto frío, y dormido en un lugar, estando yo bien mala"– y finalmente entran a Salamanca por la puerta de San Polo hasta el convento carmelita de San Andrés

De San Polo solo nos quedan hoy las ruinas de la iglesia románica del mismo nombre, convertidas en terraza de un hotel, donde, entre ladrillos salvados del naufragio y arranques de ábsides desmochados, nos podemos sorprender de cómo ha subido el nivel de la calle en estos algo más de cuatro siglos. De San Andrés nos queda lo que llamamos El Carmen de Abajo (una manera de diferenciarla de los otros tres templos carmelitas del centro de la ciudad), que en realidad solo era una capilla del inmenso complejo que en su día fue conocido por "El Escorial salmantino", en el que fue estudiante san Juan de la Cruz y que, muy dañado tras la desastrosa invasión francesa y la desamortización, fue acabado de derribar para construir una carretera. Tan gigantesco debió de ser que todavía hoy no se ha acabado de descubrir su red de galerías, accesible en parte desde el cercano pozo de la nieve.

Teresa espera desde San Andrés la confirmación de que ya puede entrar en su nueva casa y, muy discretamente, se da una vuelta por los alrededores del río, donde se encontraba entonces una laberíntica trama de callejas, llenas de tenduchas y puestos ambulantes y, aunque apenas lleva unas pocas monedas para poner en marcha el convento, decide comprar dos pequeños cuadros para entrar con ellos en San José. Son un Ecce Homo y un Descendimiento que le cuestan 14 reales, todo lo que llevaba.

Esa compra, ese arrebato, debió de ser en los alrededores de la iglesia de Santiago (templo mudéjar reconstruido totalmente el siglo pasado), en una ribera que se conocía como de curtidores, pero que también fue de pescadores. Me lo contó mi abuelo, que decía que su padre se ganó la vida desde una casucha del desaparecido Barrio Chino pescando. Cuesta imaginar qué podría sacarse de ese Tormes, quizá no contaminado, pero sí tan escuálido en los meses de verano y no extrañamente congelado durante los duros inviernos. Quizá Teresa habría probado varios siglos antes uno de esos peces en la frugalidad de aquellos conventos. Quizá, pero de esa ribera solo nos quedan las pintorescas casas adosadas a la muralla de Rector Esperabé, en una de las panorámicas de postal que regala Salamanca, desde la (también desaparecida) puerta de Aníbal y el señorío abrumador de las airosas torres de la Catedral.

Teresa se gasta lo poco que tiene en dos cuadros e imaginamos que la prudente María del Sacramento se ha callado por no discutir: Pero, madre, a quién se le ocurre... Ya están las cosas bastante tensas porque lo que parecía una fundación a tiro hecho, con permiso del obispo de entrada, se está complicando mucho. La casa adquirida para la obra estaba ocupada por unos estudiantes que, a finales de octubre, recién iniciado el curso, ni se quieren ir ni ponen facilidad para las obras necesarias.

Es una Salamanca bulliciosa, centro del saber de su tiempo, de cuyas aulas salen los funcionarios que se necesitan para mantener una maquinaria estatal que abarca el mundo. Casi uno de cada tres habitantes de la ciudad es estudiante. Son más de 7.000 y en lo que subimos en busca de esa primitiva fundación teresiana por la empinada cuesta de Tentenecio –en la que el patrono de la ciudad, san Juan de Sahagún, obró uno de sus milagros más mediáticos al amansar un toro embravecido escapado del cercano mercado junto al vado del río– encontramos huellas de aquellos tiempos. Hospitales, casas de misericordia y, todavía, en uno de los dinteles, la inscripción de Casa de Niños Expósitos. Esos bebés dejados en manos del destino, nacidos de madres solteras, fruto de encuentros con estudiantes de verbo fácil y poca palabra, que llegaron a ser un problema en la ciudad.

Entre piedras labradas en el oro de Villamayor cuesta remontarse a esas desdichas. Pero Teresa sabe que Salamanca, tras los oropeles de su universidad e imponentes iglesias, es una ciudad casi miserable: "aunque por ser muy pobre el lugar, me había detenido a hacer allí fundación de pobreza. Mas considerando que lo es tanto Ávila y nunca le falta, ni creo faltará …"

Palabras que desentonan hoy como una rueda de carro mal engrasada en el trasiego turístico que inunda en riadas la plaza de Anaya desde la calle de la Rúa. A la derecha las catedrales y, a la izquierda, la Universidad. Tras ella, las imponentes torres de la Clerecía, la fundación real que, en el siglo XVII, algo después del paso de Teresa, daría a la Compañía de Jesús uno de sus grandes centros de poder.

Hay que pararse siempre en la Clerecía, en realidad iglesia del Espíritu Santo (aunque nadie en Salamanca la llama así), pero es casi obligatorio hacerlo siguiendo las huellas de Teresa porque aquí nos vamos a encontrar con un hecho trascendente: la explicación de por qué hoy leemos sus fundaciones y otros muchos pensamientos directamente de su puño y letra.

Teresa había mandado a su confesor –fray García de Toledo– sus reflexiones sobre la fundación de su primer monasterio, San José de Ávila, sin pretensión de seguir relatando por escrito sus experiencias con el resto. Sin embargo, es el rector de la Compañía de Jesús en Salamanca, Jerónimo de Ripalda, quien, al conocer ese capítulo, le pide que no se pare en la experiencia abulense: "le pareció sería servicio de nuestro Señor que escribiese de otros siete monasterios que después acá, por la bondad de nuestro Señor, se han fundado, junto con el principio de los monasterios de los padres Descalzos de esta primera Orden, y así me lo ha mandado". Le parece a la madre que será una misión imposible "por ser yo para tan poco y con tan mala salud", pero lo que inicia en Salamanca en 1573 desemboca, sin embargo, en una de las obras literarias más importantes de la lengua castellana.

No vivió el padre Ripalda en este enorme edificio jesuita (hoy Universidad Pontificia), sino en la primera sede de la Compañía en la ciudad, actual colegio Maestro Ávila, donde llegaron los hijos de san Ignacio muy pobremente. Y como casi todos los caminos se cruzan, dice la tradición que en aquella primitiva sede se encontraba, en la sacristía de su iglesia, un pobre grabado de un Ecce Homo. Cuando los jesuitas pudieron trasladarse al esplendor del gigantesco colegio impulsado por Felipe III y Margarita de Austria, quisieron recordar aquel origen encargando al mejor escultor de su tiempo, Luis Salvador Carmona, un Ecce Homo peculiar, un Cristo recogiendo su vestidura después de haber sido azotado salvajemente. Era una forma de advertir al sacerdote, en la sacristía, de la importancia de lo que estaba a punto de suceder, al revestirse con una emulación de aquella túnica inconsútil de Jesús.

Esa obra que a mediados del siglo XVIII asombró al mundo del arte cuando fue expuesta en la Real Academia de San Fernando es conocida por los salmantinos como Jesús Flagelado y su hermandad la saca a la calle cada Miércoles Santo, sobrecogiendo y asombrando tanto tiempo después por su perfección. Ya que verla dentro de la iglesia no siempre resulta fácil, la procesión es una forma eficaz de acercarse a esa turbación de la Santa cuando se encontró con el Ecce Homo. Cuando sintió que el corazón se le partía ante esas llagas.

Si no, siempre podremos entretener la vista y el alma por entre las conchas de la famosa casa o subir a su claustro para observar la mejor perspectiva posible en las estrecheces urbanas de esa zona salmantina el maravilloso relieve de Pentecostés entre las dos torres. Bajando la calle de la Compañía, dejaremos a los lados la iglesia de San Benito y su bellísima corrala, de las pocas que ha sabido guardar Salamanca. El convento de las Madres de Dios y las heridas de la revuelta comunera en la antigua casa de los Maldonado; los fieros hierros que defienden las ventanas del convento de las Agustinas Recoletas, en cuya iglesia de la Purísima se custodia acaso la mejor pintura mariana del siglo XVII, que es mucho decir, obra de Rivera. Es este monasterio una fundación de los condes de Monterrey, cuyo palacio se encuentra justo enfrente. Un faro de luz dorada, salido de la genialidad de Rodrigo Gil de Hontañón, modelo ampliamente imitado en las construcciones palaciegas del siglo de Oro español.

Hoy alterna las funciones de residencia de la casa nobiliaria de Alba y museo. La visita ofrece una vista sensacional de las torres salmantinas, pero también una atractiva colección artística entre salones y habitaciones señoriales, entre la que destaca un cuadro de Santa Teresa de Jesús de Carreño de Miranda. Además, en una de las salas se conserva el juego de llaves del sepulcro de la santa que corresponde al duque de Alba.

Pero antes de que las ramificaciones nobiliarias hicieran desembocar esta importante rama, con grandeza de España, en el gran mar de títulos de Alba, los Monterrey (Zúñiga y Acevedo) ya tuvieron importante trato con Teresa de Jesús.

Porque en los palacios también acaecen desgracias, María de Pimentel, hija del IV conde de Monterrey, enfermó gravemente en su infancia, hasta que recibió la visita de Teresa y, según su propio testimonio, sanó milagrosamente. Nunca sabremos si de no ser por la intervención de Teresa la historia de España hubiera sido la misma, ya que María de Pimentel, con el correr de los años, daría a luz, fruto de su matrimonio con Enrique de Guzmán, al todopoderoso Gaspar de Guzmán y Pimentel, más conocido por conde-duque de Olivares, valido de Felipe IV.

En todo caso, la propia santa dice que doña María "nos favorecía mucho" y la condesa se contará entre los privilegiados asistentes a la primera misa en el segundo convento de San José de Salamanca.

Las ciudades tienen dentro de sí muchas ciudades. Realidades que viven y respiran a ritmos diferentes, que a veces sencillamente se ignoran y otras, curiosamente, acaban por converger. En Bordadores, de alguna forma, se reúnen muchas de las Salamancas que son o han sido. La ciudad que ve amanecer desde los muros de los conventos; la que no duerme, donde siempre hay un lugar abierto para tomarse una copa; la ciudad de las tardes interminables en torno a un café o algo de música; la ciudad que sorprende con sus leyendas y enigmas –que nos sonríe desde la Casa de las Muertes, de injusta fama tenebrosa– y la ciudad que han engrandecido sus personajes más universales. Pocos osarán hacerle sombra a Miguel de Unamuno, el eterno rector de la Universidad, vecino de esta calle durante la mayor parte de su vida en su Alto Soto de Torres.

De Unamuno queda esa casa desde la que tuvo que salir a saludar a la multitud que se agolpaba tras su regreso del exilio hendayés, la misma casa donde lo encontró la muerte el último día del año de 1936, entonces ya repudiado por los *hunos* y los otros. Unamuno se acercó siempre con admiración a la obra de Teresa de Jesús, de la que ensalza esa maravillosa capacidad de escribir como si hablara, con un habla tersa y llena de "metáforas de huerto".

El rector mira con fijeza, no exenta de desgarro y agonía trágica, su casa desde la escultura de Pablo Serrano que plasma, hombros alzados, la compleja personalidad, laberíntica, seductora, de una figura inmarcesible. Alrededor de esa estatua, entre terrazas y música de moda, quizá escuchemos ecos de su discurso jubilar de 1934: "se ha dicho que todo castizo escritor castellano es un orador por escrito. Mejor que ser un escritor por habla. No hablar como un libro, sino que el libro hable, como santa Teresa hablaba con su pluma".

¿Has oído, Teresa? Cuando cierran las puertas los bares y discotecas, cuando se calla el tráfico y la ciudad duerme, ¿por qué no pensar que Unamuno y Teresa de Jesús se hablan? O, mejor dicho, que lo hacen sus estatuas. Pocos metros las separan. La de la santa ocupa el centro de un interesante rincón entre el teatro de la caja y la que fue su primera fundación. Es esta de Amable Diego una escultura sinuosa y atrayente.

Amable, uno de los mejores dibujantes que conozco, no quiso aquí hacer, sin embargo, un trabajo académico, sino una escultura que guardara en su interior un torrente perpetuo, como lo es el ruido de la fuente que la acompaña. Un día, tomando un café en su casa, me confesó que la suya es "esa santa Teresa a la que no paraba nadie". Una mujer de carácter que echaba a volar el alma, pero mantenía firmes los pies en la tierra.

La calle de los condes Crespo y Rascón es uno de los pocos accesos al centro histórico para vehículos. Durante el día furgonetas y camiones marcan un ritmo trepidante antes de que se acaben las horas permitidas para el reparto. Luego, coches y coches que naufragan en busca de un casi imposible hueco de aparcamiento. Hoy no hay otra forma de ver la Casa de Santa Teresa más que con coches aparcados a su puerta, empequeñecida por altos edificios que le fueron saliendo a los lados, pero en aquella Salamanca del siglo XVI a la que llegó la madre, el viejo caserón debía de ser una construcción relativamente notable.

Aquí se pone en marcha el primero de los conventos de San José de Salamanca, seguramente la fundación más tortuosa de Teresa, de la que todavía tres años después de iniciada la empresa, lamentaba: "han sido tantos los trabajos y contradicciones que se han pasado que aún no está acabado del todo de allanar, con haber algunos años que está fundado cuando esto escribo, y así creo se sirve Dios en él mucho, pues el demonio no le puede sufrir".

Ah, el demonio. Siempre enredando. Una presencia simbólica recurrente en los textos de Teresa, pero en Salamanca, también, el demonio es mucho demonio. Aquí, de hecho, tiene una de sus residencias oficiales y aunque en tiempos de la fundación, supuestamente, hacía casi un siglo que había sido destruida por orden de los Reyes Católicos, se seguía hablando, y mucho de su cueva.

Estamos en una noche cualquiera del siglo XV. Oscura, y con algo de niebla, como mandan los cánones. Nos cruzamos por una de esas callejas empinadas con un joven que va corriendo como si, literalmente, le fuera la vida en ello. Teme que ahora que reina la oscuridad, las pocas luces de velas y candiles que le salen al paso delaten su terrible secreto: carece de sombra.

En una esquina siniestra para a recuperar algo el resuello. Por su mente pasan en ese momento los siete años que ha pasado en la cueva. Ahora no parece tan buena idea, pero no se puede negar que llegó a ser divertido. Dicen que es un marqués, aunque nunca ha estado muy claro. Villena, se llama, y ha sido uno de los siete privilegiados que ha estado recibiendo puntualmente clases de Satanás.

Habiendo tabernas, dados, jarras de vino, no es que fuera mucho a la universidad –un empeño de su padre, más que otra cosa–, pero un día oyó a unos compañeros murmurar esa historia de que el mismo diablo andaba reclutando siete estudiantes para enseñarles todo aquello que los catedráticos y profesores no enseñaban, porque no querían o podían. Y no pudo resistir la curiosidad.

Para que la burla fuera completa, el diablo daba sus clases en una iglesia, San Cebrián. En su cripta, al cabo de un estrecho tramo de escaleras esculpidas hacia el infierno, aguardaban todas las artes ocultas, el saber oscuro. Y Villena fue uno de los elegidos. Siete años. Cada noche recibiría con otros seis compañeros instrucción en los secretos mejor guardados, pero, ay, al cabo de ese tiempo, uno de los estudiantes tendría que quedarse para siempre al servicio del maligno. Entregarle definitivamente su alma. Piensa el marqués en todas esas noches y en esta última y maldita en la que un extraño sorteo ha decidido que fuera él y no otro quien se quedara para siempre en la cueva, esclavo sin espíritu.

Pero Villena no se conforma con su suerte y prueba a la desesperada burlar a su nuevo dueño. Se esconde en una tinaja de la cripta y le hace creer que ha escapado. El demonio lo busca y maldice, se niega a creer que un triste mortal se atreva a tamaño desafío, idea y proclama a voces las penas que lo aguardan, el castigo inmisericorde. Abre la puerta de la cripta para que lo oiga allí donde esté. Arder será poca cosa al lado de lo que le espera. ¿Oyes, Villena? ¡Vais a desear estar muerto!

Es un todo o nada. En un descuido, el marqués sale de la tinaja a toda velocidad para estupor del diablo al que se le resbala el jubón casi de las garras y únicamente puede aferrarse a la sombra que, desesperado mientras escapa por la puerta abierta, Villena deja atrás como una serpiente que se desprende de la piel que ya no le sirve.

No parece un precio excesivo, aprender a vivir sin sombra a cambio de la propia vida. Así piensa en la esquina en que lo vemos aspirar todo el aire posible, como si respirara por primera vez, sintiendo que, ahora sí, tiene todo el tiempo por delante.

Pero el diablo no es un enemigo tan fácil y Villena, pobre infeliz, acabó arrojándose desde una torre, incapaz de soportar el recelo que despierta a su paso quien no deja una sombra tras de sí. Satanás, por su parte, decidió ser más cuidadoso desde entonces. En esas andaba cuando se cruzó en su camino Teresa de Jesús aquella noche de ánimas de 1570.

Si el temor al demonio se sentía una noche, esa era la de ánimas. Hoy nos cuesta separarla de calabazas festivas, disfraces, monstruos más o menos entrañables o sangre postiza, pero en el siglo XVI esta noche era cosa muy seria. Había quien la pasaba en vela, rodeado de la luz de cirios, escuchando las lúgubres campanas que no cesaban de tañer hasta el amanecer. Pues esa es la noche en la que Teresa y María del Sacramento llegan por fin a la casona de Gonzaliáñez, hoy Casa de Santa Teresa.

Y esa casa conventual tuvo un inicio tortuoso. Porque, aunque cuenta con licencia episcopal gracias a las gestiones de Julián de Ávila, Teresa no consigue encontrar en Salamanca una vivienda adecuada para fundar. Como ocurría con Bolonia, París o Alcalá, la necesidad de alojar a los muchos estudiantes generaba una importante carestía de vivienda y los cuartos disponibles volaban cada septiembre, antes del inicio del curso. Tras muchas gestiones a través del mercader Nicolás Gutiérrez, se ha encontrado esta casa, que, efectivamente, está ocupada por estudiantes, pero el dueño se compromete a que, cuando llegue el momento, la dejará libre para instalar el convento.

El día previsto las cosas no se han resuelto todavía, y, tras difíciles gestiones, se logra que los estudiantes salgan ya bastante avanzada la jornada. La casa se encuentra en un estado calamitoso y requiere unas obras de urgencia que acomete un carpintero hasta bien entrada la madrugada. A las cuatro de la mañana, al fin, entran Teresa y María en el nuevo convento. Tienen como abrigo unas mantas que les han cedido las franciscanas del convento de Santa Isabel, a tiro de piedra, y como lecho un poco de paja. La madre no necesita más.

Se cierra la puerta. Imaginamos que el viento ulula en los tejados, se cuela por los desvanes. Habrá esos ruidos que desata en las casas grandes la madrugada. Las campanas, el gemir de las ánimas que piden no ser olvidadas y María del Sacramento tiene miedo. "Yo os digo, hermanas, que cuando se me acuerda el miedo de mi compañera, que era María del Sacramento, una monja de más edad que yo, y harto sierva de Dios, que me da gana de reír", escribe Teresa.

Pero a la leal María se le acumulan los motivos. Al fin y al cabo, la casa es enorme, llena de recovecos. Los estudiantes han tenido que salir de mala manera y quién sabe si no se han quedado con ganas de alborotar a las dos monjas. Ellas se encierran en una pieza, pero María no se calma. Teresa tiene claro quién anda detrás. "El demonio, que la debía ayudar con representarle pensamientos de peligro para turbarme a mí, que con la flaqueza de corazón que tengo, poco me solía bastar. Yo le dije que qué miraba, que cómo allí no podía entrar nadie".

Pero la buena María se descuelga con un susurro que refleja su bondad. No teme por ella, sino por su compañera: "Madre, estoy pensando, si ahora me muriese yo aquí, ¿qué haríais vos sola?" Y venga doblar campanas y crujidos y sombras y viento y frío en una casa desconocida... y Teresa, sobre ese poco de paja, responde: "Hermana, de que eso sea, pensaré lo que he de hacer; ahora déjeme dormir". Y así es. El cansancio acumulado acaba por traer el sueño y despejar el miedo. Y el diablo no tiene más remedio que volver a la cripta de San Cebrián pensando dónde poder enredar en lo que le queda de noche.

Todo pasó en este solar al que con el correr del tiempo fueron a recalar las Siervas de San José, la orden fundada por la madre Bonifacia Rodríguez de Castro, que en ella llevó a cabo su enorme labor social de ayuda a las jóvenes sin formación, procurándoles con la costura un oficio que las ayudara a defenderse en la vida. Así que, la de Santa Teresa es en realidad la Casa de las dos Santas, pues ambas la habitaron y, aunque separadas por más de tres siglos, la circunstancia no deja de ser llamativa. Aunque lo que es Teresa en la casa paró poco, y sus monjas también. Las condiciones de insalubridad, humedad y otros problemas las obligan pronto a salir de allí.

Puede que hoy, entre el trajín del tráfico y la cercanía de los grandes monumentos salmantinos, nos parezca increíble, pero lo cierto es que se confirma el temor de la madre: Salamanca es muy pobre y la casa está muy "retira-da": apenas hay limosnas y las monjas salmantinas se sostienen con lo que envía Teresa desde Ávila.

Así que, a la fuerza por las circunstancias adversas, las carmelitas van a dejar diseminadas sus huellas por toda la ciudad. De la primera casona se marchan a la Compañía, a la casa de Pedro de la Banda. Un casero demasiado ambicioso para las pobres arcas de las descalzas. Irán luego fuera de la mura-lla, donde hoy se encuentra la plaza de las Carmelitas y queda también como testimonio del paso de la comunidad la iglesia de Santa María del Monte Carmelo. Tiene este templo una notable imagen de Teresa de Jesús salida del virtuoso taller de Esteban de Rueda, quien a comienzos del siglo XVII se ins-taló en Salamanca y cuya muerte prematura solo le permitió hacer un puñado de grandes obras, esta entre ellas.

Tampoco este será el lugar definitivo, porque de ahí se irán al camino de Villamayor, lo que se recuerda con la moderna parroquia de Santa Teresa, hasta acabar recalando en la cercana localidad de Cabrerizos, donde hoy se mantiene la comunidad.

Empieza a declinar el sol, los estorninos forman densas bandadas que lle-nan con su chiar el oro de la tarde que salpica los ojos como lluvia en el cristal en una Salamanca que viene y va, que se anima en las terrazas, a las sombras en las que reverberan de nuevo las palabras, las conversaciones. Es el mejor momento para acercarse a San Esteban. Imposible ir siguiendo el rastro de las huellas de Teresa sin parar aquí. Hoy parece que el puente de Soto, des-aparecido ya todo rastro del arroyo de Santo Domingo, solo sirva para dejar encajado algún camión de vez en cuando –heridas visibles, algunas en carne viva, sobre sus dovelas–, pero lo que no ha perdido es su función de última antesala ante el fulgurante espectáculo de una de las mejores fachadas del renacimiento.

Santos, baldaquinos, medallones, estípites, forman un tapiz de denso me-tal sobre el que se recorta el padre Vitoria, que desde aquí proclamó que los habitantes de las nuevas indias eran gente y como tal había que tratarla. Una revolución tan profunda y universal como la que traería solo unos años más tarde Teresa.

Ella, por cierto, tiene su rincón privilegiado en el enorme complejo dominico: el lugar donde, según la tradición, acudía a confesarse durante sus estancias en Salamanca. Poco importa el crédito que se dé a estos espacios-reliquia, porque sobre todo es un símbolo de una estrecha relación que mantuvo la madre con miembros de la Orden de Predicadores, en su preocupación permanente por procurarse una sólida base teológica para sus pensamientos.

De entre todos esos frailes que trataron con Teresa destaca la figura de Domingo Báñez, su confesor directo durante seis años y consejero durante toda su vida. Una relación que hoy se nos antoja compleja, como se desprende de las palabras del propio dominico en el proceso de Salamanca del año 1591 para la beatificación de la mística: "la confesé muchos años, y la examiné en confesión y fuera de ella, e hice de ella grandes experiencias, mostrándome muy áspero y muy riguroso con ella, y cuanto más la humillaba y menospreciaba, tanto más se aficionaba a tomar mi consejo". Templaba su espíritu Teresa, que parece sometía a los golpes en el yunque su determinación para que se volviera todavía más firme.

Es curioso pensar que la madre no vería acabados durante su estancia en Salamanca muchos de los grandes monumentos que hoy nos asombran. No desde luego la Catedral, de la que apenas alcanzaría a ver, quizá, la llamada "media iglesia", ni tampoco el templo mayor de San Esteban, cuyas obras se prolongarían hasta el siglo XVII.

Pero si es verdad que acudía hasta la casa de los dominicos a confesarse, Teresa sí pudo conocer el claustro de procesiones o de los Reyes. Aquí las luces y las sombras juegan al escondite entre relieves primorosos, columnas y bóvedas estrelladas. Aquí, en el susurro de la anochecida, vuelan por entre los pináculos sus palabras: "andaba su Majestad mirando y remirando por dónde me podía tornar a sí".

Encajan delicadamente los pensamientos de Teresa de Jesús, uno sobre otro, como las piedras que mantienen en pie –pareciera que milagrosamente– la escalera de Soto, una audacia del siglo XVI revestida de belleza que permitía el acceso a la biblioteca del suntuoso convento. Aunque en Salamanca si hay una biblioteca famosa, a la que también se accede mediante una escalera que es en sí misma toda una lección de vida y de búsqueda del saber, es la de la Universidad. Un espacio al que Teresa de Jesús no puede ser de ningún modo

ajena. "Siempre informaos, hijas, de quien tenga letras, que en estas hallaréis el camino de la perfección con discreción y verdad", dice, y no parece casual, a sus monjas en el capítulo dedicado a la fundación salmantina.

Entre los estantes y armarios de la vieja librería se encuentran decenas de obras teresianas, aunque destaca por encima de todas una: *Los libros de la Madre Teresa de Jesús, fundadora de los monesterios de monjas y frayles Carmelitas descalços de la primera regla*. Es el título con el que salieron en 1588 de la imprenta salmantina de Guillermo Foquel un volumen conjunto de *Vida, Camino de Perfección y Las Moradas*, en una edición realizada por otro gigante de las letras, fray Luis de León.

Es curiosa la vida, porque Teresa y Luis han coincidido en el tiempo en varias ocasiones en Salamanca y Valladolid, aunque por distintas circunstancias nunca se han conocido en persona. Será una vez fallecida la madre y las carmelitas decidan sacar a la luz su obra, cometido que encabeza Ana de

Jesús, sucesora de Teresa, cuando fray Luis tome conciencia de su verdadera dimensión. "Yo no conocí, ni vi, a la madre Teresa de Jesús mientras estuvo en la tierra, mas ahora que vive en el cielo la conozco y veo casi siempre en dos imágenes vivas que nos dejó de sí, que son sus hijas, y sus libros, que a mi juicio son también testigos fieles, y mayores de toda excepción de su grande virtud".

A veces se abusa de determinadas expresiones que, a fuerza de repetidas, acaban perdiendo parte de su poder, diluidas en la reiteración. Pero no se me ocurre descripción más precisa para esa biblioteca que la de templo del saber. Un templo que, al contrario de lo que se adivina al otro lado de la vitrina blindada que limita la visita a la mayoría de los mortales por criterios de conservación, no huele a polvo. De hecho, es lo primero que sorprende cuando se traspasa al fin ese umbral mítico. La asepsia de un espacio apabullante, ordenado de forma cartesiana y al mismo tiempo desbordado por las galanuras barrocas. Un templo que es también como una sucursal bancaria, con su habitación acorazada llena de incunables y manuscritos medievales, con su control de calor y humedad, con su alarma siempre conectada.

El profesor Javier San José Lera me espera junto a una mesa en la que Margarita Becedas, la directora del templo-biblioteca, ha seleccionado algunos de los volúmenes que hablan de fray Luis y su relación con Teresa. Está *Explicación al Libro de Job*, la última obra del agustino, dedicada a Ana de Jesús como agradecimiento a esa relación surgida en torno a los libros de la fundadora; y, sobre todo, está ese ejemplar impreso en 1588 que es la primera explosión del pensamiento de la santa por el mundo.

El profesor lo abre ceremoniosamente y repasa con el dedo a pocos milímetros del papel esa carta de fray Luis que sirve como prólogo. Luego, con manos enguantadas, enumera las vicisitudes de la obra, maltratada y llena de heridas. Con esa primera hoja del impresor llena de tachaduras y anotaciones manuscritas y algún pedazo arrancado. De repente, bóvedas y anaqueles se llenan de palabras que revolotean. Es la emoción de las ideas que siempre encuentran un trozo de papel fértil para permanecer.

Como los edificios son a veces animales vivos, más cuando tienen una existencia de siglos, curiosamente, donde antes se emplazaba la biblioteca universitaria de Escuelas Mayores hoy se encuentra la capilla. Y allí es donde las paredes conservan sendas inscripciones que recuerdan la declaración de Teresa de Jesús como doctora Honoris Causa por la Universidad de Salamanca en el año 1922. No solo es la primera mujer en recibir esta distinción en la historia de la institución salmantina, sino en la de cualquier universidad española. La solicitud, enmarcada en el tercer centenario de su canonización, fue debatida en una sesión cuya presidencia ostentó el propio Unamuno, por entonces vicerrector. Ya había dejado claro el pensador su opinión sobre la mística unos pocos años antes en *Del sentimiento trágico de la vida*: "otros pueblos nos han dejado, sobre todo, instituciones, libros; nosotros hemos dejado almas. Santa Teresa vale por cualquier instituto, por cualquier *Crítica de la razón pura*".

En presencia de los reyes Alfonso XIII y Victoria Eugenia el rector Maldonado de Guevara certificará al fin la concesión el 6 de octubre del grado de doctora: "no habrá en este claustro, ni en ningún otro gremio universitario, quien se crea capaz de tales obras, ni se sienta más digno de tales encomios, ni pueda ceñir a su frente, con mayor decoro, la borla doctoral".

Me pregunto qué se le pasaría por la mente a aquella mujer única, humilde hasta el extremo, de saber de su fama y del peso de su recuerdo tantos siglos después. Aquella mujer que escribió desde su pobre celda "pensé no hubiera más memoria de mí". A la que tanto quitó el sueño el estado de sus pobres monjas de Salamanca. Hoy, que la ciudad cuida con mimo cada recuerdo, cada rastro de su paso.

En lo alto de la fachada rica de la Universidad, quienquiera que fuera su autor decidió colocar por encima de reyes y coronas, de linajes, héroes y dioses del Olimpo un personaje que quizá haya regresado de la muerte solo para poner patas arriba y acaso desmentir todo el apabullante aparato escénico. Un simple bufón, con su lengua bífida, que viene a reírse de todas las glorias. ¿Dónde estáis todos?, parece decir.

Césares coronados, grandes reinas, militares de ingenio, dioses invulnerables recubiertos por pieles de león. Todos son testigos del paso indiferente de estudiantes, de las miradas de miles y miles de turistas que los ignoran y solo buscan una rana escondida. Congelados en piedra, mojados por la lluvia, castigados por el sol. No todos tienen la suerte de ser Teresa. De que sus huellas se hayan quedado latiendo en el corazón de la ciudad.

ALBA DE TORMES
DESCANSO Y CUSTODIA

Han dado las ocho en el reloj, pero ella hace tiempo que está en pie, aunque es domingo. Se ha preparado con esmero y ahora se da los últimos retoques ante el espejo. Tampoco es que quiera engalanarse, pero sí estar a la altura de la ocasión. No todos los días se va a ser parte de la historia.

En Alba de Tormes siempre se vive un poco en torno a Teresa de Jesús. Sus fiestas son las de la Santa, en octubre. Recuerdan la fecha en la que aquella mujer única cerró los ojos al mundo, aquí mismo. Cuando su imagen sale de clausura, por la puerta de la Anunciación, y recibe el bastón como alcaldesa honorífica se desatan los vivas y las lágrimas. Suena la banda y los corazones laten con más fuerza en una plaza que palpita.

Si en verano hay un motivo para celebrar, que sea la trasverberación de santa Teresa. Aquí, al fin y al cabo, está su corazón. Miles de personas pasan al año ante su relicario y certifican, con ojos como platos, la señal de varios centímetros que encaja con la visión del dardo místico que la dejó un día de agosto abrasada de amor grande de Dios.

A la Santa se encomiendan en lo bueno y en lo malo. En ella confían. Ante ella se prometen fidelidades, se piden curaciones, se dejan apuntes de carreras aprobadas. Ante ella siempre hay una luz encendida.

Pero hoy es diferente. Alba de Tormes lleva varios días preparándose. Las calles están tan limpias que parecen el suelo de un palacio. Se ha repintado la fuente de la Plaza Mayor, recortado césped y arbustos. Todo resplandece porque, otra vez, se abre la urna que contiene a la Santa para pública veneración.

Solo ha habido dos precedentes, ninguno de nosotros estábamos entonces para contarlo: 1670 y 1914. Es mayo de 2025 y hoy es el día, piensa ella –mientras hace la señal de la cruz antes de salir de casa y se coloca las gafas de sol–, en el que va a ver con sus ojos lo que le contaron sus abuelos. A Teresa de Jesús en carne y hueso.

Alba de Tormes ofrece una visión de postal para el viajero que llega desde Salamanca. En un promontorio en la margen derecha del Tormes, precedida de un puente medieval todavía en uso, la villa se extiende desde el llano hasta el torreón que se recorta contra el cielo. Vestigio señorial y, sin embargo, pobre superviviente del esplendor de la casa ducal que hizo de este lugar una segunda corte por la que transitaron los nombres principales de letras de su tiempo. De Garcilaso a Cervantes, pasando por Juan del Enzina, Lope de Vega o Calderón.

Alba no era desconocida para Teresa, ya que aquí vivía su hermana Juana de Ahumada, casada con Juan de Ovalle, quienes han tenido una importancia fundamental en el arranque de las fundaciones, comprometidos hasta el fondo para poner en marcha San José de Ávila.

Precisamente, en los preparativos de esa fundación, durante su estancia en Toledo en casa de doña Luisa de la Cerda en 1562, Teresa tiene los primeros encuentros con la duquesa de Alba, doña María Enríquez, casada en 1529 con don Fernando Álvarez de Toledo, el Gran Duque. La duquesa quedaría cautivada por esa mujer tan especial, tan capaz de ansiar la pobreza y tratar de igual a igual a las personas más poderosas de su tiempo.

Ya en 1566, la ha llamado a su lado durante la tribulación de la familia ante la ruptura del matrimonio del heredero, don Fadrique, con Magdalena de Guzmán, protegida de la reina. Es la suya una relación de consejo y consuelo, sin que hasta el momento a Teresa se le haya pasado nunca por la cabeza fundar en Alba de Tormes. Cuando lo haga no será por la duquesa, sino por su contador mayor, Francisco de Velázquez y su esposa, Teresa de Laíz.

Teresa de Jesús está en Salamanca en 1570, peleando con las muchas dificultades que su convento de San José le está ocasionando, pero le surge una oportunidad caída del cielo para poner en marcha otra fundación a tiro de piedra. Su hermana le hace llegar el mensaje de Francisco de Velázquez y Teresa Laíz ofreciéndose a sufragar un convento de descalzas. "Cuando de parte del contador del duque de Alba y de su mujer fui importunada que en aquella villa hiciese una fundación y monasterio, yo no lo había mucha gana a causa que, por ser lugar pequeño, era menester que tuviese renta, que mi inclinación era a que ninguna tuviese".

Teresa se ha mostrado defensora de fundar sus conventos en pobre, a expensas de limosnas, en vez de crearlos bajo el patronazgo de alguna casa nobiliaria que garantizara su mantenimiento. Esto descartaba a priori fundar en lugares pequeños, aunque, como ya le ha ocurrido en Malagón o en Pastrana, no quiere dejar de hacer una buena obra si existe una ocasión razonable. Lo comenta con el padre Domingo Báñez, por esos días en Salamanca, y el dominico le insiste en que "no sería bien dejarse de hacer un monasterio por eso". Detrás del paso adelante, se encuentra también la perseverancia de la otra Teresa de la historia, Laíz, cuya sorprendente vida queda recogida en el libro de *Fundaciones*.

Aquí se nos cuenta que Teresa de Laíz nació en una familia de hidalgos muy empobrecidos. Ella era la quinta hija del matrimonio, todas niñas. La decepción hace que la pequeña, tras ser bautizada, sea abandonada a su segura muerte en una habitación en la que la dejan varios días desatendida por completo.

Una vecina del pueblo, alertada por la situación, acude a la casa y al verla todavía viva la tomó en brazos y preguntó por qué esa crueldad hacia una inocente: "¿Vos no sois cristiana?". A lo que, al parecer, la niña respondió: "Sí, soy". No volvió a hablar más hasta la edad normal de cualquier niño, pero ese hecho extraordinario cambia la actitud de la madre, que "la comenzó a querer y regalar desde entonces, y así decía muchas veces que quisiera vivir hasta ver lo que Dios hacía de esta niña".

La pequeña crece y llega el momento de buscarle matrimonio. Ninguno de los pretendientes le parece oportuno, hasta que el contador de los duques de Alba, Francisco Velázquez, pide su mano. Un presentimiento la lleva a aceptar, a pesar de no haberlo visto nunca. Contraen matrimonio y se establecen en Alba, pero Teresa pide a su marido marcharse a otro lugar porque de repente se encapricha de ella un invitado de los duques que el aposentador ha hospedado en su casa.

Francisco Velázquez se coloca como hacedor de la Universidad de Salamanca, con un sueldo anual de 100.000 maravedíes. Todo va bien, pero el matrimonio tiene una gran pena, no logra tener hijos. Teresa lo pide en oración una y otra vez, pero en sueños recibe una primera advertencia: "no quieras tener hijos, que te condenarás". Se encomienda a San Andrés y él es protagonista de otro sueño que narra la madre: "parecióle que se hallaba en una casa, adonde en el patio, debajo del corredor, estaba un pozo; y vio en aquel lugar un prado y verdura, con unas flores blancas por él de tanta hermosura que no sabe ella encarecer de la manera que lo vio. Cerca del pozo se le apareció san Andrés de forma de una persona muy venerable y hermosa, que le dio gran recreación mirarle, y díjole: otros hijos son éstos que los que tú quieres".

Laíz comprende así que su destino es fundar un convento. Piensa que será imposible cuando su marido le comunica en enero de 1556 que vuelven a Alba, porque regresa al servicio del duque. Sin embargo, la pena se convierte en sorpresa cuando al llegar a su nueva casa descubre que sus estancias coinciden con lo que vio en su sueño: "como entró en el patio, vio al mismo lado el pozo, adonde había visto a San Andrés, y todo, ni más ni menos que lo había visto". Decidió que allí se haría el convento y tras consultarlo con varios confesores, concluye que sería de las monjas descalzas de la madre Teresa, a quien escribe por mediación de su hermana, Juana de Ahumada.

La plaza de Santa Teresa de Alba es uno de los rincones más bonitos de la provincia. Un espacio recoleto y monumental, a la sombra de las siluetas de los dos conventos carmelitas que la encierran: el de las monjas, sobre las viejas casas de Francisco Velázquez y Teresa de Laíz; y el de los frailes, construido a pocos metros, sobre casas de Juana de Ahumada, y que fue el primer templo del mundo en dedicarse a Juan de la Cruz cuando aún era beato. Hoy el habitual crotoreo de las cigüeñas está silenciado por el bullicio de los peregrinos y el repicar de campanas. Se ha abierto la urna funeraria y comienza la veneración de la Santa. Los albenses, que han madrugado mucho este día excepcional, empiezan a pasar emocionados ante los restos de la madre.

"Me hacía ilusión que fuera alguien de Alba la primera en pasar", explica la mujer que ha logrado ese privilegio. "No he visto lo que hay, aunque es mucho más de lo que se puede esperar del cadáver de alguien que murió en 1582, sino que he visto lo que representa". Y ahí se engloba haber encabezado una revolución espiritual, haber sido autora de una obra literaria inconmensurable y haber sorteado miles de trabas injustas. "Y todo lo hizo siendo mujer", subraya otra vecina.

Teresa de Jesús es una mujer valiente que no conoce barreras, empujada por su fe y sus firmes creencias. Fue la suya una lucha inteligente contra las condiciones de su tiempo, capaz al fin de volcar buena parte de los injustos planteamientos que sojuzgaban a la mujer frente al hombre.

Si hay un capítulo en sus *Fundaciones* donde queda bien reflejado este espíritu, es en el de Alba. Recuerda que el mismo Jesús halló en las mujeres "tanto amor y más fe que en los hombres" y lamenta que los jueces del mundo, todos varones, "no hay virtud de mujer que no tengan por sospechosa". Y sobre los padres, como los de Teresa de Laíz, que preferían a toda costa hijos varones: "cosa cierto mucho para llorar, no sabiendo los grandes bienes que pueden venir de las hijas ni los grandes males de los hijos".

Hoy mujeres y hombres esperan la fila para pasar ante la urna que acoge a esa mística de pensamiento poderoso. "¡Oh, válgame Dios!, ¡cuán diferente entenderemos estas ignorancias en el día adonde se entenderá la verdad de todas las cosas!, y ¡cuántos padres se verán ir al infierno por haber tenido hijos y cuántas madres, y también se verán en el cielo por medio de sus hijas!"

Cualquier paseante que se adentre por las calles de Alba percibe una presencia singular y vigorosa. Teresa de Jesús es una hija más de la villa y su nombre se entremezcla con las rutinas de los vecinos. Azulejos que bendicen la casa, nombres de tiendas, restaurantes, bares, pastelerías o funerarias. Es la impronta de esa mujer que cambia la historia del lugar no solo al morir aquí, sino antes, con su obra y su vida. Las madres carmelitas nunca han faltado desde 1571. Su llegada requirió una intensa negociación a propósito de la renta. Siendo la villa pequeña y las limosnas escasas, Teresa busca que a sus hermanas "de comer y vestir les den todo lo necesario en la casa, y las enfermas muy bien curadas; porque de faltarles lo necesario vienen muchos inconvenientes".

El 3 de diciembre de 1570 se alcanza el acuerdo: habrá un máximo de 13 monjas para un convento que recibirá 100.000 maravedíes al año mientras vivan Francisco de Velázquez y Teresa de Laíz, y 150.000 cuando fallezcan, además de 150 fanegas de trigo. "En fin, vinieron a ponerse en razón y dar bastante renta para el número", sintetiza la madre. A través del torno de Salamanca, firman ambas partes. Como Teresa de Laíz no sabe escribir, rubrica en su lugar Juan de Ovalle, cuñado de la Santa.

El 20 de diciembre el obispo de Salamanca autoriza la fundación: "damos licencia y facultad a la madre Teresa de Jesús para que pueda edificar y fundar en la villa de Alba de Tormes un monasterio de monjas, conforme a su regla e instituto, por cuanto entendemos que por ello será nuestro Señor muy servido y que resultará en mucho bien y aprovechamiento de los vecinos de la dicha villa". La madre saldría de Salamanca ya comenzado el año 1571 y aún debería esperar algunos días hasta que finalizaran las obras en la casa de los patrocinadores, a quienes agradece que "dejaron su propia casa para darnos y se fueron a otra harto ruin".

Mientras finalizan los trabajos, Teresa y sus monjas se alojan en las Isabeles. Es un convento del siglo XV que acoge en su interior la excepcional capilla de los Gaitanes, de muy delicados relieves platerescos. En el locutorio de este convento se firman definitivamente las escrituras.

Teresa acude con sus hermanas diariamente a misa en la iglesia de San Pedro y aprovecha el camino para comprobar el avance del convento. En él trabaja, como un albañil más, Juan de la Cruz. Alonso de la Madre de Dios recoge cómo las monjas vieron esos días al fraile "andando con los los oficiales y peones componiendo la casa, y por sus manos con unas espuertas sacando tierra y cantos y otras brozas de las casas que deshacían y acomodaban para el nuevo monasterio". Tarea que acometía "con tal celestial modestia que solo el mirarle componía y tiraba el corazón a trabajar por buscar la perfección".

Junto al ábside románico de la iglesia de San Juan pasan grupos, familias, parejas, brujuleando en torno al corazón de la villa para acceder al convento de la Anunciación o disfrutando de la villa tras haber visitado el sepulcro de la Santa. Es el epicentro de una ciudad surgida en el siglo XII en plena repoblación leonesa y que a lo largo del tiempo alternaría esplendores y decadencia. Muy posiblemente fueron los tiempos de Teresa los de su mayor refulgir. Había por entonces 18 iglesias, de las que quedan 7, y un incesante ir y venir en torno a una de las familias más poderosas del mundo.

Desde el río Tormes, en la ribera exuberante de la isla de Garcilaso, la mente juega a dibujar sobre los tejados las formas de aquel esplendor que debió de encontrar la madre a su llegada a Alba en un pasatiempo fantasioso. Sin embargo, y no como figuración, sino resultado de un proceso científico, Alba va a ser el primer lugar del mundo en conocer cuál era realmente el rostro de Teresa de Jesús.

"Tuvo en su mocedad fama de muy hermosa y hasta su última edad mostraba serlo; era su rostro nonada común sino extraordinario, y de suerte que no se puede decir redondo ni aguileño; los tercios de él iguales, la frente ancha e igual y muy hermosa, las cejas de color rubio oscuro con poca semejanza de negro, anchas y algo arqueadas; los ojos negros, vivos y redondos, no muy grandes, mas muy bien puestos". Así la describe María de San José en su *Libro de las Recreaciones*. Esta religiosa, de gran valía literaria, conoció personalmente a la madre y legó este documento que ha sido una de las bases de las que se ha partido para, en el contexto de los profundos estudios a los que se ha sometido al cuerpo de la Santa, acabar por desvelar cómo era su apariencia.

La imagen la ha presentado en Alba la australiana Jennifer Mann, colaboradora del Departamento de Medicina Forense de la Universidad de Monash, en Melbourne. Su trabajo –al igual que se hace, por ejemplo, con las momias– ha consistido en partir de unas mediciones antropométricas de precisión para obtener exactamente las dimensiones del cráneo. A partir de ahí, y desde otros análisis realizados a los restos de la Santa por un equipo de antropólogos italianos dirigidos por Luigi Capasso, Mann fue colocando capa sobre capa el resto de los elementos del rostro: músculos, tejidos, cartílagos, piel, hasta desvelar efectivamente una presencia carismática y de mirada penetrante. Unas facciones en la que destacan los pómulos marcados y una barbilla delicada.

Los albenses pasan delante del busto sin policromar realizado por Mann con muestras de curiosidad por saber al fin cómo era su Santa. "Aquí la llevamos en el corazón desde niños, ahora ya sabemos efectivamente qué cara tenía", comenta uno de los fieles que ha pasado por el templo. "No sabemos si esta era Teresa, pero desde luego este rostro tiene una fuerza especial", expone otra de las vecinas a su acompañante, que, emocionada, simplemente considera: "sí que era guapa".

Junto al resto de hermanas de la Anunciación, la priora, la madre Elsa, se muestra sorprendida por el nivel de detalle que ha conseguido el estudio, aunque, entre murmullos, comenta: "es una pena que esté tan seria, hubiera sido mejor que el rostro estuviera sonriendo. Nuestra santa madre tenía un gran sentido del humor y seguramente si la viéramos tal cual era se estaría riendo".

Uno de los picos que sobresalen del caserío albense en la perspectiva desde el puente es la torre de la iglesia de San Pedro. Una elevación de ladrillo y pizarra que alcanza casi los 35 metros. Es fruto de una remodelación ya en el siglo XIX ante la ruina del anterior campanario. La torre que conoció Teresa es posible que se realizara precisamente en el interludio entre la fundación de la Anunciación en 1571 y la muerte de la Santa en 1582. La iglesia, de planta gótica, fue destruida por un incendio a comienzos del siglo XVI y no finalizará su reforma hasta 1577, a cargo de los duques de Alba.

Sin embargo, este templo tiene una importancia fundamental en la historia de la villa, ya que aquí fueron los funerales por Teresa de Jesús y, once años antes, de aquí había partido solemnemente la procesión de traslado del Santísimo hasta el muy cercano convento de la Anunciación del Carmen. "Púsose el Santísimo Sacramento e hízose la fundación el día de la Conversión de San Pablo, año de 1571, para gloria y honra de Dios, adonde, a mi parecer, es Su Majestad muy servido", concluye Teresa su capítulo dedicado a Alba.

Las crónicas nos hablan de un acto muy solemne aquel 25 de enero en el que las monjas carmelitas iban descalzas, con el rostro cubierto y con velas encendidas. Las acompañaban los frailes de las comunidades presentes en Alba, franciscanos y jerónimos. También fray Juan de la Cruz y el dominico Domingo Báñez antecedían a una nutrida representación institucional con los dos comitentes, la duquesa de Alba, su hermana la marquesa de Velada y el hijo de esta, Sancho Dávila, quien luego sería obispo de Jaén.

Establecido el convento y rematadas las obras, Juan de la Cruz partirá hacia Mancera, donde se había venido a establecer la primera comunidad de frailes trasladada de Duruelo, y Teresa de Jesús volverá a Salamanca también enseguida, el 2 de febrero, buscando un mejor lugar para sus monjas que la casa de los estudiantes, cuyas malas condiciones le siguen dando serias preocupaciones.

Desde la plaza de Santa Teresa, a través de la calle Pizarro y la empinada cuesta del Duque, en un paseo de unos pocos minutos se alcanza el castillo. Como gran parte del patrimonio de esta villa, perdido durante cruentos enfrentamientos en la Guerra de la Independencia, especialmente los acaecidos alrededor de la gran batalla de los Arapiles, a muy pocos kilómetros de aquí.

Hoy conserva su fortificada torre del homenaje, pero llegó a contar con otros cinco torreones y en tiempos de Teresa estaba siendo sometido a un proceso de embellecimiento al gusto renacentista, con airadas galerías y pórticos, recubrimientos de mármol y con una portada plateresca que, según los testimonios de la época, era aún más deslumbrante que la fachada rica de la Universidad de Salamanca.

Mientras Teresa de Jesús funda la Anunciación, se están completando los frescos en la sala de la armería dedicados a la batalla de Mülhberg. Tres grandes escenas bélicas en las que el gran Duque desempeña un papel crucial a la cabeza de los ejércitos del emperador Carlos.

Todo ese esplendor lo conoció de cerca Teresa de Jesús cuando en 1573 fue llamada a su lado por la duquesa de Alba, doña María Enríquez, que no dudó en remover en este caso Roma con Madrid para que le otorgara el permiso a la madre. Tanto el duque de Alba como su hijo, don Fadrique, prosiguen en Flandes y la duquesa se ve necesitada de consuelo espiritual, para lo que piensa en Teresa. Sin embargo, la madre es priora de la Encarnación de Ávila, con orden de no salir de su convento ratificada por el papa. La maquinaria de poder de los Álvarez de Toledo se mueve entonces con todo su poderío, recurriendo al mismo Felipe II, quien da orden de que la monja acuda a Alba con la duquesa.

Es un viaje de unos pocos días. Salen de Ávila el 2 de febrero y regresarían el 10. La duquesa insiste en que se hospede en su palacio, pero Teresa prefiere hacerlo en su convento, en el que siempre se ha sentido bien. "Tengo una ermita que se ve el río, y también a donde duermo, que estando en la cama puedo gozar de él, que es harta recreación para mí. Mejor me he hallado hoy que suelo".

La madre acude a departir con doña María Enríquez y en ocasiones la acompaña su sobrina, Beatriz, hija de Juana de Ahumada y Juan de Ovalle. La niña, que tiene 12 años, se asombra del contraste de la riqueza palaciega y el hábito lleno de remendones de su tía, quien se reía mucho de ella por la vergüenza que pasaba.

Durante las visitas, Teresa tendrá acceso a algunos de los aposentos más ricos del palacio ducal, experiencia que refleja en *Las moradas*. "Entráis en un aposento de un rey o gran señor, o creo camarín los llaman, adonde tienen infinitos géneros de vidrios y barros y muchas cosas, puestas por tal orden, que casi todas se ven en entrando. Una vez me llevaron a una pieza de estas en casa de la duquesa de Alba adonde viniendo de camino me mandó la obediencia estar (por haberlos importunado esta señora), que me quedé espantada en entrando, y consideraba de qué podía aprovechar aquella baraúnda de cosas y veía que se podía alabar al Señor de ver tantas diferencias de cosas".

Pero para Teresa toda riqueza material es pura banalidad. "Y aunque estuve allí un rato, era tanto lo que había que ver, que luego se me olvidó todo de manera que de ninguna de aquellas piezas me quedó más memoria que si nunca las hubiera visto, ni sabría decir de qué hechura eran, mas por junto acuérdase que lo vio".

Tampoco, por cierto, cautiva esa abundancia a la niña Beatriz, quien ya muerta su tía ingresaría como novicia en el convento de Alba en 1584 y acabaría siendo una de las figuras más influyentes en la continuación de la obra de Teresa en Ocaña, Toledo, Amberes o Madrid, donde fue priora durante gran número de años.

La plaza de Santa Teresa se va quedado pequeña ante las largas filas de personas que llegan estos días para acercarse a la mística. Tras venerar la urna abierta, muchos se arremolinan en los lugares donde pueden comprarse recuerdos de este momento. "La gente nos pide todo lo que haya sido pasado por el sepulcro, estampas, sobre todo, pero estamos vendiendo bastantes libros, porque son muchas las personas que quedan conmovidas por lo que viven aquí y quieren conocer más el pensamiento de esta mujer", me dice una de las encargadas de la tienda.

Un engranaje de información, atención a los visitantes o control de acceso que es posible gracias a que más de setenta albenses están colaborando como voluntarios. "Esto también es un servicio a nuestra Santa".

El templo de la Anunciación es hoy fruto de la ampliación realizada en la segunda mitad del siglo XVII, con apoyo de Felipe IV y Mariana de Austria y con trazas del carmelita fray Juan de San José, que también había realizado por esos años el convento de las carmelitas descalzas en la cercana Peñaranda de Bracamonte, que hoy alberga una sin par colección de pintura barroca italiana.

Una ampliación necesaria precisamente porque el flujo de devotos que acudía al convento a venerar a la Santa no cesaba de crecer, sobre todo después de la canonización de 1622. Alba ya había pasado a ser ante todo y sobre todo el sepulcro de Santa Teresa.

Cuando era niño (que para mí es un mundo, pero en términos relativos quizá no sea hace tanto tiempo) no existían en mi provincia ni circunvalaciones, ni autovías y la Nacional-501 que llegaba de Madrid se metía en el corazón de la ciudad. Ahí, en la salida de Salamanca hacia Ávila, y también un pequeño tramo hacia Alba, estuvo siempre colocada una gran piedra con esta leyenda inscrita: "Alba de Tormes, sepulcro de santa Teresa". Aquel niño fue poco a poco penetrando en los misterios de esas letras gracias a incontables preguntas desde el asiento de atrás de un Seat 127 amarillo que mi padre asegura que compró solo porque no permitía bajar las ventanillas de la parte trasera, reprochándome que mi curiosidad, sacando la cabeza más de lo debido, a punto había estado de costar un disgusto en el anterior coche de la familia, un Simca 1000 de un granate precioso que estuve añorando durante años.

Supe entonces que una santa muy importante, que había vivido hace muchos siglos, estaba enterrada en Alba. Unas pinceladas que eran solo una aproximación a una historia mucho más complicada. En 1582, Teresa de Jesús ha completado la extraordinaria fundación de Burgos. Ya tiene 67 años y su vida se agota. Acaricia con los dedos la fundación de Madrid, pero tiene mandato del padre Gracián de volver a Ávila, donde era priora, y recogerse allí. Quiere antes, sin embargo, cerrar algunos asuntos pendientes. Sale de Burgos el 26 de julio y llega a Palencia dos días después, donde se queda casi un mes. El 25 de agosto llega a Valladolid y allí la espera un mensajero con orden del provincial de Castilla para que acuda a Alba a atender una petición de María Enríquez. La nuera de la duquesa está cerca de dar a luz, tras un embarazo difícil, y se solicita a la monja como garantía de buen término del parto.

Diría Ana de san Bartolomé, su fiel enfermera, que "que nunca la vi sentir tanto cosa que los prelados le mandasen como esta". Teresa calcula que dado que la joven duquesa está en el octavo mes de gestación aún podría pasar por Ávila y rematar algunos temas urgentes. Pero en Medina del Campo aguarda ya la carroza de doña María para llevarla a Alba sin demora.

Es un viaje penoso, con Teresa al límite de sus últimas fuerzas. Paran en Aldeaseca de la Frontera. No hay nada para darle de comer ni para remediarle los muchos dolores. Teresa se desmaya. Solo hay unos higos secos que habían cogido para el camino. Ana de san Bartolomé, desespera. "Me parecía se me partía el corazón y no hacía sino llorar de verme en tal aprieto, que la veía morir y no hallaba cosa para acudirla". Teresa le responde "no llores, hija, que esto quiere Dios ahora" y toma los higos bendiciendo un regalo "que muchos pobres no tienen". A esas alturas, ya es imposible retener una continua hemorragia que trae consigo la firma inconfundible de la muerte.

Una mañana de agosto, 442 años después de aquel agosto del último viaje, las carmelitas descalzas de Alba rezan con una solemnidad fuera de lo común. Mientras, el postulador general de los carmelitas, el prior de Alba y otros frailes llegados de distintos conventos utilizan por primera vez en más de un siglo las diez llaves que abren el sepulcro de la Santa. Tres para la reja y tres para el arca de mármol. Cada una de ellas en poder del general de la orden, la priora de la Anunciación y el duque de Alba. También cada uno de ellos cuenta con una llave para abrir finalmente la urna funeraria, a la que se suma una cuarta: la llave del rey.

Los pesados engranajes se mueven para dar paso al esperado estudio forense con las técnicas más avanzadas. Los expertos se conmueven. Encuentran restos –los que se salvaron de un anhelo de reliquias de la Santa que explica que se protegiera con el complejo juego de llaves– en un estado de conservación "excepcional", tras una suerte de "momificación natural". Esa investigación va a revelar detalles conmovedores del dolor con el que convivía Teresa. Artrosis en las rodillas, cifosis, severas lesiones en un brazo y problemas en los pies que convertirían caminar en un tormento. Pero desde aquella primera vez que salió a poner en marcha San José de Ávila hasta esa última parada en Alba, diecisiete conventos fundados después, todas esas dolencias parece que fueron para ella una anécdota.

El último mal, un voraz carcinoma uterino fue, sin embargo, demasiado. A su llegada a Alba, seis de la tarde, la madre no puede sino acostarse. Ana de San Bartolomé recoge en su memoria que Teresa se excusa ante sus hermanas porque "se sentía tan quebrantada que a su parecer no tenía un hueso sano".

Vivirá sus últimas semanas en clausura, aún preocupada por lograr una nueva casa para Salamanca y por las apreturas económicas de Ávila, que tiene siempre en su mente. Así se lo hace saber a su última visita en el locutorio, su hermana Juana de Ahumada: "en estando yo un poco mejor nos iremos todos a Ávila, que allá nos hemos de ir a enterrar todos, en aquella mi casa de San José". Sin embargo, ambas hermanas acabarán enterradas en Alba.

Los últimos días los pasa entre oraciones, cariño de las monjas y sangrías inútiles. La noche del 3 de octubre pide la extremaunción, que le unge fray Antonio de Jesús, quien le pregunta de nuevo si su deseo es acudir a Ávila para ser enterrada. La madre, ya olvidada de todo lo de la tierra responde simplemente: "¿y yo tengo que tener casa propia?" –y después– "y aquí, ¿no me darán un poco de tierra?".

Pasa la noche y el día siguiente entre silencios y rezos, agradeciendo morir "hija de la Iglesia". Y prodigios. Quienes estaban en esa celda, asegurarán que su rostro había ido adquiriendo un brillo sobrenatural, "un resplandor de gloria". A las nueve de la noche del 4 de octubre, se apagaba Teresa de Jesús, abrazada fuertemente a un crucifijo. Así es exactamente como la vemos en el lugar que recrea, en la parte izquierda de la iglesia conventual, la celda en la que expiró. Lo que toca imaginar al visitante es un olor dulce y envolvente que, dicen, emanaba el cuerpo de la Santa. Solo uno más de entre los cientos de fenómenos extraordinarios que, según los procesos iniciados después, pasaban a esa misma hora en todos los conventos de Teresa.

A muy pocos metros del Tormes se levanta en Alba un gigante a medio terminar. Es la gran basílica de Santa Teresa, el sueño del obispo Cámara que no pudo concluirse. "Santa Teresa nos pide una basílica", fue el reclamo de su carta pastoral para movilizar a la sociedad en apoyo a un gran edificio neogótico diseñado por Repullés y Vargas.

Las obras comenzaron con gran entusiasmo en 1898. Un proyecto de más de 3.000 metros cuadrados, cuyo presupuesto estaba casi cubierto hasta que la debilidad de los terrenos, tan cercanos al cauce, obligó a invertir la mayor parte de fondos en la cimentación. Eso altera los planes de una obra que ya no se encauza y se abandona en 1933. Se retomará en 2007, ahora con un diseño mucho más sobrio, pero tampoco llega a buen puerto y ese gran barco por terminar se queda varado junto al río.

En medio de estas fechas, en 1977, se coloca la sensacional escultura de Venancio Blanco, una síntesis en sí misma del trabajo del salmantino con planchas de cera y fundición, en la que los huecos de la materia son tan expresivos como su propia forma para narrar la espiritualidad de Teresa.

Es la explanada por la que pasó Juan Pablo II y a la que llegan hoy la mayoría de peregrinos. Buscan el tesoro de Alba, el testimonio material de la mujer de pensamiento inmortal. Su muerte se produce en pleno ajuste gregoriano del calendario, por lo que a la mañana siguiente del día 4 es 15 de octubre. Tras el funeral en San Pedro, se procede a enterrar a toda prisa a la Santa. A cal y canto. Meses después se desatará la guerra entre Ávila y Alba por acoger sus restos. En 1585 se llevan al San José abulense brevemente, hasta que el papa Sixto V decreta su regreso definitivo a la villa el 23 de agosto de 1586. Se colocan en varios emplazamientos de la basílica, hasta llegar al actual, en la parte central del retablo mayor creado tras la llamada "obra real" de 1660.

Hoy es posible acceder al camarín alto, donde se puede contemplar el sepulcro de la Santa, a través del museo Carmus. Abierto en 2014, ha permitido sacar a la luz el inmenso legado devocional y artístico tras siglos de vida del convento. Hay ofrendas a Teresa de Jesús llegadas de todas partes del mundo, incluidos regalos de los reyes de España o de diferentes papas; piezas representativas de la mejor platería de Salamanca; una Dolorosa de busto, entre lo mejor de Pedro de Mena; y destacadas pinturas de Luis de Morales o Palmezzano para una visita imprescindible.

Dice la tradición que Teresa realizó uno de los varios viajes entre Salamanca y Alba a pie. En uno de ellos, una gran tormenta les echó la noche encima y acabaron por perderse, hasta que lograron atisbar en medio de la oscuridad una tenue luz. Al acercarse, vieron a un joven con una antorcha, al lado de un arroyo, que les indicó el camino a Alba. En la Catedral de Salamanca, un cuadro convierte a ese joven en un ángel y en ese lugar, el monte de los Perales, se colocó una fuente con una capillita en honor a la Santa. Todavía hoy muchos que pasan por la carretera CL-510 junto a ella hacen un leve toque de claxon como homenaje.

Es esa luz que se abre camino en medio de la noche, un arrebato que, al margen de los huesos, los tendones, los tejidos que son testimonio del paso de esa mujer por el mundo, grita por dentro ante una figura única de dimensión colosal, cuyo recuerdo tiene en Alba una huella indeleble.

Entre las primeras personas que acudieron a su veneración nada más abrirse la urna, una mujer colombiana. Los medios de comunicación la retrataron llorando, rosario en mano, de rodillas ante la Santa. Era el punto de llegada de un viaje planificado durante meses desde el otro lado del Atlántico. En Colombia, su marido, también gran devoto de la Santa, lucha contra un cáncer. Su esposa sintió como una señal la noticia de la exposición pública de Teresa de Jesús. Mientras los médicos hacen su trabajo, una mujer cruza el mundo por amor, confiando en encontrar en Alba la luz definitiva de la buena noticia.

SEGOVIA
CASTILLO INTERIOR

D a igual las veces que uno lo haya visto, siempre se te van los ojos a lo más alto, a los detalles, entre los arcos, entre los bloques: 21.000 nada menos, puestos a escuadra, tan perfectos que aguantan sin necesidad de mortero. Si no fuera, dicen los expertos, pura ingeniería, costaría creer cómo fue posible semejante acueducto y, sobre todo, cómo es posible hoy. Con Teresa de Jesús a menudo pasa lo mismo. Si no hubiera cientos de páginas escritas, crónicas, procesos de beatificación y canonización, decenas y decenas de testigos, uno podría pensar que todo fue fruto de una imaginación desbordada. Pero no, ocurrió de verdad y ahí están, aún con el paso del tiempo, las huellas que lo acreditan. En Segovia, lugar de su novena fundación, hay un buen puñado de ellas que ofrecen un recorrido sorprendente por una ciudad siempre bella y mágica, suspendida entre sus cerros, fortificada y abierta, como salida, sí, de un sueño.

Como vamos a tiro hecho, ya sabemos que una ventaja de la ciudad es contar con un aparcamiento subterráneo a escasos metros del Acueducto. Salimos por una de sus escaleras en una mañana que amenaza lluvia, pero no

demasiado fría para la fama de inclemente del tiempo segoviano. A unos pocos pasos, ya estoy plantado observando al gigante de granito, que, revestido del gris matinal, parece todavía más imponente, como si se hubiera dado un baño de acero.

No hace mucho que ha sido Santa Bárbara, y la hornacina de la Virgen permanece cubierta por la bandera de los cadetes de la Academia. Son dos mil años, mes arriba o abajo, conviviendo con el coloso y Segovia, de una forma u otra, siempre late a la sombra de su acueducto, por donde se asoman las estaciones, alegrías, penas, quejas, de donde llegan y parten sus pruebas deportivas, donde se concentran algunos de los más célebres asadores o donde, en fin, se reúnen los paseantes y los grupos de turistas.

Por tener, en principio el Acueducto no tiene mucho que ver con Teresa de Jesús, al menos a simple vista. Pero en Segovia se produjeron algunos de los prodigios de los que fueron testigos las monjas que acompañaron a esta mujer única, entre ellos una de sus famosas bilocaciones, esa capacidad de estar en dos sitios al mismo tiempo. Así que uno sueña con quedarse sentado

133

tranquilamente en una terraza del Azoguejo, mientras su otro yo sube a lo alto del gigante para bañarse con la vista y respirar la esencia de la vieja ciudad, sin ocasionar ningún estropicio y sin acabar en el calabozo.

De policías, experiencias místicas y, como siempre, de la imparable determinación de Teresa de Jesús por no dejarse vencer va esta historia segoviana. Y también del Acueducto, porque, además de lo que se ve, cuenta con una importante obra medieval soterrada, un canal de distribución conocido como la madre del agua que conecta directamente con el convento de San José del Carmen, fundado en 1574.

Injustamente ensombrecido por sus más populares iconos –ciudad con tanto que enseñar–, uno de los bienes más relevantes de Segovia es su entramado románico de viviendas como vestigio fósil de su villa medieval. Es el barrio de las Canonjías, un conjunto muy inusual de románico civil que tiene en la puerta de la Claustra (nombre con el que también fue conocido todo el barrio) uno de sus pasos obligados en el pasillo más monumental de la ciudad, entre la catedral, Marqués del Arco, Daoiz, Velarde y el Alcázar.

Las canonjías eran las viviendas de los canónigos catedralicios y un símbolo de su estatus en aquella Segovia, en la que, tras las bellas arquivoltas decoradas de acceso a sus casas, gozaban de inmunidad ante el poder civil y otros muchos privilegios.

Topar con este poder fue uno de los problemas de Teresa de Jesús para fundar en Segovia. Pensó que, por una vez, abrir aquí casa conventual sería fácil, pero tampoco fue el caso. Esta vez, el obispo de la ciudad había dado licencia, verbal, pero faltaba la voz de los canónigos, que bien que estorbaron, al igual que otras órdenes presentes, que no querían más conventos en la ciudad con los que repartirse las limosnas. El dinero es, en el siglo XVI y hoy, una de las fuentes principales de problemas ante una empresa de cualquier tipo. A estas alturas, Teresa de Jesús ya lo había descubierto, pero aquí tuvo que hacer un ejercicio de especial habilidad en el manejo de ese eficaz lubricante de las voluntades.

"Los canónigos no querían más conventos en Segovia, los franciscanos no nos querían cerca, los mercedarios nos quisieron tirar la casa, pero ahí estuvo la madre, contra viento y marea". Nos lo explica la priora de San José en el locutorio. Una pieza pequeña y modesta, pero cuidada, como el resto del convento. Al otro lado del cristal y de la reja, la rodean otras pocas monjas que se han acercado, solícitas, a recibir a la visita.

Falta una parte de la comunidad, que está atendiendo a una hermana que ha recibido la noche previa la extremaunción. Aquí la salud y la enfermedad, la propia muerte, se siguen asumiendo con naturalidad, como en el siglo XVI, cuando se puso en marcha la casa. Se alegran de recibir a alguien llegado de Salamanca, porque en el monasterio segoviano todas saben de memoria las palabras de Teresa en el capítulo 21 de las *Fundaciones*. La madre cuenta cómo tras haber fundado Salamanca y Alba, ha sido nombrada priora de La Encarnación en Ávila, con idea de que permanezca allí. Sin embargo, ante los graves problemas del convento salmantino, se le permite regresar a la ciudad del Tormes para buscar una solución con un alquiler menos gravoso o encontrando casa propia. Y ya en Salamanca, "estando allí un día en oración, me fue dicho de nuestro Señor que fuese a fundar a Segovia".

Así que, aunque la fundación desemboca en infinidad de problemas, todo comienza como la seda. De hecho, Teresa tiene cierta reticencia a retomar la actividad fundadora tras los ocho primeros conventos, ya que intuye que el provincial no desea que siga ampliando su reforma, para lo que la ha nombrado por tres años priora en Ávila, pero "estando pensando esto, díjome el Señor que se lo dijese, que Él lo haría".

Teresa escribe al provincial, trasladando todas las facilidades que le ha ido comunicando por carta Ana de Jimena. Se trata de una rica segoviana, viuda, que deseaba entrar, junto con su hija, María de Bracamonte, en un convento reformado y planteaba crear uno en su ciudad. Ana, que incluso se había entrevistado en Ávila con la madre, ha ido consiguiendo que todas las disposiciones fuesen favorables: "que en Segovia estaba admitido un monasterio de estos, de la ciudad y del obispo", escribe Teresa a Pedro Fernández casi dando por hecho que la contestación sería una negativa tajante. Sin embargo, obtiene la respuesta contraria y hasta se asusta. "Me dio licencia; que yo me espanté harto".

Es el momento de cerrar los detalles con Ana de Jimena, a la que pide que busque una casa de alquiler para fundar el nuevo convento. Teresa ha aprendido de las experiencias de Toledo y Valladolid que es mejor comenzar en una casa alquilada y luego, cuando ya eche a rodar la comunidad, buscar una casa para comprar. Hay varios argumentos, como, por ejemplo, que se podía escoger el lugar de manera más atinada. Pero la causa principal, confiesa la fundadora, es que de entrada "yo no tenía blanca para comprarlas". El dinero, por muy espiritual que sea la empresa, el dinero.

Las líneas con el inicio de esta historia, cuando estando en oración en Salamanca Teresa siente que Dios la envía a fundar a Segovia, pueden leerse hoy en una plaquita negra situada en la calle Marqués del Arco, enfrente de los fieros leones que marcan el territorio del cabildo de la Catedral.

Justo al lado, se arraciman las tiendas de recuerdos: sudaderas, camisetas, llaveros, cerámicas, espadas. En pocos metros es posible encontrar casi de todo, desde una librería bien surtida a un té exótico, pasando por un estudio de tatuajes. A esa hora ha empezado la lluvia a golpear los cristales. Algunos comerciantes, resignados, ponen parte del género a cubierto. Un grupo de orientales saca de la nada paraguas, gorras, chubasqueros, equipados de repente para atravesar el monzón.

Marqués del Arco nos lleva, dejando la catedral a nuestra espalda, a las dos construcciones que sucesivamente acogieron a las descalzas segovianas. La primera, la que mandó alquilar Teresa a Ana de Jimena, es hoy conocida como palacio del Marquesado de Lozoya, sede del Colegio de Arquitectos de Castilla y León.

"Esta bendita señora tomó la casa y de todo lo que vio habíamos menester, así para la iglesia como para nosotras, la proveyó, que para eso tuve poco trabajo", recuerda, agradecida, Teresa. Sin embargo, la Santa también destaca que, aunque al principio todo iba sobre ruedas, la cruz la marcaba su mala salud: "el ir yo allí con harta calentura y hastío y males interiores de sequedad y oscuridad en el alma, grandísima, y males de muchas maneras corporales, que lo recio me duraría tres meses, y medio año que estuve allí siempre fue mala".

Pero nunca sus enfermedades y males físicos fueron freno para su determinación. De Salamanca ha partido, en febrero de 1574, a Alba de Tormes para responder a la petición de consuelo de María Enríquez, duquesa de Alba, cuyo hijo don Fadrique había caído en desgracia de Felipe II por haber preparado su matrimonio sin solicitar permiso real. Teresa actúa como mediadora entre los duques de Alba y el rey a través del obispo de Ávila, Álvaro de Mendoza, a quién Felipe II había encargado una comisión canónica para calibrar la ofensa de don Fadrique.

Estando la madre en Alba, muere en Ávila una de aquellas cuatro primeras descalzas de San José, Úrsula de los Santos, y Teresa de Jesús la contempla subiendo al cielo "con su cuerpo glorificado". La madre no había podido tener noticia del deceso y la visión se produjo a las cuatro horas de la muerte de la monja.

En todo caso, tras ejercer su labor conciliadora, Teresa parte de Alba, en un coche de caballos cedido por la duquesa, con intención de fundar en Segovia, pero antes pasa por Ávila para dejar en La Encarnación un generoso donativo de María Enríquez: mil reales con los que aliviar la tremenda estrechez del convento abulense. De paso, también recoge a fray Juan de la Cruz para que la acompañe en la nueva fundación.

Desde el Azoguejo, una riada de visitantes inicia el ascenso pausado por la calle Cervantes hacia lo imprescindible de la ciudad, hasta la Plaza Mayor y la Catedral, pasando por Juan Bravo y la belleza de la Casa de los Picos o la armoniosa iglesia de San Martín, pero justo hacia el otro lado, dejando a la espalda este pasillo de gala, se eleva la calle de San Francisco, donde el bullicio forastero parece perder fuerza ante la vecindad de siempre. Calle comercial y de mucho tránsito, con presencia habitual de vendedores de la suerte, hoy pueden encontrarse aquí varios alojamientos en un lugar que se antoja inmejorable, tan próximo al Acueducto.

Fue a esta calle adonde llega por primera vez Teresa de Jesús, aquel 18 de marzo. Su séquito lo componen tres monjas, Julián de Ávila, fray Juan de la Cruz y Antonio Gaitán, un viudo albense que desde ese momento participa activamente en todo el recorrido fundacional de la madre.

Aunque viaja con la tranquilidad de saber que todo está preparado y las licencias conseguidas, Teresa decide, por precaución, llegar a Segovia ya caída la noche –"no quise sino entrar la víspera secretamente de noche..."– y aguardar las horas previas al amanecer en el Mesón del Aceite, un establecimiento para forasteros propiedad de un comerciante llamado Antonio de Zamora.

No debía de ser lugar de ningún lujo, y quizá ni siquiera de prestigio, porque una de las cosas que subrayaría una de las monjas, Isabel de Jesús, en el proceso de beatificación era que, al igual que aquella noche que llegaron a Segovia, cuando se hospedaban en fondas y mesones en los viajes, tanto Teresa como sus religiosas "no se desnudaban".

En todo caso, la estancia en el Mesón del Aceite fue muy breve porque la madre manda recado a Ana de Jimena para notificarle que ya están en Segovia, y doña Ana acude rápidamente al mesón, toma de la mano a Teresa y se la lleva a conocer la casa que había preparado para el convento. Toda la comitiva se desplaza con ellas y ya, mismamente de noche, a la luz de un candil, la fundadora recorre el espacio distribuyendo las futuras estancias conventuales, asombrándose de lo bien que había sido todo dispuesto.

Por las aceras estrechas de la hoy calle Marqués del Arco se van sucediendo, cruzándose, mezclándose, como si siguieran una partitura propia, los grupos de turistas, mientras el trasiego del reparto, todavía iniciada la mañana, altera ese ir y venir de una de las calles más transitadas de la ciudad. Entre palacios, templos, casas solariegas y tiendas se disfruta una estampa pintoresca, pese a todo auténtica, que hace, con el Alcázar de fondo, un buen resumen de lo que fue y es la bella Segovia.

De lo que fue, porque siempre hay algunos indicios delatores del pasado, que tanto asoma en pequeños azulejos en las paredes, baldosas discretas en el suelo o fosilizado en el habla de los lugareños. Aquí es el nombre de un restaurante el que nos confirma que estamos en el lugar adecuado: La Almuzara. Así se llamaba la calle cuando se funda San José del Carmen el 19 de marzo de 1574.

Lo hizo en el actual número 5, en una casa que hoy nos depara un recibimiento con el armonioso esgrafiado segoviano, aquí con un patrón de cruz o de flor de cuatro pétalos, y que, pese a su nueva función, conserva de los tiempos de la Santa un patio cuadrangular de columnas graníticas con zapatas sobre las que se apoya el claustro alto. Aquí, con su paz, con su bucólico pozo con brocal, con su tiempo retenido con esa capacidad de los patios de fabricar un silencio denso; aquí, digo, se lio gorda aquella mañana.

"Aquella noche se aderezó, en el portal de una casa que estaba alquilada para ello, un altar muy bien adornado y se entapizaron muy bien las paredes y se puso la campana en una ventana de la casa; al amanecer dije misa y puse el Santísimo Sacramento", dice Julián de Ávila y hasta ahí todo iba como la seda. La gente se agolpaba en la puerta para asistir al inicio del convento, la fama de la madre Teresa ya era más que notoria, y la solemnidad con la que comenzaba el convento llenaba de asombro a la ciudad.

Tras Julián de Ávila dice misa fray Juan de la Cruz y, mientras, pasa por allí Juan de Orozco y Covarrubias, prior del cabildo y sobrino del obispo, que se suma a la expectación general y al ver la enorme devoción de los presentes, solicita también él decir misa en el nuevo espacio. Cuando está celebrando, irrumpe con enorme estruendo de gritos y amenazas Hernando Martínez de Hiniesta, el provisor de la diócesis, máxima autoridad en ausencia del obispo, que se encontraba en el Consejo de Castilla en Madrid. El provisor, nos dicen, llega al convento "más furioso que nunca se vio".

Pide papeles, sellos, cédulas y desde el primer momento queda claro que su objetivo es echar abajo la fundación. Encuentra, satisfecho, que aunque la madre asegure que hay licencia del obispo, no cuenta en realidad con ningún documento firmado que lo acredite.

"Tenía la licencia del Obispo que estaba entonces, cuando lo quiso el lugar, de palabra, que lo dijo a un caballero que lo procuraba por nosotras, llamado Andrés de Jimena, y no se le dio nada tenerla por escrito, ni a mí me pareció que importaba. Y engañéme", reconoce Teresa viendo la que se había montado.

Porque el provisor pone un alguacil para que no entre nadie al convento, destroza la entrañable capilla, arrancando las telas y tirándolas al suelo e incluso pretende llevarse preso a fray Juan de la Cruz –"¡cierto que estoy por enviaros a la cárcel!"– porque cree que ha sido él quien ha oficiado la primera misa, ya que Julián de Ávila, asustado, se ha escondido en el hueco de una escalera.

Será el prior Juan de Orozco y Covarrubias (por cierto, hermano de Sebastián de Covarrubias, autor del célebre *Tesoro de la lengua castellana o española*) quien consiga aplacar en parte al provisor, que, al fin, se entrevista con la madre y se ve apabullado por sus argumentos. Derrotado dialécticamente, se marcha del convento accediendo a que se queden las monjas, aunque sin poder custodiar al Sacramento hasta que no cuenten con casa propia.

"No nos lo pusieron fácil, pero Segovia siempre ha querido mucho a nuestra santa madre", explica en el locutorio, con convicción, la priora. Y es un contraste curioso, viendo las dificultades con los estamentos eclesiásticos, pensar que la corporación municipal sí mostró públicamente su alegría por la llegada de las monjas: "han venido de la orden de las descalzas a fundar y hacer casa en este lugar. De parte de la ciudad será bien irlas a visitar y dar el parabién venidas", levanta acta el concejo el 23 de marzo.

Es llamativo cómo la priora, al igual que otras de las hermanas presentes, introduce constantemente en la conversación a Teresa de Jesús. Alude a ella, a su pensamiento, su vida una y otra vez, siempre que puede. Entrevera con sorprendente familiaridad pequeñas anécdotas domésticas y las más elevadas vivencias místicas de la fundadora. Todo denota que la siguen considerando un miembro más de la casa y no solo porque mantengan su vieja celda con fervor, llena de vestigios históricos y reliquias, sino porque sienten, efectivamente, su presencia constante, cotidiana.

Las monjas conocen su vida y buscan seguir su ejemplo, sus frases decoran de manera sencilla la mayor parte de las estancias conventuales y su pensamiento sobrevuela la casa en los momentos de oración, como la esperada visita diaria del trino de las aves en el barrio viejo segoviano, que al fin y al cabo es la visita de Dios: "porque, así como los pájaros que enseñan a hablar no saben más de lo que les muestran u oyen, y esto repiten muchas veces, soy yo al pie de la letra", dice la Santa en su prólogo de *Las moradas*, obra que se leyó y analizó en Segovia en 1579, en un momento particularmente delicado para la reforma descalza y para la propia Teresa, en el que los censores teológicos buscaron evitar los pasajes que podrían haber supuesto, de nuevo, más dificultades frente a la Inquisición.

Recordemos que eran tiempos en los que las persecuciones a herejes, iluministas y falsos conversos continuaban de plena vigencia. Quizá no con el frenesí por la hoguera que ha trasladado el tópico, pero desde luego sin que fuera una cuestión para tomarse a broma. Mucho menos en Segovia, donde había llegado casi un siglo antes a retirarse y morir, cumplida su labor de inquisidor general, el dominico fray Tomás de Torquemada, de eco siempre siniestro.

Hablamos con las madres en el convento de hoy, en realidad a muy pocos metros del lugar que habitaron las primeras descalzas segovianas, que muy pronto se quedaría pequeño con la llegada, en cinco carros entoldados –a unos se les contó para espantar su curiosidad que se transportaban cenizas, otros viendo los hábitos consideraron que eran presas de la Inquisición–, de las trece monjas que huyeron de noche de Pastrana, escapando de la larga mano de la princesa de Éboli.

Fue el momento de intensificar la búsqueda de una casa propia, más grande, donde acomodar a todas las hermanas y donde poder cumplir al fin la exigencia del provisor para volver a tener en la casa al Sacramento. Meses que Teresa vivirá ya continuamente asediada por los dolores de sus incontables enfermedades y confrontando la ruindad de muchos sectores de la sociedad, que solo hablaban el lenguaje del dinero, con la elevación de numerosas experiencias místicas e inexplicables.

En junio, por San Bernabé, Teresa acude a comulgar y queda inconsciente en la capilla. Las monjas tratan de reanimarla en vano, permanece ausente por un amplio espacio de tiempo. Mientras tanto, a esa misma hora, en Salamanca, una de las monjas, Isabel de los Ángeles, agoniza. Sus compañeras la han dejado sola únicamente para ir a la misa y, al regresar, lo que ya era casi un cadáver ha cambiado la expresión de dolor intenso por paz y hasta alegría.

La priora le pregunta si se encuentra mejor y la hermana Isabel asegura que sabe que "hoy se acabarán estos trabajos y gozaré del bien que deseo".

Poco después, a solas con Ana de Jesús, con la que tenía gran confianza, Isabel de los Ángeles confiesa que acaba de estar en su celda la mismísima Teresa de Jesús y que la ha tranquilizado ante el trance de la muerte: "hija mía, no sea boba ni esté con estos temores, sino muy confiada en lo que hizo su Esposo, que es grande la gloria que Dios le tiene aparejada; y que hoy la gozará".

Isabel de los Ángeles fallece en presencia de la comunidad, exactamente al acabar de rezar el credo en castellano, y según Ana de Jesús "comenzó a cubrirse el cuerpo de tan gran hermosura y resplandor, que se vio claro ser cosa sobrenatural". Desde Salamanca se manda carta a Segovia informando de la muerte a la madre, quien, al recibirla, reconoce que ya lo sabía, pues se le había revelado estando en oración. En ese momento las monjas recuerdan que, según se les cuenta en la carta, el día y hora de la muerte de Isabel de los Ángeles coincide con el largo desfallecimiento de Teresa, pero ella no quiere dar ninguna explicación: "váyanse de ahí; ¡qué cosas inventan!, ¡extrañas son!".

Lo cierto es que la Santa responde a la carta con una serie de indicaciones sobre la organización cotidiana del convento salmantino que no podría saber de no haber estado allí. Cuando un año después, camino de Beas de Segura, Ana de Jesús le insista a la madre si había visto aquel día desde Segovia lo que pasaba en Salamanca, asegura: "me respondió claramente que así había sido".

Con todo, en el convento segoviano acaban por acostumbrarse a los desfallecimientos de Teresa, habituales después de la comunión. Trances que algunas veces suscitan la curiosidad de las novicias, como Ana de la Encarnación, que no duda en clavarle un alfiler en un brazo, sin que la madre notase nada en el momento. Es la misma novicia que testifica en el Proceso de Granada que en una ocasión, pasada la una del mediodía, vio a Teresa arrodillarse y cómo al poco "se levantó del suelo como media vara los pies sin llegar a él, de que me atemoricé mucho, y le temblaba el cuerpo. Y llegándome a dónde estaba, puse las manos debajo de los pies, en los cuales estuve llorando como media hora que duró estar así."

Y entre prodigios, visiones y vida recogida avanza la historia de este convento que empieza a recibir numerosas peticiones de ingreso, lo que intensifica la necesidad de buscar una nueva casa y también permite comenzar a pensar en la fundación de Beas de Segura.

A través del torno, la hermana nos hace llegar la llave por la que se accede a la iglesia desde el pasillo del locutorio, justo a los pies del templo. Se dice que fue el torero Rafael el Gallo quien encontró la forma de definir lo clásico como "aquello que no se puede hacer mejor". En ese sentido, el torno es un ejemplo de lo clásico en la vida conventual. Siglos cumpliendo con eficacia su misión y los que, quizá, tenga por delante. Al que está en el lado mundano, siempre le parece que el torno tiene algo de puerta a otra dimensión y también algo de maquinaria prodigiosa que hace, desde su clásica sencillez, aparecer y desaparecer los objetos. Como el manojo de llaves que ahora las hermanas nos ponen en la mano.

El quejido de esa puerta, ahora que no hay nadie en el interior del templo, ya resuena a otro tiempo. Nada más girar al fin el pomo, la luz que emana del suntuoso retablo barroco hace casi guiñar los ojos. En la hornacina central, el excepcional San José, realizado en 1754 por Salvador Carmona. El resto de tallas, columnas, escudos, blasones, templetes, hacen sentir todo el peso de lo sagrado.

Asombra pensar desde qué pobres comienzos fueron luego alcanzando, las comunidades de descalzas, la manera de ir engalanando las huellas de Teresa. Más, como en este caso, si solo poner en marcha el convento fue toda una gesta. Porque la fundadora lleva meses buscando una casa adecuada para comprar y establecer definitivamente su monasterio: "cuando ya parecía que estaba acabado, comenzaba de nuevo; porque no bastaba darles lo que pedían, que luego había otro inconveniente. Dicho así no parece nada, y el pasarlo fue mucho".

La primera opción había sido unas casas en la calle Real, muy próximas al convento de San Francisco, propiedad de Antonio Sánchez. Pero los franciscanos presentan pleito considerando la cercanía y el daño que les haría en las limosnas. Menos mal que Teresa consigue convencer al vendedor para que deshaga la operación sin reclamar indemnización.

Al fin se decide por una casa "muy buena, junto a la que ahora estamos, que es buen puesto", propiedad de Diego de Porres, con huerto, corrales y agua (la conducción desde el acueducto pasaba por la misma puerta). El problema es que formaba parte del censo del cabildo y para enajenarla pedían una suma exorbitante, tres mil maravedíes: "me traen cansada estos canónigos, que ya estaríamos en casa, si no fuese por estos negros tres mil maravedises", escribe a Juan de Orozco, para que intente mediar.

Pero el censo de la casa era demasiado jugoso para perderlo así como así y están dispuestos a presentar pleito en la corte –"a todas nos han mortificado estos canónigos, Dios los perdone"–, a no ser que se libere con el pago inmediato de 600 ducados (casi 250.000 maravedíes) y el compromiso de llevar el agua a costa de las monjas hasta las canonjías.

Teresa echa cuentas y le cuesta cuadrar. La casa ha costado 4.000 ducados y aún quedaba algo por pagar y encima hacer la enajenación y las traídas del agua. Finalmente, Ana de Jimena moviliza contactos para reunir una parte del dinero, que sumada a la importante dote de dos monjas alcanza al fin para todo "y harto más". Y no se sabe exactamente cuánto, pero sí que fue necesario aún más dinero para cerrar el acuerdo. Después de tres intensas reuniones, los canónigos aún no acababan de conformarse. Hasta que la Santa comprende el idioma que hablan: "en fin, con hartos dineros se vino a acabar aquello.

El día 27 de septiembre de 1574 se produce el traslado y aún quedaba otro sobresalto: los mercedarios acuden a la casa con palancas para tirar la puerta y echar a las monjas. Aducen, igualmente, excesiva cercanía a su comunidad y peligro para sus limosnas. Metida en gastos, la madre opta por lo práctico y alcanza un nuevo acuerdo en idioma universal. "Tuvieron por bien de concertarse con nosotras por dineros", concretamente casi 3.000 maravedíes y 14 gallinas al año.

En fin, la casa fundada, con posibilidad de acoger el Sacramento al ser propia, los pleitos resueltos y en la calle Marqués del Arco el viejo dintel y columnas de la casa de Diego de Porres como testigos eternos de todo lo sufrido.

Aunque el día alterna entre un sol que quiere ser de primavera y algunos chubascos ligeros, rodear la muralla segoviana, alejándose un tanto de las calles por las que hormiguean hacendosos los turistas, es una idea apetecible. Naturaleza y viejos muros jalonan un paseo no demasiado largo hacia la Cueva de Santo Domingo, al lado del Eresma y de una ribera que fue testigo de la inmensa actividad económica con la que floreció la ciudad en los siglos XV y XVI gracias a los paños, la lana y las ruedas hidráulicas que permitieron acuñar moneda con una rapidez y calidad nunca vista.

Antes de eso, santo Domingo de Guzmán había encontrado en la zona un lugar ideal, no por sus bondades, sino por su aislamiento, para vivir un intenso encuentro oracional con Jesús en una cueva junto al río. Sería el germen de una de las grandes fundaciones dominicas –luego desamortizada y actual IE University–, que santa Teresa quiso visitar antes de viajar de regreso a Ávila.

La cueva será testigo del último prodigio de la mística en tierras segovianas, ya que, postrada largo tiempo en oración al llegar, Teresa reconoció a su confesor, el padre Yanguas, que había tenido una visión en la que primero santo Domingo le prometió favorecer mucho su reforma descalza y luego, cuando iba a comulgar, sintió que mientras el santo permanecía a su izquierda, a su derecha se encontraba Jesús.

Hay en esta cueva dos representaciones de Domingo de Guzmán. La más antigua, del siglo XV, atribuida a Sebastián de Almonacid, sería la "imagen de bulto" ante la que oró Teresa, asegurando después a su confesor que la talla era "el verdadero retrato de santo Domingo".

"Fue nuestro Señor servido que se acabó todo tan bien, que no quedó ninguna contienda", concluye Teresa el capítulo dedicado a Segovia en sus *Fundaciones*. Con ella regresa a Ávila fray Juan de la Cruz, pero el místico tendría su nombre unido para la eternidad a la ciudad. Aquí volvería los últimos años de su vida, entre junio de 1588 y junio de 1591 para ser prior del monasterio carmelita que él mismo había puesto en marcha al lograr que Ana de Peñalosa comprara para ello un antiguo convento trinitario.

Fueron años de intensas tribulaciones en los que la reforma de Teresa estuvo muchas veces en peligro y la lealtad de los descalzos a su memoria fue puesta duramente a prueba, como testimonia la propia vida de Juan de Yepes. De Segovia saldría apenas seis meses antes de morir, desprovisto de todo cargo en la orden, con la misión, con mucho de castigo que nunca pudo cumplir, de llegar a México como visitador.

En el largo camino recala en Úbeda, donde sus últimas seis semanas discurren entre el insoportable dolor de sus males, el desprecio del prior y la persecución desatada contra él por presunto iluminista.

Recién comenzado el 14 de diciembre fallece, asegurando a su comunidad "hoy estaré en el cielo diciendo maitines". Empieza también la batalla por acoger sus restos entre la ciudad andaluza y Segovia, donde llegan finalmente en el año 1593.

Separado solo por una carretera de la intrigante iglesia de la Veracruz, los pasos que se dirigen hacia el convento descalzo caminan junto al tráfico por una senda verde y una vista de belleza resplandeciente. Ir al encuentro de san Juan de la Cruz requiere ascender los escalones de piedra que simbolizan la subida al Monte Carmelo. Entro en las naves que en ese momento están completamente vacías, me parece. Su silencio queda preservado algo lejos de la ruta más habitual para los visitantes, así que se disfruta ese eco de los pasos como un modo de comunicarse con los que habitaron las estancias hace siglos.

En la iglesia sencilla se encuentra, en una capilla del lado izquierdo, el Cristo portando una cruz ante el que el santo vivió el llamado milagro de Segovia: "estando un día en oración delante de él, me dijo: fray Juan, pídeme lo que quisieres, que yo te lo concederé. Yo le dije: Señor, lo que quiero que me deis es trabajos que padecer por Vos y que sea yo menospreciado y tenido en poco. Dijo Jesús: dichosos cuando os insulten y os persigan por mi causa". Quizá aquel maltrecho fraile fuera el más bienaventurado del mundo.

Unos pasos más adelante, también a la izquierda de la nave, se abre la capilla funeraria. Al tiempo que leo en el suelo un letrero que informa de que un pequeño espacio abierto en el enlosado fue el primitivo sepulcro del santo, descubro que no estoy solo. Una mujer reza concentrada intensamente ante la urna elevada, como llevan haciendo siglos gentes venidas de todos los rincones del mundo. Me esforcé aún más en salir despacio, sin hacer ningún ruido, dejando al silencio ser más expresivo que cualquier palabra.

Pero ¿cómo llegaron hasta aquí los restos de fray Juan? La versión más extendida es que, tras reclamarlos desde el primer momento, los Peñalosa segovianos optaron finalmente por sacarlos de manera clandestina una noche de su tumba en Úbeda. De hecho, se sospecha que hay una crónica de ese traslado escondida, es un decir, en el libro más famoso escrito en castellano. Sí, en el *Quijote*. En el capítulo XIX, Cervantes nos pone en escena: "la noche escura, el escudero hambriento y el amo con gana de comer, vieron que por el mesmo camino que iban venían hacia ellos gran multitud de lumbres, que no parecían sino estrellas que se movían".

Veintiséis jinetes a caballo, unos con hábito blanco y antorchas y otros de luto, custodiando un féretro a los que el caballero exige saber quién son y adónde van. Ante su respuesta negativa, don Alonso arremete contra ellos, que bien se ve que no son gente de armas y escapan como pueden. Alonso López queda atrás, con la pierna rota y don Quijote le arranca esta información: "vengo de la ciudad de Baeza con otros once sacerdotes, que son los que huyeron con las hachas; vamos a la ciudad de Segovia acompañando un cuerpo muerto que va en aquella litera, que es de un caballero que murió en Baeza, donde fue depositado, y ahora, como digo, llevábamos sus huesos a su sepultura, que está en Segovia, de donde es natural".

Apenas había pasado una década desde el traslado de los restos de Juan de la Cruz cuando se publica *El ingenioso hidalgo don Quijote de la Mancha* y las casualidades parecen demasiadas.

E s una forma, seguramente insospechada, de dejar huella. Como cuando, en el torno, al despedirnos de las hermanas nos piden que cerremos la puerta al salir, que nunca se sabe. "Es que se nos han llevado varias veces el felpudo", afirma la priora. Mirando sus caras serenas, que traslucen una vida de riqueza interior, de defensa contra viento y marea de un legado único, el de la Santa que tan cotidianamente sienten a su lado, uno piensa que coger el felpudo es una tentación –censurable, pero humana– para llevarse a casa las huellas de Teresa.

BEAS DE SEGURA
DELEITOSA Y DE BUEN TEMPLE

Las campanas llevaban un rato llamando, atrayendo desde todos los rincones a los vecinos. Es un lunes de febrero, pero se viste de fiesta. Quien más, quien menos tiene que coger aire antes de remontar la cuesta de Santa Isabel. Una de esas calles empinadas típicas de las poblaciones que se derraman desde un alto hasta los valles, desde las viejas fortalezas medievales hasta las vegas fértiles que garantizaban el alimento, dejando en el recorrido un laberinto de muros blancos.

Por la pendiente suben con idéntica determinación ágiles jóvenes y mayores que empujan los pasitos cortos del brazo de un acompañante o con la ayuda de un bastón. Casi todos saludan a este forastero, que observa desde el atrio junto al convento y que a esas alturas ha perdido ya toda esperanza de pasar desapercibido.

"Esta cuesta..." comenta alguna de las mujeres de más edad, "y encima con lo mío". "Bueno, por Teresa lo que sea", responde otra que se ha parado a recuperar resuello antes de afrontar los pocos escalones que aún la separan de la misa de aniversario de la fundación del Monasterio de San José del Salvador.

Un poco más justo de tiempo llega un matrimonio al reclamo de los ta-ñidos. Ellos se apoyan el uno en el otro, como da la impresión de que hayan hecho toda la vida. Y así suben la pequeña escalera, de la mano, cada uno hacia uno de los portillos de acceso. El inevitable postigo que parte el portón se cruza en su camino. Solo en ese momento, como para entrar al cielo, se separan las manos. Un instante después se vuelven a enlazar, como si no concibieran la eternidad el uno sin el otro.

Solo ha sido un pequeño sacrificio más por ella, esa mujer que en 1575 dejó para siempre su nombre unido al de la villa. Apenas tres meses de estan-cia en ese rincón de Jaén y en Beas de Segura uno diría que Teresa nunca se fue de aquí.

Hemos hecho en coche el camino inverso del que recorrieron las cartas que empezaron a llegarle a Teresa de Jesús cuando estaba en Salamanca, año 1573, para apremiarla a que acudiera a Beas para fundar uno de sus nuevos conventos. Una noble de la villa, Catalina de Godínez, estaba removiendo cielo y tierra para contar con un convento descalzo en el que pudiera profesar ella misma. La petición de la señora estaba avalada por otros notables de Beas, el párroco incluido, y esas cartas habían viajado, con la incertidumbre propia de los tiempos, más de 500 kilómetros a través de complicados caminos y postas para llegar a San José de Salamanca, donde Teresa había regresado a intentar asentar en vano un convento que estuvo siempre marcado por dificultades de todo tipo: "después han sido tantos los trabajos y contradicciones que se han pasado que aún no está acabado del todo de allanar, con haber algunos años que está fundado cuando esto escribo, y así creo se sirve Dios en él mucho, pues el demonio no le puede sufrir".

Hoy la ruta es, si se quiere, por autovía en su mayor parte, atravesando Castilla y León, Madrid y sus extrarradios y las infinitas llanuras de Castilla-La Mancha hasta el límite con Andalucía, momento en el que la vista comienza a perderse entre horizontes de olivos. Medio millar de kilómetros en los que cabe una diversidad de paisajes, acentos y costumbres y también de fundaciones teresianas que van quedando no muy lejos del radar del navegador.

En el salpicadero, los cuadernos de apuntes y los libros que van anticipando cada parada. Villanueva de los Infantes, antes de abandonar Ciudad Real, es un buen lugar para hacer un alto. Esplendor barroco de iglesias y palacios, fondas de migas y buen vino y lugar donde la memoria de Quevedo asalta, pendenciera, en cada esquina.

Escritor genial y lenguaraz que fue, dicen aquí, capaz de regresar de la tumba para vengarse del robo de sus codiciadas espuelas de oro con las que celebró ser nombrado caballero de Santiago. Esa ansiada cruz roja en el pecho quizá fuera lo que lo llevó a arremeter con dureza contra la concesión a santa Teresa de Jesús de la dignidad, compartida con el apóstol, de patrona de España. Un periodo breve en la primera mitad del siglo XVII, pero que encendió las iras del señor de la Torre de Juan de Abad una vez que Urbano VIII autorizara el copatronazgo en 1627 atendiendo una petición real. Quevedo, de afamada cólera, levanta airado su pluma contra Felipe IV y le advierte de que debe vasallaje a Santiago, ya que este fue quién le dio su reino en Clavijo y "delito es en la guerra volverse el alférez contra el capitán, por lo tanto, ¿cómo cabrá en vos esta culpa, que por la gracia de Dios y por el patrocinio de Santiago es vuestra majestad el mayor y el mejor rey del mundo?".

Por estas y otras palabras semejantes en una auténtica guerra santa entre las dos facciones, anuló el Papa el nombramiento en 1630. Aunque se salió con la suya, nos encontramos a Quevedo retador, seguramente porque la filípica le valió seis meses de destierro, rezongando –anteojos, luto de hierro y cruz de Santiago bien visible sobre el pecho– a la puerta de una taberna. Le dejamos pagado un cuartillo de vino, bien bautizado, por favor, que a cierta edad no convienen excesos. Para que brinde por Teresa.

Mientras nos dirigimos, paradójicamente, a tierras de la vieja Encomienda de Santiago, atrás quedan por la carretera las disputas por el patronazgo de España o cuál es exactamente el lugar de la Mancha del que Cervantes no quiso acordarse. La literatura tiene estas cosas y a veces las palabras de elogio dichas una vez en letra impresa se convierten en la mejor carta de presentación y el mejor reclamo. Beas de Segura recuerda orgullosa que cuando Teresa de Jesús recibió aquellas cartas de Catalina y trató de reunir la información que buenamente pudo sobre la villa, las noticias que le llegaron fueron que "es muy deleitosa y de buen temple".

Esa frase inicia el himno Nunca soñara, escrito por González-Chaves, que suena en las grandes solemnidades en el interior de la iglesia de las madres y que muchos beatenses se saben de memoria, como la propia historia de la fundación del convento. De eso tiene mucha culpa la asociación cultural Desatino, institución creada en 2015 para revitalizar a través del teatro muchos pasajes de la historia jienense y que tiene en repertorio algunas obras dedicadas a Teresa de Jesús y en especial ha puesto en escena en varias ocasiones las vicisitudes que marcaron la fundación de Beas en la que, al fin, Catalina de Godínez pudo ver cumplido (literalmente, como ahora veremos) su sueño de formar parte de una comunidad de carmelitas descalzas.

José Miguel Fernández Cuadros revisa ante el espejo su atuendo como padre Gracián. Es el director de una asociación de teatro aficionado que supone un enorme revulsivo para la vida cultural de la comarca y que era imposible que viviera al margen de Teresa de Jesús. "Tres meses con nosotros y nos dejó marcados para siempre, no solo por la presencia de la propia madre para hacer la fundación, también por Ana de Jesús, a la que se le tiene aquí un inmenso cariño; además, la llegada de las monjas propició que unos años después viniera a Beas san Juan de la Cruz", explica Carlos Serra, uno de los trabajadores municipales que ultima entre las bambalinas del Centro Cultural del Monasterio de Santa Clara los preparativos para la escenificación de *450 años*, la obra que va a recorrer los principales hitos de la fundación teresiana.

Y en esta obra, y en esta historia, hay que volver a Catalina de Godínez, porque solo su empeño, entreverado de no pocos saltos al vacío y apuestas arriesgadas es, en último término, la gran explicación de que hoy el nombre de Beas esté unido al de Teresa.

Catalina era la mayor de las dos hijas de Sancho Rodríguez de Sandoval y de Catalina Godínez. La narración de la propia Teresa de Jesús en sus Fundaciones permite reconstruir la vida de la joven. Nos cuenta que hasta los 14 años vivía rodeada de cierta soberbia y le parecía que todos los posibles prometidos que su padre le proponía eran insuficientes para su dignidad y belleza. Tanto es así, que la propia Santa se asombra en su relato de que, por entonces, Catalina no se conforma con desposarse con cualquier hidalgo, sino que se considera con altura como para comenzar su propio linaje. Algo que hoy puede parecer una simple vanidad, pero que es necesario leer con ojos del siglo XVI, sociedad absolutamente patriarcal en la que solo en casos excepcionales esa posibilidad partía de una mujer. Tal vez, por eso, Teresa refiere que Catalina "no era inclinada a casarse, que le parecía cosa baja estar sujeta a nadie".

Pero a los 14 años todo cambia. Por algún motivo, Catalina repara en un crucifijo que hay en su cámara y, de repente, "como si en una pieza oscura entrara el sol", reflexiona sobre el tormento de Jesús, asumido, pese a su condición de rey de reyes que se plasma sobre la cruz, con gran humildad. Así se obra una profunda transformación en la que la joven abandona repentinamente su jactancia y promete solemnemente castidad y pobreza, deseando sufrir en nombre de Dios las penas de todos los mártires que habían sido.

Además de los posibles pretendientes de una más que acomodada heredera de los Sandoval Godínez, alguien más sale perdiendo con este repentino cambio. Teresa de Jesús lo cuenta así: "estando en esto, vino un ruido tan grande encima en la pieza, que parecía toda se venía abajo. Pareció que por un rincón bajaba todo aquel ruido adonde ella estaba, y oyó unos grandes bramidos que duraron algún espacio". Todo ocurre a primera hora de la mañana y el padre de Catalina, don Sancho, aún no se ha levantado. Ante ese estruendo lo hace a toda prisa, se tapa con lo primero que pilla en su alcoba y prende apresuradamente la espada, dispuesto a defender la vida de los suyos y su ultrajado caserón. Irrumpe en la habitación de la hija dando estocadas al aire y temblando, pero allí solo está Catalina que le explica lo ocurrido.

Teresa de Jesús cita 73 veces al demonio en sus *Fundaciones*, varias en el capítulo de Beas de Segura. La madre no tiene duda de qué diablos, nunca mejor dicho, fue ese ruido: "bien se da a entender de aquí lo que el demonio debe sentir cuando ve perder un alma de su poder que él tiene ya por ganada. Como es tan enemigo de nuestro bien, no me espanto que viendo hacer al piadoso Señor tantas mercedes juntas, se espantase él e hiciese tan gran muestra de su sentimiento; en especial, que entendería que con la riqueza que quedaba en aquella alma había de quedar él sin algunas otras que tenía por suyas".

La vieja casona de los Sandoval, hoy oficina municipal de Turismo, se asoma a un cortante desnivel en el que la calle Almenas serpentea hacia lo alto del cerro y, de frente, baja en un bello encajonamiento la calle Isaac Peral. Por ese adoquinado entre muros blancos se fue corriendo el mismísimo Satanás, dicen en la villa, hasta acabar en el cauce del río de Beas, imaginamos, y desde allí escapar por donde pudiera cuando sintió que se le escurría entre los dedos el alma de Catalina, para la que al parecer tenía grandes planes. Pocas veces vemos enfadarse así al demonio, al fin y al cabo, tan acostumbrado a perder como a ganar en una partida de ajedrez de siglos.

Tampoco es que la historia de la fundación de San José del Salvador de Beas fuera precisamente un camino de rosas a partir de ese momento. Ni tampoco la de Catalina, que pidió a sus padres insistentemente profesar como religiosa, pero nunca se lo consintieron. Y eso que la joven no cejó en su empeño de rezar y humillarse. Teresa nos cuenta que en un momento dado decide cambiar sus ropas por un hábito rudo y va a misa con él para que el pueblo la vea y la decisión no pueda tener marcha atrás. Se moja la cara y se expone al sol para que se le avejente la piel y se espanten así los pretendientes. Además, se penaliza sin dormir, dedicando las noches a orar. Otras veces, espera a que la servidumbre de la casa se duerma y entra en sus habitaciones para besar los pies a esas mujeres. También una cuaresma hizo penitencia colocándose directamente sobre la piel la cota de malla de su padre. "Las disciplinas eran muchas, porque no tenía quién la gobernase", resume Teresa, en general poco amiga de esos excesos.

Derivadas de ellos o no, lo cierto es que a Catalina le empieza a fallar la salud con "grandísimas enfermedades y muy penosas", entre ellas un tumor en el pecho que le extirpan, además de fiebres continuas. No obstante, la joven cuenta al fin con una aliada, su hermana María, quien, aunque en un principio también es inclinada al lujo y las galas, poco después decide abandonar esa senda y portar el mismo hábito que su hermana y empezar a realizar junto a ella distintas obras de caridad, como enseñar a leer a las niñas humildes de la villa.

Las enfermedades y el rechazo frontal paterno acaban por poner fin a esas ayudas, pero la idea de las dos hermanas de dedicarse por completo a Dios no solo no decae, sino que renace con fuerza una vez que sus padres fallecen: primero su padre y luego su madre en un espacio de cinco años.

Una determinación férrea que, luego sabremos, nace de un sueño ciertamente profético que la propia Catalina contaría a Teresa de Jesús tras la fundación en Beas. La joven se había acostado una noche con la petición de encontrar la orden más perfecta para profesar como monja. En sueños se ve en un camino muy estrecho y peligroso, rodeado de grandes barrancos, hasta que le sale al paso un fraile descalzo que le dice que vaya con él y la lleva a un lugar donde se encuentran numerosas monjas con los rostros cubiertos por un velo y portando velas encendidas. Catalina les pregunta de qué orden son y "todas callaron y alzaron los velos y los rostros alegres y riendo", relata Teresa. Hasta que la priora le presenta unas constituciones y regla y le dice "hija, para aquí os quiero yo". Con el tiempo, resultará que esas monjas sonrientes que alzaron el velo serán sus compañeras en San José del Salvador, que en ese fraile descalzo reconocerá a fray Juan de la Miseria y que en esa regla religiosa leerá la reforma descalza de Teresa de Jesús, aun cuando en el momento del sueño, año 1559, no estaba aún formulada.

El sol de febrero es ya intenso en la sierra. He salido después de comer al balcón de la habitación del hotel que da a la cascada de Valparaíso y, tras ella, los célebres mares de olivos. No me he traído protección para el sol –quién iba a dar si cuando salimos de Salamanca todo estaba cubierto de nubes–, y lucho por no dejarme hipnotizar por el paisaje, no tenga mañana que lamentar alguna quemadura. Siguen con su rumor las copas verdes simétricas, ordenadas, cartesianas sobreponiéndose al ruido del agua.

La bendición del agua. "Aguas, aires, ardores", escribe san Juan de la Cruz en su *Cántico espiritual* y aquí se tiene por cierto que esos versos surgen de sus caminatas por la Sierra de Segura desde El Calvario hasta el convento de las madres carmelitas. La fuerza de la fe y de la lealtad.

También la fuerza de la naturaleza que irrumpe por los valles, aunque no siempre con buenas noticias. Teresa de Jesús fue un torrente que se llevó por delante barreras, prohibiciones e injusticias en aquella España timorata, que multiplicó su fuerza gracias a otros torrentes que afluyeron a ella, como Catalina de Godínez. Pero en Beas, que celebran la irrupción de ese vendaval en sus vidas, también tienen bien aprendido que la naturaleza sabe igualmente ser cruel en sus prodigios.

Es el agua la que ilumina palabras y versos, la que pone el sonido de fondo al devenir tranquilo de la villa, pero también la responsable de alguna de sus peores tragedias. 1858, 1926 o 1955 son fechas en las que el río que atraviesa su caserío se desmandó, causando graves destrozos y pérdidas y también en el último caso cobrándose vidas.

Por eso la plaza principal de Beas tiene memoria permanente de aquella fecha en un monumento del jienense Constantino Unghuetti, que también es el recuerdo a la construcción del sistema de canales y desvíos de cascadas perimetrales que se ejecutó a partir de esas fechas y que ha llevado mayor tranquilidad ante las tormentas y crecidas, aunque también desde entonces alguna vez se haya visto superada su capacidad, como en los aluviones de 2018.

Hoy se anuncia lluvia para el día siguiente, pero todo está tranquilo mientras apuramos un café justo al lado del cauce, cuando la tarde ya empieza a caer, y regresamos por uno de los pontones que cruzan sobre el río de Beas a la otra orilla para ascender por la empinada cuesta de las Monjas hasta el centro cultural de Santa Clara, donde habíamos dejado al Desatino desgranando las peripecias de la fundación teresiana.

Y ahí prosiguen Catalina y María en su empeño de profesar en un convento y seguir su vocación. La primera opción es irse de Beas a otro lugar

cercano donde estuviera ya establecida alguna orden religiosa. Pero ellas quieren entrar en un lugar con alto rigor de clausura y deciden la conveniencia de fundar uno y que sea bajo la regla descalza. Aquí es cuando comienzan las misivas ofreciendo su casa y rentas para el convento a Teresa de Jesús, que responde al fin que, ya que está todo tan allanado para poner en marcha la nueva casa, acepta ir a fundar, siempre que sea doña Catalina quien se encargue del asunto más espinoso: obtener la licencia del Consejo de Órdenes, al ser Beas zona de la Encomienda de Santiago.

"Fue tan dificultoso de alcanzar, que pasaron cuatro años, adonde pasaron hartos trabajos y gastos; y hasta que se dio una petición, suplicándolo al mismo Rey, ninguna cosa les había aprovechado", describe la Santa en su relato, que recuerda, por otra parte, que la salud de Catalina era un obstáculo igual de insalvable para que pudiera llegarse a buen término.

Tan mala salud, que sabemos que llevó a recibir en dos ocasiones la extremaunción –una de ellas con la opinión del médico de que por mucho que se corriera moriría antes de que llegaran los óleos ante su estado crítico– y que fue sangrada más de quinientas veces. A su mal hay que sumar el escaso avance de la medicina del momento que tenía remedios tan dudosos como echar sal a la cicatriz del tumor extirpado del pecho.

Pero llegó la sanación. Catalina se marca un plazo: si en un mes recupera su salud, entiende que es voluntad de Dios la fundación y ella misma irá a Madrid a pelear con el Consejo de Órdenes la licencia. Lo dijo cuando llevaba más de medio año sin poderse levantar de la cama, pero el cambio fue drástico y un día sintió un gran temblor, que pensó que sería su estertor final y, sin embargo, fue la señal para recuperarse de súbito.

En la cama, Catalina ha pedido tener cerca un lienzo que representa un Descendimiento para rezar. Ha notado que de la tela parecen emanar gotas de agua, como de sudor, de la imagen de Jesús. "Diéronmela a mí en las manos y dióme un temblor muy grande en todos los miembros y angustias que pensaba que iba acabando, y bañándome en aquel sudor sentí grande alivio en todo el cuerpo y como que se me quitaba todo el mal, como quien se quita una vestidura, y en aquel punto me sentí tan sana como si nunca hubiera tenido mal".

Tras ello, sonó nítida una voz en su cabeza: "levántate, que ya estás buena, y ve a sacar la licencia, que certísimamente la sacarás". Y marchó a Madrid a los pocos días, un viaje de ocho jornadas, donde es recibida con respeto por la buena relación de su familia con algunos de los linajes más poderosos, pero con palabras poco alentadoras. Francisco Hurtado de Mendoza y Fajardo, virrey de Navarra y comendador de Beas en la orden de Santiago le sugiere que, si quiere ingresar como religiosa, lo haga en un monasterio de beatas franciscanas que había en el lugar –algo que Catalina no deseaba, aunque allí vivía una tía suya, porque buscaba un modo de vida más estricto– o en todo caso que funde uno de comendadoras de Santiago. La contestación nos da una muestra del carácter de aquella mujer: "le respondí que yo no había ido a Madrid por consejo, sino por licencia", ante lo que don Francisco, desarmado, se comprometió a "hacer lo que pudiese".

Pero en tres meses las gestiones no avanzan, hasta que Catalina escribe a la madre, por aquel entonces en Segovia, contando cómo están las cosas. Teresa escribe a su vez a Felipe II pidiéndole esa licencia para Beas de Segura de manera muy discreta: "unos favores en ciertas cosas que dirá el licenciado Juan de Padilla, a quien me remito". Y su enviado a la Corte tuvo gran éxito, porque Teresa narra que cuando el rey supo que la fundación para la que se le pedía licencia "era de descalzas del Carmen, mandóla luego dar". Lo que parecía una locura imposible se agiliza de pronto. El 11 de junio se envía la carta de

Teresa y el 19 de ese mismo mes de 1574 ya está concedido el beneplácito. No siempre las cosas de palacio van tan despacio.

Así que Teresa de Jesús se pone en camino, aunque aprovecha el viaje para recorrer algunos de sus conventos. De Segovia parte a Valladolid y Medina hasta Ávila y de Ávila a Toledo y Malagón, donde toma rumbo definitivo a Beas de Segura, verosímilmente a través de Daimiel, Manzanares y La Membrilla.

Van once monjas, incluyendo a la madre y a una joven postulante, en cuatro carros. Con ellas viajan varios frailes y clérigos y los propios arrieros. Un viaje complicado por el estado de salud de Teresa, por las malas condiciones de las ventas y del propio camino, pero que tiene en el paso del Guadalimar su momento más delicado.

De Torre de Juan de Abad, según el relato de Ana de Jesús, habían salido con varios hombres y animales de refuerzo, con el fin de pasar el río por un vado en el que sería necesario que las monjas bajaran de los carros y cruzaran sobre las mulas. Sin embargo, después de haber estado a punto de despeñarse buscando un paso, se encuentran ante el río, crecido, y cuando estudian cómo cruzar los animales cobran tal brío que parece que vuelan y "en llegando a él nos hallamos en la otra parte, sin haber tenido lugar de salir de los carros ni podernos menear".

Hoy ese lugar es recordado como uno de los puntos teresianos en Beas y justifica un bonito recorrido hasta el llamado puente mocho, hasta donde más o menos salieron a recibir los notables de la villa a la comitiva de la madre, asombrándose de lo livianamente que superaron el trance.

Sabemos que esa anécdota engrandece aún más el carisma de Teresa en la villa (y eso que nadie sabe que acaba de reconocer en el trayecto a Ana de Jesús que desde Segovia fue capaz de ver, al menos, lo que pasaba en Salamanca durante la muerte de Isabel de los Ángeles) y cuenta la propia madre cómo las monjas fueron recibidas "con gran solemnidad y alegría y procesión. En lo general fue grande el contento; hasta los niños mostraban ser obra de que se servía nuestro Señor", a lo que Julián de Ávila, que viajaba en la comitiva, añade que "el aplauso y contentamiento que tuvieron todos en general era gran prueba de lo que placía a Dios este monasterio. No debió quedar persona chica ni grande que no saliese con gran regocijo".

Más todavía cuando muchos de ellos fueron testigos de otro prodigio, Catalina sale a recibir a las hermanas y aunque todas van cubiertas por velo, identifica el carro en el que viaja la madre Teresa y se postra a sus pies, aunque con ella iban otras tres hermanas. Luego se sabrá que al resto de monjas las llama por su nombre sin conocerlas previamente y, una vez que dentro del convento se levantan los velos, identifica a Ana de Jesús como la priora que le había entregado la regla en su sueño profético: "vuestra reverencia es a quien nuestro Señor me ha dado por priora", algo que en ese momento aún no era oficialmente.

Cuatro siglos y medio después de aquel día de San Matías, llamamos al torno del convento antes de que el bullicio de las celebraciones, la afluencia de muchos vecinos de Beas, llenen por completo la iglesia conventual. Atiende la hermana María Teresa, que nos deja la llave para que podamos subir al relicario, una de las joyas de la comunidad. Ese día un virus tiene indispuestas a la mayoría de las hermanas, pero en la voz solo se transmite esa alegría, a menudo incomprensible para los demás, de quien tiene el lujo de vivir como ha elegido.

El relicario es una pieza no muy grande donde se atesoran testigos de la vida de las carmelitas durante este tiempo y algunos objetos particularmente simbólicos, como la llave de la primera puerta del convento, la campanilla con la que se llamaba a la oración en tiempos de Teresa y, particularmente, la toca blanca que como novicia colocó la propia Teresa de Jesús a María de Sandoval, la hermana de Catalina, cuando ambas tomaron los hábitos ese mismo primer día en San José del Salvador.

Un detalle que subraya emotivamente la representación de *450 años*, que además abunda en otro símbolo que también está en cierto modo presente en el relicario. Teresa nombra priora a Ana de Jesús, venida con tal motivo desde Salamanca, y cuando la fundadora se marcha de Beas camino de Sevilla, intercambia con ella su capa blanca. Esa capa acompañará a la "capitana de las prioras" de Teresa toda su vida en un largo periplo vital que incluye relevantes fundaciones y la extensión de la orden por Francia y Bélgica. Cuando fallezca en 1621 en Bruselas, muy lejos de su Medina del Campo natal, Ana de Jesús lo hará envuelta en la capa blanca de la madre y así aparece en un lienzo barroco que hoy puede visitarse en el relicario de San José del Salvador.

Ana de Jesús es una figura clave de la reforma teresiana que tiene por derecho un hueco en el corazón de los vecinos de Beas. Venerada como beata (declarada por el papa Francisco en 2024) en un altar lateral de la iglesia conventual carmelita, es un punto de interconexión clave entre santa Teresa, san Juan de la Cruz y el padre Gracián.

Jerónimo Gracián es, en 1575, visitador carmelita en Andalucía y al tener noticia de la nueva fundación acude a Beas a conocer a Teresa de Jesús, a quién hasta entonces solo había tratado por carta. Se desata una complicidad inmediata entre ambos –que puede resultar sorprendente si se tiene en cuenta que ella entonces contaba 60 años y el padre con apenas 28–, que Teresa resume: "por ninguna cosa quisiera dejar de haberlo visto y tratado tanto".

De hecho, ambos acuerdan actuar con conformidad mutua en el futuro, pero Teresa de Jesús va más allá cuando cierto día durante una comida en el convento de Beas tiene una visión en la que Jesús toma las manos de Gracián y las suyas y las junta, "y díjome que éste quería tomase en su lugar toda mi vida, y que entrambos nos conformásemos en todo". A partir de ese momento, la madre jura a Gracián voto de obediencia.

Tras la marcha de Teresa de Beas, Ana de Jesús tendrá que afrontar algunos problemas de la nueva comunidad, entre los que se encuentra la falta de confesores. La nueva priora se mueve rápido y convence a la comunidad carmelita que se encontraba en La Peñuela, a casi 30 kilómetros, para que se trasladen a una finca, conocida desde entonces como El Calvario, a apenas 5 kilómetros y cuya compra ventajosa gestiona ella misma.

Esa comunidad será el destino de fray Juan de la Cruz cuando logra escapar de Toledo, muy lastimado y no precisamente de amor. Medio muerto de hambre y de graves torturas físicas llegó a El Calvario, de donde fue nombrado prior; y aunque era capaz de cubrir a pie la distancia a Beas, su aspecto era aquellos días muy penoso, como recuerda la entonces joven monja Francisca de la Madre de Dios: "era como un muerto, no más del pellejo sobre los huesos, y tan enajenado de sí y tan acabado, que casi no podía hablar".

La priora pide en una ocasión a esta hermana y a Lucía de San José que canten en honor del fraile en el locutorio unas coplas espirituales sobre los dolores físicos como camino a Dios. Entonces, fray Juan entró en una especie de trance y llorando les pidió a las hermanas que pararan y las hermanas supieron que sus lágrimas eran de pura pena, porque habiendo sufrido tanto, no había sufrido aún todavía más por Dios.

De Beas sale al año siguiente para fundar en Baeza y entonces, y también en su etapa en Granada, Juan de la Cruz sigue acudiendo a confesar a las hermanas. La Sierra de Segura se vuelve un lugar habitual para el místico, que también acude con frecuencia a Caravaca. Al menos una docena de veces haría en un sentido o en otro ese camino entre ambas poblaciones, hoy una interesante ruta entre desfiladeros y gargantas:

"do mana el agua pura;
entremos más adentro en la espesura".

Las estatuas de Teresa de Jesús y Juan de la Cruz contemplan la vida de Beas de Segura una al lado de la otra en el atrio del convento. Allí ven las idas y venidas de los vecinos. Ella, con su birrete de doctora y su libro abierto, él abrazado a la cruz, componiendo una de las estampas teresianas más típicas en un lugar en el que suelen estar siempre presentes, ya sea inmortalizados en piedra o dando nombre a sendas cooperativas olivareras.

"¡Ha hecho usted bajar a los santos de lo bien que ha predicado!", felicita una vecina, al pie de las esculturas, a uno de los padres carmelitas que ha participado en las celebraciones del aniversario y aunque me hace gracia –porque en mi casa cuando alguien baja a los santos del cielo no es precisamente para infundir amor en el Espíritu Santo–, pienso que en Beas de Segura realmente son muy de hacer bajar a Teresa y fray Juan para que los acompañen en todos sus momentos, los malos y los buenos.

Como cuando durante la Guerra Civil escondieron a las carmelitas y a algunos enseres (como la silla de Juan de la Cruz) en casas particulares o, ya en época actual, con motivo de la celebración de un curioso concurso anual de humor gráfico que lleva el nombre del dibujante jienense Lorenzo Goñi y que incide en la condición de la villa de referente en este campo gracias al museo municipal que acoge la impresionante colección de Fernando García Garreta.

Aunque la temática del concurso va cambiando año a año, rara es la vez que los dos santos no son protagonistas de alguna de las escenas. Así, cuando se habla de la fiesta de las fiestas en Beas, el toro de San Marcos, algún dibujante se las arregla para que uno se escape en un apurado lance justo al lado de las estatuas del convento. O, si se habla de calles, vemos a Teresa de Jesús asombrándose en un puesto de la calle Las Tiendas de lo caro que se ha puesto el kilo de pollo (mientras, por cierto, Quevedo malvende sobre una manta sus ejemplares de *El buscón*).

Encontraremos algunas de estas viñetas jalonando esquinas y fachadas en un recorrido que nos da la oportunidad de acercarnos a otro de los tesoros de Beas: calles serpenteantes, estrechas, llenas de macetas con flores que destacan sobre los muros encalados. La cuesta de san Juan de la Cruz (con su viejo hospital carmelita), el callejón de la Risa (llega a estrecharse hasta apenas unas decenas de centímetros), Repullete, la Feria o el Salón de Teresa (curioso nombre que alude a que, durante momentos pasados de ruina del convento, la antigua celda de la Santa fue visible parcialmente desde esa calle) transmiten un mundo de paz y colorido, pero también de resguardo del calor y de animadas conversaciones vecinales al caer la tarde. Son los vecinos, las vecinas fundamentalmente, quienes cuidan esos jardines verticales. Como la mujer que nos sorprendió curioseando a la puerta de su casa y cuando supo que andábamos recolectando huellas de Teresa quiso explicarnos todos los cuidados que conllevaba la frondosa vegetación en jardineras, invitarnos a merendar o al menos a probar un licor casero que era secreto de familia, animada por una de esas hospitalidades tan de verdad que desarman al viajero. "A Teresa es que aquí la queremos mucho".

La quieren tanto que la han puesto a presidir incluso el centro cultural que lleva el antiguo nombre de Santa Clara. Tras la recuperación del edificio, desacralizado, el Ayuntamiento decidió encargar un gran lienzo con la imagen de Santa Teresa a uno de los artistas andaluces más internacionales, Santiago Ydáñez.

Un retrato de seis metros de alto y cuatro de ancho que se adapta a las dimensiones del ábside recto. Colores sobrios, paleta terrosa y gris, y pincelada de enorme expresividad para una Teresa de Jesús que adquiere esta vez unos rasgos contemporáneos, con la mirada elevada al cielo y llena de fuerza.

Santiago, que ya tiene experiencia en retratar a la mística, explica que le ha tomado las facciones prestadas a una amiga chilena. Por eso, esta Teresa tiene un tono de piel moreno. ¿Qué más da? Se pregunta el artista, abrumado por la acogida de su obra entre los vecinos. Qué más da, si esa mujer es de todos los tiempos y todos los lugares a la vez.

Porque más que el cuerpo se pinta el alma. Su casa y morada. Y Teresa mira al cielo como si el sol no estuviera acabado de hacer del todo. Como si hubiera que levantarse y seguir cada día para ganarse la caricia de sus rayos.

Aún hay mucho por hacer, como si no fuera todo tan difícil, como si no hubiera un mapa de caminos equivocados, de encrucijadas imposibles, de complicaciones. Como para haber fundado un convento en Andalucía con licencia para hacerlo solo en Castilla. Como para haber estado a punto de dejarse la piel por los barrancos de Sierra Morena, por haber torcido la voluntad de los poderosos y todavía seguir haciéndolo con un mensaje que sigue traspasando todas las barreras.

Acaba la función en Beas, 450 años después de que esa monja menuda llegara en un carro destartalado. A unas pocas sillas de la mía, una mujer se levanta la primera cuando llega el turno de los aplausos. Choca las palmas con fuerza y grita. "¡Qué grande eres, Teresa!"

SEVILLA
RETRATO PARA LA HISTORIA

Hay pocos puentes más conspicuos en el mundo que el de Triana. Salva un Guadalquivir ahora extendido y sereno que separa dos orillas cargadas de leyenda. A un lado uno de los barrios con más embrujo y personalidad, y al otro sucesión de casas blancas, tejados y edificios con nombre de leyenda: la Maestranza, la catedral y su Giralda controlando una extensión gigantesca a sus pies, la Torre del Oro vigilando el ir y venir de las barcas y piraguas sobre el río.

Llegar a Sevilla siempre es llegar a casa. Tantas y tantas veces soñadas antes esas calles, esas piedras, que cuando al fin las tienes delante no parece sino que siempre has estado allí. Que vuelves de un largo viaje a pisar otra vez tierra conocida.

Entre la Sevilla del siglo XVI y la de hoy, al lado del río, puede existir la tentación de pensar que tampoco nada ha cambiado tanto, pero es solo el efecto acogedor que produce una ciudad que se respeta a sí misma y suele refugiarse en el peso de la tradición, que le otorga esa sombra beatífica que a veces tanto se echa de menos en sus avenidas o callejuelas.

La realidad es que en poco se parece esta enorme Sevilla a aquella que recibió a Teresa de Jesús en 1575. Sin embargo, el viajero que ha llegado tras unos cuantos cientos de kilómetros por el viejo camino que ahora agiliza la autovía de la Plata, siente la misma sensación de asombro que debió de percibir la madre cuando vino aquí una calurosa primavera, en su caso tras haber atravesado el abrasador valle del Guadalquivir.

Una urbe que vivía uno de sus grandes periodos de esplendor. La puerta de América, el lugar de desembarco de riquezas y narraciones extraordinarias. La ciudad de las más de cien mil almas, de los palacios fastuosos. Donde se encontraban las casas de abolengo y también los rufianes y matasietes. Los mercaderes de las Indias y los esclavos. Galeones y soldados. Un puzle colorista que se completaba también con decenas de conventos.

Nunca sabremos qué veía exactamente Teresa en sus viajes, entre velos y toldos, porque habitualmente no otorgaba gran importancia a lo externo, supeditado a los sucesos de su corazón. Las crónicas dicen que guardó cierto recelo hacia el modo de vida en Andalucía, pero aquella abulense que se había manejado en las recias poblaciones castellanas sin duda tuvo que sentir también el pellizco de la inmortal Hispalis. El lugar donde va a permanecer un año y donde va a tener que enfrentarse a todo tipo de complicaciones y hasta a mirar cara a cara a la terrible Inquisición. Lo hizo sin miedo y con una sonrisa. A lo sevillano.

"Una vez me mandó que fuese a desafiar a aquella famosa giganta de Sevilla llamada la Giralda, que es tan valiente y fuerte hecha de bronce, y sin mudarse de un lugar es la más movible y voltaria mujer del mundo. Llegué, vila y vencíle, y hícele estar queda y a raya, porque en más de una semana no soplaron sino vientos nortes", describe en *El Quijote* el engañoso Caballero del Bosque su presunta gesta en honor de su señora Casildea de Vandalia. La obra de Cervantes es la sublimación por la burla de las novelas de caballerías. La relación de Teresa de Jesús con una Sevilla que había ya colocado el giraldillo en lo alto de su catedral comienza también como una auténtica novela del género de los caminos, solo que aquí todo es verdad.

En abril de 1575, se encuentra en Beas preparando la fundación de Caravaca. Aún no sabe que ha fundado, por una encrucijada burocrática, su convento fuera de la licencia del general que la ampara, ya que es solo para Castilla. Así que cuando el padre Gracián le indica que en vez de esperar a que se resuelvan unos contratiempos con Caravaca acuda mejor a Sevilla, la madre recela: "aunque yo estaba determinada a otra fundación, y aun tenía algunas causas que tenía, bien graves, para no ir a Sevilla".

Su obediencia a Gracián se impone y preparan todo para un viaje complicado que se inicia el 18 de mayo en medio de un terrible calor. "Íbamos en carros muy cubiertas, que siempre era esta nuestra manera de caminar; y, entradas en la posada, tomábamos un aposento, bueno o malo, como le había, y a la puerta tomaba una hermana lo que habíamos menester, que aun los que iban con nosotras no entraban allá". Así comienza el relato de un camino tortuoso que recoge lo peligroso que era el tránsito por aquellas veredas hace más de cuatrocientos años.

Cruzan Sierra Morena y se dirigen a Linares. Poco antes de llegar a esta población, según el padre Julián de Ávila, se encuentran en la venta de Castro "unos hombres, los más perversos que he visto en mi vida". Entre bellaquerías y jarras de vino, acaban a navajazos entre ellos, mientras la expedición mantiene escondidas a la madre y las seis monjas que van con ella, por temor a que les hagan algo. A esas alturas, la comida traída de Beas se ha podrido por el calor y tampoco pueden calmar la sed, pues en la escasez la jarrita de agua se paga mucho más que la de vino y no alcanzan los fondos.

De Linares siguen hacia el Guadalquivir, pero pasar el río casi acaba en desgracia. La barca en la que cruzan los carros se descontrola. "No sé cómo fue, que la barca iba sin maroma ni remos con el carro. El barquero me hacía mucha más lástima verle tan fatigado, que no el peligro. Nosotras a rezar. Todos voces grandes". Por suerte, la barca se queda parada en un banco de arena, adonde llegó ayuda de un castillo cercano para sacar el carro y volver al camino.

Continúan hasta Córdoba. El calor y las condiciones pasan factura a Teresa, que sufre una terrible fiebre y comienza a delirar. "Fue de tal suerte, que parecía tenía modorra, según iba enajenada. Ellas a echarme agua en el rostro, tan caliente del sol, que daba poco refrigerio". Paran en una venta en unas condiciones insalubres que la madre se toma con humor: "hiciéronme echar en una cama, que yo tuviera por mejor echarme en el suelo; porque era de unas partes tan alta y de otras tan baja, que no sabía cómo poder estar, porque parecía de piedras agudas".

En esas condiciones, deciden que es mejor el camino que el descanso, y siguen hacia Córdoba donde intentan oír, discretamente, misa de madrugada. Todo se tuerce. No pueden cruzar el puente con los carros sin una licencia específica que solo puede otorgar el regidor, que duerme a esas horas. Despertado y logrado el permiso, el puente es demasiado estrecho para los carromatos y deben aserrar una parte. Tres horas de espera tensa a los pies del alcázar cordobés, sede de la Inquisición, la misma que ha recibido la denuncia del *Libro de la vida* de la madre.

Cuando al fin llegan a la iglesia está absolutamente llena porque el barrio celebra su fiesta, que es Pentecostés, y se monta un gran revuelo alrededor de los carros. "Aunque no nos podía ver nadie los rostros, porque siempre llevábamos delante de ellos velos grandes, bastaba vernos con ellos y capas blancas de sayal, como traemos, y alpargatas, para alterar a todos". Al fin un hombre aparta la multitud y deja que las monjas entren en una pequeña capilla, donde escuchan la misa antes de salir a toda prisa. "Yo os digo, hijas, que aunque esto no os parecerá quizá nada, que fue para mí uno de los malos ratos que he pasado, porque el alboroto de la gente era como si entraran toros".

Continúan hasta Écija, donde Teresa reflexiona sobre todo lo ocurrido y qué señal de devoción brindar al Espíritu Santo. Decide hacer promesa solemne de obediencia al padre Gracián –"me hinqué rodillas y prometí hacer cuanto me dijese toda mi vida"–.

Poco antes de llegar a Sevilla, en la venta de Andino, donde les han dado para comer unas sardinas saladas y sin apenas agua, tienen un nuevo episodio de soldados y arrieros pasados de vino que terminan con las espadas y arcabuces en la mano. Menos mal que una palabra de la madre los calma y el lance acaba sin heridos.

Al fin, el 26 de mayo llegan a Sevilla, con sed y calor, pero milagrosamente intactas. Cuentan sus seis compañeras que todo lo malo del camino se fue haciendo nada por las coplas, bromas o bellas reflexiones de Teresa.

Llegamos a una rotonda hecha a lo habanero, en la que el Guadalquivir sirve de mar Caribe como telón de fondo. Huele intensamente a azahar, que tal vez no sea decir mucho en Sevilla, pero realmente antes que ninguna otra cosa cautiva, cruzando el puente de San Telmo, el perfume que sobrevuela la vegetación de una cierta frondosidad que antecede al antiguo convento de los Remedios.

Y es que antes de que llegara Teresa hubo descalzos en Sevilla. La han antecedido dos frailes de su reforma. Fray Jerónimo Gracián ha venido como visitador apostólico para Andalucía en 1573, acompañado de fray Ambrosio Mariano. Se alojan provisionalmente en la Casa Grande del Carmen (hoy Conservatorio Superior, en la calle Baños) y al pedir al arzobispo, Cristóbal de Rojas Sandoval, licencia para fundar un convento propio, les ha entregado la ermita de los Remedios en enero de 1574. Un edificio junto al río, emblemático y codiciado por otras órdenes, en el que fray Mariano –ingeniero antes que fraile– instala un eficaz sistema de riego para un enorme patio de naranjos y huerta de hortalizas.

Agradecidos y plenos de moral, los descalzos, que han llegado a Sevilla con un capital de 18 reales, prometen al arzobispo socorrerlo en unos notables apuros económicos fruto del cambio de las tierras sufragáneas de su mitra. Un agujero de 100.000 ducados que amenaza con llevarlo a la bancarrota. Un mercader genovés afincado en la ciudad, Nicolás Doria, que unos años más tarde profesaría como descalzo, se hace cargo de las cuentas de la diócesis y en poco tiempo la deuda queda saneada.

El edificio actual es fruto de unas obras realizadas a lo largo del siglo XVIII, pero su imponente silueta junto al cauce es el mejor testimonio de la firme fe de aquellos descalzos en que Teresa de Jesús tendría el total apoyo del arzobispo para poner en marcha su fundación en Sevilla. Y no fue exactamente así.

En Beas, Gracián ha insistido a Teresa en las grandes ventajas de abrir convento en Sevilla. "Que le pareció muy fácil, porque se lo habían pedido algunas personas que podían y tenían muy bien para dar luego casa; y el Arzobispo de Sevilla favorecía tanto a la Orden, que tuvo creído se le haría gran servicio". Así que ella ha partido con seis monjas. Proceden de Malagón, convento que ha sufragado también la mayor parte del gasto del viaje, aportando unos 160.000 maravedíes. Estaba previsto que fueran a la aplazada fundación de Caravaca, pero el cambio no las incomoda. "Iban aquellas hermanas con gran contento y alegría. Porque seis que iban conmigo eran tales almas, que me parece me atreviera a ir con ellas a tierra de turcos".

Repartidas en cuatro carros, entran en la ciudad por la Puerta Real, la misma que ha atravesado Felipe II apenas cinco años antes en su única visita a la ciudad y de la que solo queda hoy como testimonio un pequeño lienzo de muralla y un azulejo conmemorativo. Una puerta imponente para una ciudad imponente que se desarrolla a su resguardo y que ofrecía el primer alojamiento a las descalzas a pocos pasos de allí, en la calle Armas, hoy Alfonso XII.

Los naranjos que aparecen por doquier, el color albero que se apodera de las molduras de las fachadas, edificios revocados con cal blanca que recuerdan a la vieja Sevilla de siempre nos hablan de una calle principal entonces y ahora. Junto al excepcional Museo de Bellas Artes la vida hispalense se acelera en el trasiego bajo el sol cotidiano.

No hay constancia de en qué punto exacto se encontraba la casa que el padre Mariano había alquilado para las monjas, pero hay cierto consenso en que debía de encontrarse a la altura de la iglesia de San Gregorio. Allí llega la expedición de la fundadora, que enseguida muestra su decepción. Les parece a las monjas la casa pequeña y húmeda y en realidad en todo lo que rodea a su llegada reina el pesimismo.

La casa ha sido saqueada y carece de los enseres más básicos. "Ninguna cosa nos quedó, ni sartén, ni almirez, ni aun la soga del pozo", relata María de San José, que sería la primera priora de Sevilla. Las monjas se instalan en la más absoluta pobreza. Sabiéndolo, una señora sevillana quiere ayudarlas con grandes donativos, pero no los entrega ella directamente, sino a través de una vecina. Se sabrá luego que esa intermediaria, que tiene a las descalzas por más pudientes de lo que son, está dando la limosna a otros conventos.

Con todo, lo peor es que el monasterio no se puede poner en marcha. El padre Mariano pide paciencia a la madre, que pronto comprende que se ha realizado el viaje a Sevilla dando por hecha una licencia que no existía. El arzobispo no quiere más conventos en la ciudad. "Me dijo que no gustaba de hacer monasterios de monjas por su licencia, ni desde que era arzobispo jamás la había dado para ninguno, que lo había sido hartos años allí y en Córdoba, y es harto siervo de Dios; en especial de pobreza, que no la daría".

Como ya están allí, les permite decir misa el domingo de la Trinidad, pero les exige discreción y que se haga sin tañer ni colocar campana alguna. Es 29 de mayo de 1575 y, a pesar del sentimiento generalizado de fracaso –no pocas veces piensa Teresa en regresar a Beas y redirigirse cuando sea posible a Caravaca con las monjas– queda instituido a todos los efectos el convento de San José del Carmen de Sevilla.

Por suerte, las gestiones de Gracián desde Madrid con el arzobispo llevarán al prelado a visitar al fin a las descalzas. La escueta redacción de la madre del momento no habla en principio de un encuentro particularmente cariñoso –"yo le dije el agravio que nos hacía"–, pero parece que su personalidad arrolladora también cautiva a don Cristóbal: "en fin, me dijo que fuese lo que quisiese y como lo quisiese. Y desde ahí adelante, siempre nos hacía merced en todo lo que se nos ofrecía, y favor".

Ciertamente, el arzobispo permite la fundación y destina de sus rentas un donativo anual de 36 ducados y su equivalente en fanegas de trigo que recibirán las monjas mientras viva, aunque no les concede acoger el Santísimo mientras sigan en alquiler y no tengan casa propia.

Contrariamente a lo esperado, la comunidad no crece. Teresa recuerda la promesa de Gracián de que muchas señoras quieren ingresar al convento, pero no aparecen: "que las que mucho habían dicho al padre visitador apostólico que entrarían y rogádole llevase allí monjas, después les debía parecer mucho el rigor y que no lo podían llevar".

La fundadora flaquea en sus convicciones, algo nunca visto –"que nunca me vi más pusilánime y cobarde en mi vida que allí me hallé"–, mientras la ciudad parece ignorar a la nueva comunidad. "Nadie pudiera juzgar que en una ciudad tan caudalosa como Sevilla y de gente tan rica había de haber menos aparejo de fundar que en todas las partes que había estado. Húbole tan menos, que pensé algunas veces que no nos estaba bien tener monasterio en aquel lugar. No sé si el mismo clima de la tierra, que he oído siempre decir los demonios tienen más mano allí para tentar".

Todavía faltaba lo peor de la experiencia sevillana. En plena búsqueda de una nueva casa, por el camino de Teresa se cruza la temible Inquisición.

Buena parte de la esencia de Sevilla se guarda celosamente al otro lado del río. Triana es un barrio vital y colorista, de marcada identidad, donde se conservan modos y maneras auténticos, de vida de vecindad y hecha en la calle, y elevado por los amantes del cante y el tapeo a auténtico espacio de peregrinación.

Hoy suena extraño que este fuera el lugar donde se instalara la Inquisición sevillana, pero fue justamente en el viejo castillo de San Jorge, cedido por la corona, donde el Santo Oficio contaba con su tribunal y prisión de ecos siniestros. Poco se parece hoy el ambiente de turismo y curiosidad que suscita el callejón de la Inquisición, que ofrece una salida al río por un arco pintoresco y una bella perspectiva del puente de Triana, a lo que debió vivirse por esas dependencias en los tiempos de Teresa. Ella recurre a sobrentendidos y prefiere no dejarlo por escrito, pero bien sabía que estaba en el punto de mira de los inquisidores cuando se le pide fundar en Sevilla.

La mención a la Suprema nunca llegaba entonces con una sonrisa. Era una garra que tanto tenía en prisión en Valladolid por esos años a fray Luis de León (que luego sería el primer editor de las obras de Teresa de Jesús) por haber traducido del hebreo el *Cantar de los cantares*, como perseguía a falsos conversos, herejes y alumbrados. Solo en Sevilla en 50 años hubo más de mil condenas a la hoguera.

Imaginamos la reacción de Gracián cuando un fiscal de la Inquisición, Francisco de Arganza, se dirige directamente a él para decirle "unas palabras preñadas muy graves y sentidas de la madre Teresa de Jesús de la manera que ellos pueden y suelen decir".

La voz se corre por el convento de la calle Armas. Teresa sopesa marcharse ya a Toledo –donde llevará a cabo el encierro conventual ordenado por el definitorio general–, pero la priora, María de San José, le dice que si realmente vinieran los inquisidores y se hubiera ido, lo considerarían como señal clara de culpabilidad. Teresa se queda y se lo toma un poco a risa: "¡conque me fue mi hija a consolar en tan grande aflicción con decirme que me habían de llevar a la Inquisición!"

La denuncia contra ella procede de María del Corro, una de las cinco primeras sevillanas que solicita profesar en el convento. Una mujer ya en edad madura que entra en San José con fama de santidad, pero con la que fue imposible la convivencia. Al fin se va de la casa a hurtadillas y urde su venganza denunciando a las descalzas por llevar a cabo "prácticas de alumbrados".

"Decía por ahí que atábamos a las monjas de pies y manos y las azotábamos", recuerda la propia Teresa de Jesús. También que el hecho de que las monjas meditaran tras comulgar en un patio, cara a la pared por huir del sol, era parte de algún oscuro rito.

Un día de febrero, Gracián ve a la puerta del convento "muchos caballos y mulas" y ya sabe que es la temida visita de los inquisidores. Sin embargo, tras dos días de toma de declaración, todo quedó en nada. Los fiscales salieron asombrados del modo de vida de las descalzas y de la entereza de Teresa de Jesús. "No hay, padre, de qué tener cuidado que, si es obra de Dios, él la llevará adelante, por mí no importa: solamente me da cuidado no alteren estas plantas tiernas".

Los inquisidores habían pedido su *Libro de la Vida* para examinarlo también, pero ya se encontraba en manos del Tribunal de Madrid, quien lo había entregado a Domingo Báñez para que emitiera su juicio, que fue positivo.

Así que en Sevilla se le pide una nueva relación de sus experiencias de oración para análisis de los jesuitas Rodrigo Álvarez y Enrique Enríquez, quienes otorgan al fin "grande aprobación".

Muy cerca de la Torre del Oro, en determinadas épocas del año es posible acercarse al ambiente de aquella Sevilla que encauzaba todo el comercio con las Indias. La de aquel inmenso arenal, una ida y venida –"las cosas que desembarcan/el salir y entrar en ellas", que dice Lope de Vega– llena de tesoros, metales preciosos, anhelos de riqueza y de nueva vida colgados en aquellos galeones, como el que hoy puede verse amarrado en el muelle de las Delicias.

Y, como en la canción, la fortuna vino en un barco. Llegado de América, desembarca el 10 de agosto de 1575 en el puerto hispalense Lorenzo, el hermano más querido de Teresa, que viene con una importante hacienda tras haber tomado parte en las guerras del Perú. Ha enviudado y trae consigo a Pedro, su hermano también viudo, y a sus tres hijos, Francisco, Lorenzo y Teresa. La niña, que tiene nueve años, se gana desde el primer momento el corazón de su tía y acabará profesando como descalza en San José de Ávila en 1582. A ser testigo de ese acto entrañable se dirigía la madre tras fundar en Burgos, hasta que fue obligada a desviarse a Alba, donde murió.

Lorenzo socorre la necesidad de su hermana y entrega de inmediato 13.000 maravedíes para los gastos del convento y ofrece el dinero necesario para comprar al fin casa propia para las monjas. Teresa había desesperado pidiendo en oración que se facilitara un trámite que no estaba resultando nada fácil. "Ya os he oído; déjame a Mí", escucha claramente la madre. Y da por hecha la compra.

La primera casa que aparece y que están a punto de adquirir no convence, sin embargo, a la fundadora. Considera el precio demasiado caro para un solar casi en ruinas. La providencia sale en su ayuda y en el último momento el vendedor se echa para atrás y se puede deshacer el acuerdo sin necesidad de indemnización, "que fue harta merced de nuestro Señor. Porque en toda la vida de las que estaban se acabara de labrar la casa, y tuvieran harto trabajo y poco con qué".

A buscar ese nuevo convento ayuda a la madre un clérigo llamado García Álvarez, que se había acercado por casualidad a la casa la noche de Navidad y acabó oficiando allí y desde entonces fue un fiel colaborador. Por fin localiza una casa que parece adecuada y lo comunica a Lorenzo, que aprueba la operación y en tan solo tres días se agiliza todo el trámite de las escrituras. Por cierto, un error en estos documentos estaría a punto de llevar a la cárcel al hermano de la Santa, que actúa como fiador, y que tiene que huir y refugiarse en los Remedios hasta que se aclare el litigio.

Aunque el sol cae perpendicular sobre el adoquinado de la plaza Nueva, Sevilla nunca detiene su pulso. Reverberan las conversaciones, los paseantes, los turistas que ven ya tan cerca el reclamo de la Giralda. Y hay un trabajo que parece eterno de remodelaciones y mejoras que se van pasando de unos edificios a otros.

Con la antigua Casa Grande de San Francisco a un extremo y al otro la puerta de Triana, se extendía en 1576 la calle de la Pajería, hoy calle Zaragoza. En ella se adquiere al fin la casa propia para el convento de San José al precio de 6.000 ducados. El edificio donde se instalaron las descalzas todavía hoy se conoce como Casa de Santa Teresa, en el número 60 de la vía. A pesar del recuerdo al paso de la madre, el inmueble fue profundamente reformado

en los siglos XIX y XX y ningún vestigio queda de aquella comunidad que tanto emocionó a la fundadora. "Ha sido una dicha harto grande topar la casa. Nuestro padre está contentísimo de la casa y todos... Hácese la iglesia en el portal, quedará muy bonita. Todo viene como pintado... No hay mejor casa en Sevilla ni en mejor puesto".

Llega el momento de la mudanza y Teresa prefiere hacerlo como en otras ocasiones, de forma discreta por no decir secreta, también para evitar los recelos de los vecinos franciscanos. Así se trasladan a la nueva casa el 1 de mayo, aunque todavía quedan por delante un mes de trabajos para acabar de acomodar el convento.

También al final se deja convencer para una entrada solemne. "Y parecióles que para que fuese conocido el monasterio en Sevilla, no se sufría sino ponerse con solemnidad, y fuéronse al arzobispo. Entre todos concertaron que se trajese de una parroquia el Santísimo Sacramento con mucha solemnidad, y mandó el arzobispo se juntasen los clérigos y algunas cofradías, y se aderezasen las calles".

Fue el 3 de junio de 1576, y a decir del prior de la Cartuja "nunca tal se había visto en Sevilla", por la devoción, solemnidad, la decoración de fachadas y la presencia de música, notables y religiosos. El arzobispo en persona coloca solemnemente el Santísimo en la iglesia del convento. También se lanzan cohetes y tiros de pólvora, que casi cuestan un disgusto incendiando alguno de los tafetanes decorativos, sin que afortunadamente pase nada grave.

En el momento de entrar de nuevo al convento, Teresa de Jesús se arrodilla ante el arzobispo y le pide su bendición, que le concede. Acto seguido y para sorpresa de todos, es el arzobispo el que se arrodilla y pide a la monja que lo bendiga. "Mire qué sentiría cuando viese un tan gran prelado arrodillado delante de esta pobre mujercilla, sin quererse levantar hasta que le echase la bendición en presencia de todas las religiones y cofradías de Sevilla".

De entre los rincones que Sevilla proyecta al mundo, el barrio de Santa Cruz se encuentra en un lugar muy destacado. Sus callejuelas y plazas, recovecos, fuentes, patios que esparcen el olor a azahar llevan siglos cautivando la imaginación de los viajeros. A muy pocos pasos de la plaza que da nombre a este encantador laberinto, culebrea la calle de Santa Teresa.

El sol rebota de pared a pared en un juego encalado y de repente, además de la calle, todo se llama Teresa. Artesanías, cafés y locales de hostelería y por supuesto ellas, las carmelitas descalzas que mantienen viva la fundación de la Santa, conocidas aquí por todos popularmente como las Teresas.

Forman una comunidad alegre y ejemplar que visitamos justo el día del 450 aniversario de la fundación, tomando la fecha de la erección de la primera casa de la calle Armas. Todas andan de cabeza preparando la ceremonia, pero la hermana portera, con un gracioso acento que mezcla el andaluz con ecos nipones, nos echa el manojo de llaves de la iglesia por el torno.

Tras la complicada operación de dar con la llave correcta bajo un sol de justicia, que reverbera en el compás, nos recibe la visión reparadora de un templo que brilla especialmente para la ceremonia de la tarde. Hoy han sacado al altar la imagen de la fundadora sentada ante el escritorio que normalmente ocupa la celda de la Santa. Impacta el sensacional San José con el Niño, de Juan de Mesa, autor también de la excelsa Inmaculada a lo carmelita del altar en la izquierda del presbiterio. Muchos tesoros, pero si algo emociona a las hermanas es tener el privilegio de contar con dos testimonios superlativos del paso de Teresa por el mundo: el autógrafo de *Las moradas* y el retrato que realizó fray Juan de la Miseria, el único que le hicieron en vida.

Fray Juan era un fraile napolitano, con alguna dote artística, que estaba participando en la decoración del convento. Jerónimo Gracián decide encargarle que pinte a la madre, en parte porque se lo han pedido las hermanas, que ya sienten que su marcha será inminente y definitiva, y en parte por mortificar a Teresa, que no quería que "hubiese de quedar memoria y figura de ella en el mundo". Le toma las facciones de la cara en una sola sesión, en la que la modelo sufre la incomodidad de no poder moverse ni apenas pestañear. Es 2 de junio, víspera de la procesión solemne. Después, añadirá de memoria las manos y algunos detalles de la ropa, así como la filacteria. Teresa solo verá el esbozo de su retrato y no pareció muy satisfecha: "Dios te lo perdone, fray Juan, que ya que me pintaste, me has pintado fea y legañosa". Sin embargo, las Teresas lo guardan como el mayor tesoro de su relicario.

Entre el inmenso caudal de objetos, cartas, prendas y vestigios del paso de la Santa por Sevilla solo hay algo que pueda hacer sombra al famoso retrato y es el no menos célebre códice autógrafo de *Las moradas*. Comenzaría el libro tras su estancia en Sevilla, en el año 1577 en Toledo, y lo finalizaría en Ávila.

Es Gracián, por cuya orden lo escribe Teresa, quien lo trae a Sevilla y lo deja bajo custodia de María de San José. Años más tarde se lo regala al sevillano Pedro Cerezo Pardo, uno de los artífices del traslado de la comunidad a Santa Cruz desde la Pajería, que enseguida se vio que era una zona demasiado ruidosa y expuesta.

El cambio definitivo al convento actual se produce en 1586 y don Pedro ha colaborado aportando más de 6.000 ducados. De Sevilla saldría el manuscrito brevemente para la primera edición de las obras de Teresa de Jesús por fray Luis en Salamanca. Luego de tenerlo en su custodia particular, Cerezo lo dona en 1618 a su hija Catalina al ingresar en este convento. Desde entonces, el manuscrito permanece con las Teresas, protegido por un curioso relicario con forma de castillo que honra la célebre primera fase de la cima de la mística: "que es considerar nuestra alma como un castillo todo de un diamante o muy claro cristal, adonde hay muchos aposentos, así como en el cielo hay muchas moradas".

Embocando desde el puente de Triana, a través de Reyes Católicos y San Pablo, la calle Rioja es un foco de animación constante. Tiendas y bares de siempre se mezclan con nuevos reclamos para un turismo infatigable que cada vez abre más el abanico de sus intereses en una ciudad mágica tan difícil de abarcar. Junto con los sofocados forasteros que buscan un local climatizado, o al menos una sombra, la sevillanía, mucho más atemperada a su clima, discurre en su vida cotidiana con normalidad y no son pocos los que en esta calle acuden a un espiritual saludo diario en la colosal Santa María Magdalena o, unos metros más adelante, en el convento del Santo Ángel.

Entre toldos, motos, conversaciones del día a día, algo retranqueada sobre la línea de calle se yergue la fachada del templo carmelita que recoge las huellas del otro pilar de la reforma descalza: san Juan de la Cruz.

Fue el fraile quien en 1586 compró las casas de Pedro de Morga en el barrio de Santa Cruz para el tercer y definitivo convento de las descalzas –"ya estoy en Sevilla, en la traslación de nuestras monjas, que han comprado unas casas principalísimas, que, aunque costaron casi catorce mil ducados, valen más de veinte mil"–, y quien al año siguiente funda este convento de frailes del Santo Ángel, cuya imagen actual procede de diferentes intervenciones en el siglo XVII.

Es curioso cómo, aunque los conventos de carmelitas descalzos emanan de una misma espiritualidad, se adaptan a las formas de religiosidad de cada territorio. Ofrece este templo, donde nunca faltan un buen número de almas, un aspecto abigarrado, propio de un barroco emocional. Del juego de brillos y sombras sobresalen la excepcional Virgen del Carmen Coronada del altar mayor, de Cristóbal Ramos, y el Cristo de los Desamparados, obra de plenitud de Martínez Montañés.

Pero yo paseo nervioso con otro objetivo, la Transverberación de Francisco Romero Zafra. He tenido la suerte de visitar al escultor, artista generacional, en su taller cordobés y ver, impresionado, esa capacidad de concitar la belleza con los sabios movimientos de sus dedos en la arcilla. Aunque habitualmente sus bocetos solo están en la imaginación, Paco me confiesa que aquí intentó para su Teresa de Jesús basarse "algo" en el retrato de fray Juan de la Miseria y hay un cierto afán naturalista en la redondez del rostro, la forma de la nariz y las tres famosas pecas. Fuera de eso, esta Teresa habla en el idioma de siempre de Romero Zafra, el de la belleza: "al final salió muy guapa, porque yo creo que la belleza es un camino hacia Dios".

Aquí forma conjunto con un ángel apolíneo fruto de un encargo anterior abandonado y al que nadie diría que le tuvo que "amputar" un brazo para acomodarlo a su nueva función. "Forman una escena armónica, que en la calle cuando ha salido en procesión gusta mucho", comenta el escultor, que subraya que "toda la fuerza la he puesto en la mirada, que tenía que ser dulce y a la vez un torbellino místico". Ni fea, ni legañosa. Es difícil entender qué pudo sentir la Santa en la transverberación, pero Romero Zafra consigue un acercamiento a esa mezcla de sensaciones, entre la fe y entrega absoluta y el vértigo ante lo desconocido, que solo está al alcance de los genios.

Cómo acabó apareciendo esa Teresa para encajar con el ángel es solo una de los miles de anécdotas que se guarda en el hábito Juan Dobado, respetada autoridad en barroco y prior del Santo Ángel que, en 2016, decidió poner en marcha un gran museo del arte como forma de la espiritualidad carmelita, que hoy se encuentra entre los mejores de la ciudad y en el que no faltan Rubens, Morales, Luca Giordano, Mattia Preti o preciosas obras de Pedro Roldán y de su hija Luisa.

Dobado apabulla con su conocimiento y pasión por lienzos e imágenes mientras avanza por la vieja biblioteca conventual, con más de 3.000 volúmenes procedentes de la librería del conde-duque de Olivares. Al fin, con una sonrisa perenne, desvela el gran tesoro del convento: se custodian más de cien representaciones de niños Jesús. Son tallas "vivas", a las que cada pocos meses se les cambia de vestuario dando uso a sus ajuares originales conservados todavía hoy y guardados con primor en el zapatero del Niño Jesús, el mueble más antiguo del convento, de 1480.

"En los conventos, las madres siempre han tenido especial mimo hacia los belenes, que también están bien representados en el museo, y hacia los niños Jesús, que son una parte muy importante de su forma de vivir la espiritualidad que hemos recogido aquí", explica el prior. "Tenemos la suerte de contar con un grupo de vestidoras que siguen manteniendo la tradición del cambio de ropa, que hace que la exposición esté en permanente cambio".

Aún más curioso es que cada uno tiene su propio apodo. Está el Niño de los Austrias, que perteneció a los duques del Infantado y es de los más antiguos, siglo XVI, o el Galán, que es el de mayor valor artístico, obra de Pedro Roldán. El Manolito es el Niño Jesús que se expone cada año en adoración el día de Reyes. Convive con el Penitas, el Travieso, el Porterito, el Afligido o los dos mellizos, uno moreno y otro pelirrojo, hasta completar esta bella legión donde se concitan las tradiciones imagineras andaluza, castellana o italiana de siglos atrás.

Un hilo simbólico une con ellos el Santo Ángel y las Teresas, donde las madres también custodian un Niño Jesús particular, el Quitito, el que trajo de Perú Teresita, la sobrina de la Santa. Todos ellos han visto cómo han pasado los siglos y las huellas de Teresa siguen aquí, bordadas con primor.

CARAVACA DE LA CRUZ
CIUDAD SANTA

En la carretera entre Caravaca de la Cruz y Barranda, Región de Murcia, junto al cauce del río Argos, nombre sin duda prometedor, que enseguida me trae a la mente a ese gigante de cien ojos responsable del bello plumaje de los pavos reales, se encuentra el Barranco del Gredero.

Se trata de un monumento natural de primer orden que recoge, en las secciones de sus taludes, uno de los más valiosos testimonios geológicos de lo que ha sido el mundo casi desde la noche de los tiempos. La Capa Negra, como se la conoce en el lugar, es uno de los pocos puntos de la Tierra donde se encuentra el iridio, un elemento que solo pudo llegar aquí a través de un meteorito. No uno cualquiera. El meteorito. Sí, ese famoso fragmento gigantesco que hace sesenta y seis millones de años se llevó por delante a tres de cada cuatro seres vivientes, dinosaurios incluidos.

Como para que no merezca la pena desviarse un poco del camino y apreciar un hermoso lugar en el que se contempla la Historia con mayúsculas y, a qué negarlo, en el que uno se siente particularmente pequeño.

Pero hay meteoritos y meteoritos. Impactos e impactos. A pesar de la destrucción casi inimaginable causada por aquel, desde una perspectiva de especie, egoísta, podríamos plantearnos que si tal vez ese gran pedrusco no hubiera contribuido a acabar con los dinosaurios es posible que nunca hubiéramos llegado hasta aquí.

En todo caso, a veces los choques planetarios no traen desastre, sino todo lo contrario. Ese cometa inasible que fue Teresa de Jesús dejó, evidentemente, un reguero de colisiones. Sin embargo, no traían caos, sino esperanza. Y si algo había que destruir (recelos, atavismos, barreras y lastres absurdos colocados por el mero hecho de ser mujer), fue para traer algo mejor.

A pocos kilómetros de la capa negra, cayó ese meteorito de la reforma descalza de Teresa en el mismo corazón de una ciudad que ya por entonces desde hacía siglos giraba en torno a la Santa y Vera Cruz. Fue un impacto espiritual que trajo una obra mayúscula a uno de los rincones más bonitos del este del país.

Bajo la mirada atenta de gigantes milenarios de las sierras de Cazorla y de Segura, que se recortan algo más en la distancia, y la cercana de la de las Cabras, Caravaca de la Cruz se extiende como una mancha blanca de considerable extensión desde la carretera RM-15. Enseguida, el viajero va atravesando los anillos de huertas, zonas residenciales y altos edificios modernos hasta alcanzar la rotonda de la plaza del Templete y adentrarse ya en la ciudad vieja, de estrechas calles en cuesta, trazados serpenteantes, viejas torres que se asoman por encima de los tejados y el robusto castillo con su basílica, que desde hace siglos ha marcado el ritmo de la vida local.

La subida que se inicia en Rafael Tejeo, que recuerda al pintor de cámara de Isabel II, donde empiezan a menudear los viejos palacios, casas solariegas, balcones llamativos y placas conmemorativas, enseguida da paso a la calle Mayor, donde se concentran algunos de los tesoros patrimoniales de la ciudad. Nada más pasar el viejo Colegio de la Compañía de Jesús, se extiende el largo muro encintado del convento de las carmelitas. Un trazado lleno de recodos y con dos puertas monumentales, la de la iglesia y la del monasterio, donde comienza esta historia.

Hoy nos parece imposible un lugar más céntrico, pero entonces, al fin y al cabo, zona extramuros. Estamos en el año 1575, Teresa de Jesús se encuentra en San José de Ávila preparando la fundación de Beas de Segura, cuando le llega una nueva propuesta para abrir otro convento en Caravaca de la Cruz. Como en otros casos, la petición viene avalada por una de las principales del lugar. "Llega un mensajero propio, que le enviaba una señora de allí, llamada doña Catalina, porque se habían ido a su casa –desde un sermón que oyeron a un padre de la Compañía de Jesús– tres doncellas con determinación de no salir hasta que se fundase un monasterio en el mismo lugar".

Quien escribe es Catalina de Otálora, la viuda del licenciado Alonso Muñoz, oidor del Consejo de Indias de Felipe II. Es ella quien acoge en su casa a tres jóvenes caravaqueñas, entre ellas su sobrina, Francisca de Sahojosa, quienes tras escuchar una predicación de los jesuitas deciden retirarse del mundo civil y pasar a la vida consagrada. En ese momento no hay en Caravaca ningún convento femenino en el que poder ingresar, así que adoptan la solución de buscar un lugar en el que poder realizar un encerramiento inicial a la espera de decidir bajo qué orden profesar.

Doña Catalina les cede parte de su casa, donde cuentan con celdas incomunicadas y con su propio oratorio, y les promete ayuda económica para, llegado el momento, poner en marcha el nuevo convento. Finalmente, y tras consultarlo con los propios jesuitas, las tres aspirantes a novicias deciden que quieren ingresar bajo la regla reformada de Teresa de Jesús y piden a doña Catalina que sea ella quien se lo solicite a la madre.

"Debía ser cosa que tenían tratada con esta señora, que es la que les ayudó para la fundación. Eran de los más principales caballeros de aquella villa. La una tenía padre, llamado Rodrigo de Moya, muy gran siervo de Dios y de mucha prudencia. Entre todas tenían bien para pretender semejante obra. Tenían noticia de ésta que ha hecho nuestro Señor en fundar estos monasterios, que se la habían dado de la Compañía de Jesús, que siempre han favorecido y ayudado a ella", recoge Teresa.

Sabemos que no era la Santa muy partidaria de estas iniciativas, por las dudas que podía suscitarle la capacidad de esas jóvenes de pasar a vivir de la propia regla que ellas se hubieran otorgado para su encierro a la regla descalza, en principio más severa. Sin embargo, "como vi el deseo y hervor de aquellas almas, y que de tan lejos iban a buscar la orden de nuestra Señora, hízome devoción y púsome deseo de ayudar a su buen intento".

Así que finalmente acepta la fundación. Planea acudir ella misma, una vez cierre la puesta en marcha del convento de Beas de Segura, y por eso sale de Ávila con "más compañía de monjas" de las que suele llevar, con el fin de que haya suficientes para ambos conventos. No obstante, sería imposible que las cosas no fueran a torcerse y enseguida lo hacen a propósito de la licencia.

Desde la bellísima plaza del Arco, entre agradables cafés y tiendas de recuerdos, a la sombra del esbelto campanario de El Salvador, comienza el ascenso hacia el castillo de Caravaca. Aunque la localidad está salpicada de torres, la ciudadela sigue siendo, quizá, el mejor testigo de su pasado.

Un lugar donde se entremezclan vestigios, modos constructivos y credos. La antigua fortificación musulmana recuerda la existencia de la taifa que conforme fueron ganando terreno las conquistas de los reinos cristianos acabó por aceptar un protectorado castellano ya en el siglo XIII. Fue el momento de la llegada de los templarios a la fortificación. Una encomienda que buscaría apuntalar la plaza y prevenir y sofocar desde ella las revueltas mudéjares.

Con la disolución del Temple, y tras un breve paso a administración directa de la corona, Caravaca queda en manos de la orden de Santiago, que ocuparía el castillo a partir de 1344 por petición directa de Alfonso XI el Justiciero –el único rey, por cierto, nacido en Salamanca– y bajo cuya encomienda viviría tiempos de penurias y pestes hasta que la caída progresiva del reino de Granada permitió su expansión y prosperidad.

En el último tercio del siglo XVI, ya muy limitado su poder, la villa continúa formalmente siendo una encomienda de Santiago, por lo que la licencia para el nuevo convento debe de ser tratada con el Consejo de Órdenes, lo que significará el primer escollo serio para la fundación.

Entre unas cosas y otras, Teresa de Jesús está en Beas, donde ha puesto ya en marcha la fundación y allí descubre que Caravaca en realidad estaba "tan a trasmano y de allí allá tan mal camino, que habían de pasar trabajo los que fuesen a visitar las monjas, y que a los prelados se les haría de mal, tenía bien poca gana de ir a fundarle".

Pero la carta que le había enviado doña Catalina de Otálora le había llegado ciertamente al corazón, así que no quiere dar carpetazo sin más a Caravaca y mientras planifica el viaje a Sevilla donde continuará su tarea fundadora, decide enviar a su capellán, Julián de Ávila y al caballero de Alba Antonio Gaitán hasta la villa para que vieran "qué cosa era, y si les pareciesen, lo deshiciesen".

Lo cierto es que su primera impresión debió de ser mala, porque Teresa refiere que "hallaron el negocio muy tibio, no de parte de las que habían de ser monjas, sino de la de doña Catalina, que era el todo del negocio". En realidad, el único problema que encontraron los dos fieles escuderos de la madre fue que una de las aspirantes, no doña Catalina, por tanto, sino su sobrina, se había echado atrás en su deseo de ser monja y había decidido abandonar el encierro.

Pero las otras dos, Francisca de Cuéllar y Francisca de Tauste, también de familias ilustres caravaqueñas, se mantienen firmes en su idea y lo que se encuentran los dos enviados los deja obnubilados. Julián de Ávila refiere la atmósfera de aquel encierro provisional de las dos franciscas: "era la mejor que se ha visto en ninguna de las demás fundaciones, holgáronse grande-mente con nuestra venida ellas y sus deudos, que eran de la gente principal del lugar, y los padres de la Compañía que eran sus padres espirituales. Cierto que era para edificar a todos ver su determinación y devoción y esperanza de que habían de ser monjas. Y si ellas lo tenían mucho a gana, mucho más lo teníamos los que allí fuimos, por ver una cosa tan extraña y tan nueva como ellas habían hecho".

Tan encantados estaban con lo que veían, que los enviados de la madre se aventuran a firmar un compromiso de fundación conventual en el que doña Catalina se obligaba a otorgar mil ducados "que tenía para cierto descargo y limosna", que sumados a las herencias de las dos novicias y a otros fondos alcanzaban un total de seis mil ducados que quedaron consignados para el futuro convento. "Se hicieron escrituras firmes y bastantes con consejo de letrado y juramentadas las partes de no salir fuera", recuerda Julián de Ávila, que va con la buena nueva de regreso a Beas de Segura.

El único inconveniente era que la licencia que había tramitado doña Ca-talina ante el Consejo de Órdenes coloca a las monjas descalzas de Caravaca bajo la autoridad del comendador de la orden de Santiago. Por entonces ya era Pedro Fajardo y Córdoba, que no tenía la misma fama sanguinaria que su padre –Luis Fajardo de la Cueva, apodado Diablo con cabeza de hierro por su crueldad en la guerra de las Alpujarras–, pero más dado a intrigas palaciegas y enredos diplomáticos que a la posible dirección espiritual de unas monjas.

"Trajeron la licencia para fundar en Caravaca, diferente de lo que era me-nester para mi propósito; y así fue menester que tornasen a enviar a la Corte, porque yo escribí a las fundadoras que en ninguna manera se fundaría si no se pedía cierta particularidad que faltaba". Pero lejos de delegar esta vez, Teresa asume que de nuevo le toca remangarse los hábitos y escribir ella di-rectamente a Felipe II en busca de una solución.

A la sombra de El Salvador, entre el bullicio de la plaza Nueva y la del Arco, ante una tienda de abigarrado escaparate, una niña pide insistentemen-te a su madre una espada. Hace juego con un escudo de madera decorado con una cruz de San Jorge. Me parece que la madre cuenta con experiencia en ir esquivando los incansables asaltos, pero no descarto que acabe sucumbiendo. En esta guerra casi nunca los adultos llevan las de ganar.

Mientras me alejo del intercambio de argumentos, que efectivamente va decantando la batalla hacia la adquisición de la espada, descubro con asombro que la pared de la iglesia está decorada por vistosos vítores rojizos. Me sorprende encontrarme en este rincón ese rastro laudatorio que se expandió desde la Universidad de Salamanca al mundo y, de repente, me siento un poco más en casa. Luego, preguntando sobre el particular, me cuentan que los vítores fueron realizados entre el siglo XVI y el XIX, principalmente vinculados a personajes relevantes en la parroquia. Fueron redescubiertos solo en época reciente, en una restauración tras la pandemia de COVID. Me fijo en el vítor del padre lector fray Roque Delgado, cuya inscripción se remata con una espada. Creo que es una señal. Efectivamente: vuelvo los ojos a la tienda de la que sale triunfante la niña enarbolando escudo y estilete, desmintiendo su gesto fiero con la enésima promesa a su madre de que su recién adquirido arsenal "no es para atacar a nadie".

Vuelvo a seguir los recovecos de la calle Mayor para regresar hasta el convento de las carmelitas, primero por un tramo extraordinariamente estrecho que poco a poco se ensancha hasta llegar a San José, vestigio de una antigua capilla en honor al mismo santo en la que poco a poco fue creciendo la fundación teresiana caravaqueña.

Para eso fue necesario que la madre recurriera al favor del rey en cuanto vio que la licencia establecía "que fuese la casa sujeta a los comendadores y las monjas les diesen la obediencia, lo que yo no podía hacer, por ser la orden de nuestra Señora del Carmen".

La petición se debió de enviar a mediados de mayo de 1575 y la respuesta es rápida. En una provisión firmada en Valsaín el 9 de junio, Felipe II ordena que se le de licencia a las monjas de forma excepcional bajo sujeción de la orden del Carmen. A cambio, establece la obligación del diezmo hacia la de Santiago y también reconoce la potestad de los caballeros para supervisar el estado del monasterio y sus bienes, aunque "no de las personas de las monjas, ni inquietar, ni remover ninguna de ellas".

Teresa no ve gran inconveniente en la contrapartida: "hízome tanta merced el rey, que en escribiéndole yo, mandó que se diese, que es al presente don Felipe, tan amigo de favorecer los religiosos que entienden que guardan su profesión, que, como hubiese sabido la manera de proceder de estos monasterios, y ser de la primera regla, en todo nos ha favorecido. Y así, hijas, os ruego yo mucho, que siempre se haga particular oración por su majestad, como ahora la hacemos".

De vuelta a la plaza del Templete, mientras empieza a caer a plomo un sol que sin llegar a ser asfixiante aprieta lo suyo, como es propio en el verano murciano, decido parar a tomar un café en la curiosa terracita que se extiende a pocos metros del arrullo de los surtidores. El Kiosco de Piedra es uno de esos lugares de los que uno no puede evitar enamorarse enseguida al verlo conservado por una pátina de historia y modestia, recuerdo de tiempos que quizá ya no son los suyos, pero por los que sigue caminando con entereza.

Me han dicho que sigue siendo referencia para los vecinos como una calle más, punto de encuentro y, también, que de aquí salió la fuchina, un particular licor local que ya no sé si se administra o no, pero que tampoco me planteo probar. Me conformo con mi apetecible café mientras observo uno de los edificios que me han traído hasta aquí, la Casa de Cultura Emilio Sáez. La antigua construcción señorial hoy ha sido reconvertida en biblioteca y en su planta baja acoge el Archivo Municipal donde se conservan los grandes tesoros documentales de la ciudad, entre ellos un manuscrito de santa Teresa de Jesús titulado *Memoria de lo que se ha de hacer en Caravaca*.

Cuando se establece gracias a la provisión real la nueva licencia para la fundación de Caravaca bajo la orden del Carmen, Teresa ya se encuentra en Sevilla desde hacía aproximadamente un mes. Mantiene continua correspondencia con las dos aspirantes a novicias que prosiguen su vida de encierro en la casa de doña Catalina y a las que promete que no va a dejar abandonadas.

Escribe a Antonio Gaitán a Alba para que regrese a Caravaca y prepare la casa de Rodrigo de Moya, padre de una de las jóvenes novicias, como alojamiento provisional hasta que pueda adquirirse el convento definitivo. "Díjele que fuese para que pusiese torno y redes a donde se había de tomar la posesión y estar las monjas, hasta buscar casa a propósito". El fiel caballero se dedica a estas tareas durante todo el mes de agosto y, finalmente, Francisca de Cuéllar y Francisca de Tauste saldrán de casa de doña Catalina para dirigirse a esta nueva casa en la calle Mayor.

Mientras, Teresa continúa desarrollando la dificultosa fundación sevillana, sin sentir que pueda acometer la de Caravaca ante los continuos problemas. "Mas como yo estaba tan lejos y con tantos trabajos, no podía remediarlas, y habíales harta lástima, porque me escribían muchas veces con mucha pena, y así ya no se sufría detenerlas más".

Así que toma una decisión inédita hasta el momento. Habrá fundación, pero ella no acudirá a ponerla en marcha como hasta ahora ha sido su costumbre. De acuerdo con el padre Gracián, establece que acudan a Caravaca las monjas que había pensado inicialmente para el nuevo convento, pero se habían quedado en Malagón al aplazarse el primer intento.

"Acordó el padre maestro fray Jerónimo Gracián [...] que fuesen las monjas que allí habían de fundar, aunque no fuese yo, que se habían quedado en San José de Malagón. Procuré que fuese priora de quien yo confiaba lo haría muy bien, porque es harto mejor que yo". La elegida es Ana de San Alberto, que está con ella en Sevilla. Allí, antes de que acuda a Malagón a recoger a las cuatro compañeras con las que irá a Caravaca, le entrega de su puño y letra la memoria con las indicaciones precisas de cómo poner en marcha el nuevo convento y una carta de poder en la que le confiere, junto al padre Ambrosio de San Pedro, la legitimidad para la fundación.

"Sepan cuantos esta carta vieren cómo yo, sor Teresa de Jesús, monja profesa de la orden de nuestra Señora del Carmen de esta ciudad de Sevilla [...]

otorgo y conozco que doy todo mi poder cumplido, cuan bastante de derecho se requiere, a sor Ana de San Alberto, monja profesa de la dicha orden…"

Desde la Casa de Cultura, a través de la sombra fresca de fresnos y arces de la Corredera, en un agradable paseo regresamos hasta el apretado núcleo urbano junto a la calle Mayor. Dos puertas cerradas, marcando un ligero ángulo, sitúan el convento e iglesia de San José. En 2003, las carmelitas descalzas dejaron la casa de Caravaca y, tras ser adquirido por la Región de Murcia, el edificio cuenta con gestión municipal, donde es frecuente la programación de actos culturales en el antiguo templo, mientras que el amplio convento permanece clausurado, aunque bien mantenido en general.

Son las huellas de la duodécima fundación teresiana, que tiene lugar los primeros días de 1576. La madre descarta enviar de nuevo a Caravaca a Julián de Ávila y a Antonio Gaitán, quien no hace mucho que ha regresado a Alba tras adecuar para convento temporal las casas de Rodrigo de Moya, y manda en su lugar acompañando a las monjas a fray Ambrosio de San Pedro, de Almodóvar del Campo, y al lego fray Miguel de la Columna. A Ana de San Alberto se unen en Malagón Bárbara del Espíritu Santo, Ana de la Encarnación, Juana de San Jerónimo y Catalina de la Asunción. "Llegadas allá, fueron recibidas con gran contento del pueblo, en especial de las que estaban encerradas", recoge Teresa, que destaca cómo inmediatamente Francisca de Tauste y Francisca de Cuéllar tomar el hábito descalzo.

El convento se funda oficialmente el 1 de enero de 1576 –"Año del nacimiento de Nuestro Señor de 1576, a primer día del mes de enero, se fundó este convento de San José de la villa de Caravaca, y siendo fundadoras las ilustres señoras doña Catalina de Otálora y doña Francisca de Sahojosa y doña Francisca de Cuéllar y doña Francisca de Tauste …"–, y se coloca el Sacramento el 8 de enero. Aunque Francisca de Sahojosa no participa en la fundación propiamente, porque había abandonado la reclusión, acabará igualmente profesando en 1578 como Francisca de la Madre de Dios y con el tiempo llegará a ser priora.

Las obras se inician bajo el atento seguimiento de la madre en la distancia y se prolongarán durante siete años, por lo que Teresa ya no llegaría a conocer su culminación.

Tras la salida de las madres en 2003 hacia Tallante, el convento ha quedado como congelado en mitad de un día cualquiera, esperando que las hermanas retomen su labor. Aunque falta alguna parte del mobiliario, el recorrido por las estancias mantiene perfectamente esa atmósfera de recogimiento que marcó la vida de la comunidad durante siglos.

La parte más viva hoy es la iglesia, que sirve a menudo de auditorio. Un bello templo lleno de pinturas al fresco que adquirió su actual imagen rococó en el siglo XVIII. Se cuenta que el refulgente dorado del retablo mayor fue una cesión de los vecinos jesuitas, que habían adquirido una gran cantidad de pan de oro para su retablo cuando les llegó el decreto de expulsión.

El convento es un espacio humilde, de severa austeridad, construido piedra sobre piedra, año sobre año, en el que conviven los sencillos somieres de las celdas con una enfermería moderna, donde se atendía a las hermanas de mayor edad, o con una cocina económica junto a la chimenea que recuerda los tiempos en los que los guisos se hacían sobre todo a fuerza de espera y de paciencia.

Tuvo tres escaleras el convento, la principal todavía decorada con interesantes lienzos, que permitían a las carmelitas moverse por un espacio ciertamente amplio en el que se encuentra el conocido como Pasillo de las regidoras (porque las tres franciscas pertenecían a la nobleza local y, de hecho, De Tauste, luego Francisca de San José, era hermana del regidor Miguel Caja). Llegó a ser una comunidad numerosa, como refleja el refectorio con bancos corridos, donde se conserva también un espacio elevado para el atril desde el que una monja realizaba las lecturas al resto de hermanas durante las comidas: "Ya comáis, ya bebáis, hacedlo todo para gloria de Dios", se lee en su pared.

Notables dimensiones también las de la antigua huerta, hoy prácticamente un espacio selvático, pero en el que siempre hubo cultivo de frutas y hortalizas, compatibilizado con la cría en corrales. De todo eso apenas queda nada, salvo dos testigos impresionantes. Son los llamados cipreses de las carmelitas. Dos portentosos árboles de más de 20 metros de altura y notable grosor, con unos 250 años de antigüedad y que se mantienen en aceptable buena forma a pesar de los inevitables achaques de la edad. Su silueta verde sobresaliendo del conjunto de tejados permite situar perfectamente el antiguo convento desde lo alto del castillo.

Desde su clausura, las carmelitas nunca fueron ajenas ni a la devoción a la Santa y Vera Cruz de Caravaca ni a sus celebraciones. En el locutorio alto se entregaba tradicionalmente cada año, el 2 de mayo, la bandeja de flores que luego el alcalde ofrece en nombre de la ciudad a la reliquia. También, se dice, del interior del convento partió la tradición de regalar cruces de Caravaca a los seres queridos.

El 3 de diciembre de 1576, Teresa escribe a María de San José, priora de Sevilla, refiriéndole distintas novedades de las comunidades descalzas y señala que "Alberta ha escrito a doña Luisa y enviádola una cruz". Alberta es el nombre cariñoso con el que se refiere a Ana de San Alberto, que había enviado la cruz de cuatro brazos a Toledo a doña Luisa de la Cerda, protectora del convento carmelita de su Malagón natal.

Aunque no ha quedado referencia en sus escritos, la priora sin duda también le hizo llegar a la propia Teresa de Jesús una cruz de Caravaca, que la habría acompañado en sus últimos años y que es la que encuentra Ana de San Bartolomé en el lecho en el que fallece la Santa en Alba de Tormes. Años después se la entregaría a Ana de Jesús, quien la lleva consigo a la fundación del convento de Bruselas, donde todavía hoy se conserva esa pequeña pieza de madera.

Es imposible separar la historia de Caravaca de la de la cruz que le da nombre. Una historia de devoción que atraviesa los siglos. La leyenda más extendida asegura que la cruz llegó a Caravaca en el siglo XIII de forma milagrosa. Un sacerdote, Ginés Pérez Chirino, se había adentrado en territorio musulmán para predicar el cristianismo y fue apresado. Su pasión por Jesús cautivó sin embargo al gobernante de la ciudad que quiso presenciar una misa oficiada por él. Cuando el sacerdote reparó en que sobre el altar que había improvisado no había cruz paró la celebración, pero en ese momento dos ángeles aparecieron con una cruz patriarcal que depositaron ante los ojos de todos. Eso habría motivado que tanto el gobernante como su familia y guardia se convirtieran al cristianismo.

Hay más versiones sobre la llegada de la cruz, entre ellas la posibilidad de que la trajeran los templarios cuando se hicieron cargo de la encomienda, pues su costumbre era tener en cada uno de sus conventos un *lignum crucis*.

En todo caso, en torno a la Santa Cruz pronto crece una enorme devoción que suscita indulgencias, peregrinaciones y donaciones para ir enriqueciendo el relicario que la contiene y también la capilla que la custodia en una de las torres del castillo. En el siglo XVII, el espacio se ha quedado definitivamente pequeño para acoger a los peregrinos y Felipe III ordena la construcción de la actual basílica, cuyas trazas corresponden precisamente a uno de los mejores exponentes del barroco carmelitano, fray Alberto de la Madre de Dios. Las obras concluyen en 1703 y unos cuarenta años después se decide engalanar la fachada con ricos mármoles murcianos.

En 1813, durante la ocupación francesa, se produce el expolio de la basílica, pero, aunque los soldados de Napoleón roban el relicario, la cruz ha sido puesta a salvo, saliendo de manera oculta hasta el convento de las madres carmelitas, donde fue custodiada en una caja de madera.

En 1934, se producirá el robo de la reliquia por un autor desconocido, lo que genera enorme consternación en la ciudad. No obstante, el culto no decae y en 1942 se produce el envío desde el Vaticano de dos fragmentos de la Vera Cruz, que son colocados en una réplica del relicario sustraído. En 1945 la reliquia regresa a su basílica, una vez restaurada tras los estragos de la Guerra Civil, que se convierte en punto de llegada de infinidad de peregrinaciones, particularmente cada siete años con motivo del año jubilar.

Las fiestas en torno a la cruz en Caravaca son una sucesión de imágenes y momentos de enorme vistosidad que tienen uno de sus epicentros en el Templete del Baño de la Cruz. Un monumento hexagonal de finales del siglo XVIII que institucionaliza una tradición que se remonta al siglo XIV en la que, cada 3 de mayo, el relicario con la Santa Cruz se sumerge en el agua que luego regará las huertas con el fin de bendecirla.

Curiosamente, una de las casas con vista envidiable al Bañadero, formando una suerte de y griega en la pendiente que trepa por las calles de la Cruz y Ciruelos, es aquella en la que se hospedaba san Juan de la Cruz en sus visitas a Caravaca. Teresa no pudo por distintas vicisitudes acudir nunca a la ciudad, pero depositó toda su confianza en la priora y cuando Ana de San Alberto le solicitó un confesor, no dudó en pedírselo a fray Juan. De él hizo a sus monjas esta presentación: "hagan cuenta que soy yo; trátenle con llaneza sus almas, consuélense con él, que es alma a quien Dios comunica su espíritu".

Juan de la Cruz ha escapado en agosto de 1578 de su cruel encierro en Toledo, ha pasado por Almodóvar del Campo y ha recalado en la Peñuela, donde comienza a encargarse de la dirección espiritual de las monjas de Beas de Segura. Poco después, siendo ya rector del colegio de Baeza, a finales de 1579, recibe el encargo de acudir también a Caravaca, donde según la tradición ya se alojó en la humildísima casa junto al Templete.

Regresaría en ocho ocasiones, entre ellas a la elección en 1581 de priora, en la que volvió a ser elegida Ana de San Alberto. Entonces ya planteó la posibilidad de que se dieran pasos para abrir una fundación de frailes descalzos en Caravaca: "dijo el santo: «madre priora ¿por qué no trata de que aquí haya un convento de frailes?» Sonrióse esta testigo pareciéndole que era imposible por la poca comodidad que había. Díjole: «anímese y trate de ello, que es voluntad de Dios, y se ha de servir mucho de él; mire que sin falta saldrá con ello»".

No fueron pocas las dificultades hasta que, finalmente en 1586, se consigue la autorización para fundar el convento de El Carmen. Primero fue necesario convencer al capítulo de la orden y, posteriormente, la autorización real, solicitada por la villa de Caravaca en febrero de ese año, según el documento que consta en el Archivo Municipal: "en nombre de esta villa puedan parecer y parezcan ante su majestad y señores del Real Consejo de Órdenes y allí y dónde con derecho deban y pidan y supliquen a su majestad sea servido de dar licencia para que en esta villa se haga y funde un monasterio de frailes descalzos".

Ana de San Alberto, que se convertirá en una destacada discípula del místico, recogerá: "el dicho venerable padre vino a esta villa y puso el Santísimo Sacramento en una casica harto pobre, que para dar principio a esto se alquiló junto a Nuestra Señora de la Concepción". El relato del cronista Jerónimo de San José refleja que era "un cuarto de casa de tapias viejas y tabiques de veinte y seis pies de largo y diez y seis de ancho, el cual estaba en medio de una calle muy espaciosa, sin tener cosa arrimada. Poseíanla moriscos y pagaban seis ducados de renta".

Hoy aquella casuca es un convento sobrio y elegante, también, como la basílica de la Santa Cruz, con diseño del carmelita fray Alberto de la Madre de Dios. Se da la circunstancia de que el notable arquitecto había conocido a Juan de la Cruz en el carmelo segoviano en 1590. Fray Juan, ya en el tramo final de su vida, debilitado y enfermo, pasó unos días postrado en la cama y el futuro eminente tracista había ingresado con quince años como lego, ayudando en la cocina. Se cuenta que el joven le sirvió un caldo de pollo que fue alabado por el Santo. Quizá recogiendo esa tradición, hoy el convento caravaqueño funciona como hospedería.

Justo enfrente de El Carmen se expande la plaza de San Juan de la Cruz, donde se encuentra una de las imágenes más famosas del místico, realizada en bronce en 1986, con motivo del cuarto centenario de la fundación conventual en la ciudad, por Rafael Pi Belda. A pesar de las descripciones de persona menuda y castigada físicamente por su encierro toledano y su extremo rigor en la regla, el fraile aparece en un caminar seguro y poderoso, decidido. Quizá porque el escultor no reflejó su apariencia exterior, sino un mundo interior lleno de maravillas espirituales, como las recogidas en su *Cantar del alma que se huelga de conocer a Dios por fe*, que llena la peana. Aunque fue escrito en su prisión, está lleno de figuras que luego encontraría en su camino por la Sierra de Segura entre Beas y Caravaca:

> "... Aquella eterna fonte está escondida,
> que bien sé yo do tiene su manida,
> aunque es de noche..."

No es la única gran representación sanjuanista en la ciudad –que subraya su privilegiada condición de acoger fundaciones de Teresa de Jesús y Juan de la Cruz–, ya que, en la misma calle Mayor, en la antigua iglesia de la Compañía de Jesús, hoy sala expositiva, el espacio del antiguo altar mayor lo ocupa un inmenso retrato del fraile, de más de catorce metros de alto y ocho de ancho, que realizó en ese mismo lugar y en apenas dos días el pintor Santiago Ydáñez. Fue en 2018, con motivo de una muestra dedicada a los místicos. Una vez finalizada la exposición, regaló el enorme lienzo a la ciudad.

Ydáñez se aventuraba así en la iconografía de los fundadores descalzos, seis años antes de realizar su monumental Santa Teresa para Beas de Segura. Curiosamente, también aquí el modelo lo encontró en Iberoamérica, no en vivo como ocurrió con la madre, sino a través de una talla barroca venerada en Perú. Ocres, rojos y amarillos se distribuyen por la colosal obra, figurando un pecho en llamas, como el corazón elevándose sobre un fondo negro y azul, escapando de la noche oscura del alma.

Hora de meter en la mochila libros, apuntes y recuerdos y seguir camino. Antes de dejar la bella ciudad, me doy el capricho de aprovechar el poco rato que me resta para la salida en subir una última vez hasta el castillo, visitar la Santa Cruz y recrearme de regreso en el monumento a los Caballos del Vino. Otra de las peculiares tradiciones de Caravaca, reconocida como Patrimonio Cultural Inmaterial de la Humanidad, que recuerda de la forma más vistosa aquellos lejanos tiempos de luchas entre moros y cristianos.

En el descenso paro en una de las muchas tiendecitas y decido a última hora llevarme también unos alfajores. Como no podía ser de otra forma, sobre las obleas que dan forma a este dulce de almendras, nueces y miel, está impresa la cruz de Caravaca. Me hace sonreír pensando en las obleas que siempre había en casa de mis abuelos para hacer el "ofrecijo" por si había visita. Yo mordisqueaba como un ratón la lámina, pero sé que mi abuelo tenía un ritual que exigía partirla en cuatro, en forma de cruz, pronunciando una pequeña oración de agradecimiento por el manjar.

Son curiosas las tradiciones, cómo se trazan líneas a través del tiempo y la distancia entre la Sierra de Francia y la de las Cabras. Y como, en fin, hay huellas en forma de cruz que se quedan en el corazón. Como pasó a Teresa de Jesús, que nunca pudo venir a Caravaca, pero siempre se sintió muy cerca de aquí, hasta el último momento. Por eso, seguramente, la ciudad la considera tanto tiempo después una vecina más.

VILLANUEVA DE LA JARA
TODO POR Y PARA TERESA

Lo que cambia todo, en general, pero en particular la publicidad. Hoy nos molesta cualquier anuncio, como un cuerpo extraño en el contenido que hemos elegido en nuestra plataforma, pero entonces los niños estábamos deseando que se callaran las cosas serias que salían en la tele, meras interrupciones entre bloque y bloque de publicidad, para disfrutar por fin de aquellos anuncios que nos sabíamos de memoria y cuya tonadilla repetíamos sin cesar en casa, por la calle o en el patio del colegio.

Estaba el cupón de la ONCE, los turrones que volvían a casa, una animada bayeta y decenas más. Un día, entre ellos se colaron unos simpáticos seres blancos, algo cabezones, muy bailarines, y empezaron a tronar con voz algo chillona: "¡Hágale un rincón al champiñón!".

Esos champiñoncitos, con la más avanzada tecnología de animación de los ochenta, procedían, no tengo duda, de Villanueva de la Jara. El municipio conquense fue el primero de España que profesionalizó el cultivo de estos hongos, aprovechando la tradición de cuevas de la región.

Hoy se producen cinco millones de kilos al año. Se cultivan en entornos de limpieza quirúrgica, donde se controla la luz, la temperatura y la humedad en un proceso que acaba desarrollando varias y vistosas variedades, muy apreciadas en la gastronomía.

Mira por dónde en este rincón de La Manchuela me he venido a reencontrar con esa melodía de mi infancia, inopinadamente, siguiendo las huellas de Teresa de Jesús. Hay muchos dichos populares que señalan la cría presuntamente fortuita de champiñones, bajo la lluvia y otros motivos, fácil y abundante, pero nada más lejos de la realidad. En una de las bodegas donde se cultivan descubro que todo es fruto de un trabajo medido y casi milimétrico.

Tampoco a Teresa nada le fue fácil. Desde el primero de los conventos fundados en Ávila, todo ha sido una lucha llena de coraje y determinación. Ni siquiera en los casos en los que todo parecía más a propósito, dejaron de presentarse las complicaciones. Estamos en el siglo XVI y hay una monja que desde su profunda espiritualidad busca una nueva relación con Dios bajo una reformada regla descalza; que derriba paredes, físicas y mentales, que abre puertas, que se cartea con el rey.

Una monja con el pecho atravesado por una férrea fe, que ha alcanzado los 65 años, muy cansada y mermada físicamente. Hacía muy poco que, aseguran, el diablo la había tirado por una escalera en el convento de Ávila. Salió con el brazo dislocado, pero sin merma en su determinación. Más le habían dolido los cuatro años de parón en las fundaciones por la persecución a los descalzos y no había tiempo que perder.

No fue fácil, no, preparar la siembra de la reforma, como no lo es realizar el compost para cultivar los champiñones. Luego, es verdad, la inmensa fuerza de esta mujer hizo que las vocaciones empezaran a brotar como setas y sus conventos se extendieran por el mundo. Pero nunca es sencillo. Tampoco en Villanueva de la Jara.

Vengo de una ciudad que presume de tener dos catedrales. La Vieja, la recogida y primorosa románica, tiene el sobrenombre de *fortis salmantina* por su aspecto de fortaleza. También he conocido en Portugal varios templos que incorporaban a los elementos propios de un lugar de culto rasgos militares como almenas o corredores: Guarda, Coimbra o Lisboa, por citar los más famosos. Sin embargo, nunca me había topado con una basílica amurallada. La iglesia de la Asunción es una curiosa combinación de estilos y usos sobrepuestos en torno a la que en gran medida gira la vida de los jareños. Aquí, ante el poderoso ábside poligonal se recorta una imagen no menos vigorosa de Teresa de Jesús, levantando una cruz al cielo, porque en esta villa hay muchas cosas –calles, fiestas, oferta cultural– que hablan de la Santa.

Hace no mucho que, entre Toledo y Ávila, Teresa ha escrito su cumbre espiritual, *Las moradas*, una guía de oración en la que recurre precisamente a la metáfora del alma como castillo. "Pues consideremos que este castillo tiene como he dicho muchas moradas, unas en lo alto, otras embajo, otras a los lados; y en el centro y mitad de todas éstas tiene la más principal, que es adonde pasan las cosas de mucho secreto entre Dios y el alma".

Apenas dos años después la va a recibir esta villa que, curiosamente, había convertido un viejo castillo en iglesia. Un lugar lleno de encanto donde descubrir una nueva aventura fascinante que comienza en uno de los momentos más tormentosos, fuera y dentro del espíritu de Teresa, para la reforma. La persecución a los descalzos se ha desatado, intentando evitar que crezca dentro de la orden la nueva corriente, y la situación ha salpicado a la mística, que recibe el mandato del general de confinarse en el convento que elija y cesar sus fundaciones. "Le pusieron de suerte que ponía mucho porque no pasasen adelante los descalzos, que con los monasterios de las monjas siempre estuvo bien. Y porque yo no ayudaba a esto, le pusieron desabrido conmigo, que fue el mayor trabajo que yo he pasado en estas fundaciones, aunque he pasado hartos".

Teresa decide recluirse en Toledo, año 1576, un lugar cuyo clima siente que le es particularmente propicio, aunque en la correspondencia que mantiene se evidencia el desconcierto del momento –"érame una muerte"–, señalando tan pronto que su destino sería Malagón como otras veces que se espera dirigir a Ávila, donde finalmente recalaría hasta que pueda retomar la tarea fundadora.

Estando todavía en Toledo, recibe la carta de un clérigo de Villanueva de la Jara que le explica que hay nueve mujeres que quieren ser admitidas como carmelitas descalzas y que, mientras tanto, han decidido encerrarse en la ermita de Santa Ana de esa villa, viviendo "con tanto recogimiento y santidad, que convidaba a todo el pueblo a procurar cumplir sus deseos, que eran ser monjas".

Ya sabemos que Teresa no es demasiado partidaria de este tipo de ingresos bajo su regla. "A mí me pareció cosa que en ninguna manera convenía admitirla" y elabora una lista razonada con cinco motivos: nueve personas le parecen demasiadas; el lugar era muy pequeño como para poder vivir de limosna y la ayuda que, según la carta, se ofrece a brindar el concejo no le parece "cosa durable"; viven en una ermita que no les pertenece; está Villanueva muy lejos de los otros conventos descalzos fundados hasta entonces; y, finalmente, no las conoce personalmente, algo que siempre procura en sus novicias para saber si serán capaces de adaptarse a la clausura. "Y así me determiné a despedirlo del todo".

En Toledo, Teresa se confiesa habitualmente con don Alonso de Velázquez, entonces canónigo de la catedral. El futuro obispo de Osma y luego de Santiago de Compostela ha sido el impulsor, junto al padre Gracián, de que plasme por escrito sus reflexiones sobre la oración escribiendo *Las moradas* y será un enorme benefactor del proyecto teresiano, muy particularmente en la fundación de Soria. En ese momento, la religiosa le consulta el asunto de Villanueva y le enseña las cartas que le han ido enviando. El confesor le cambia completamente el enfoque: "díjome que no lo despidiese, sino que respondiese bien; porque cuando tantos corazones juntaba Dios en una casa, que se entendía se había de servir de ella".

El cambio ha empezado a mutarse, "con parecerme siempre que era desatino admitirlo, cuando respondía, nunca podía responder del todo mal", aunque en ese momento las circunstancias no eran las propicias y no lo serían hasta la vuelta de la actividad fundadora en 1580. "En importunar por ello y procurar personas por quien yo lo hiciese, se pasó hasta este año."

Llegamos a Villanueva de la Jara a través de la N-310, que también sirve en cierta medida de circunvalación y en una de cuyas aceras ya urbanas aparece la pensión Santa Teresa. Es uno de los alojamientos que ofrece la villa a un turismo que llega atraído por la riqueza natural del entorno, la producción de vinos o champiñones, pero también por las huellas dejadas aquí por Teresa de Jesús.

Villanueva es una lámina blanca de casas bajas que se extiende por una reconocible llanura castellanomanchega de la que sobresale el hermoso chapitel de calado barroco de la Asunción. Conoció la Santa esta iglesia, pero no este remate, ya que el primitivo se levanta a mediados del XVII y, tras ser destruido por un rayo, fue reedificado ya avanzado el XVIII.

Tomando el campanario como faro, enseguida aparece a muy pocos metros la Plaza Mayor. El Ayuntamiento es uno de los símbolos de orgullo de la villa, que se ganó esta condición en 1476 de manos de Isabel la Católica y tras la defensa de su causa en la lucha de sucesión castellana. Anteriormente, dentro de los dominios del marqués de Villena, pertenecía administrativamente a Alarcón.

Conseguir el villazgo independiente requería entonces, además de la petición formal por los vecinos, la demostración de la capacidad económica del lugar para sostenerse y afrontar sus obligaciones. Reflejo de este afán, sellado con el singular rollo de justicia que puede todavía verse hoy con un inconfundible diseño en forma de colmena, fueron los proyectos constructivos de grandes edificios religiosos, como la Asunción, y públicos como el pósito o el propio Ayuntamiento. Hoy el edificio municipal forma un armonioso espacio, con sus tres grandes arcos en cada uno de los dos pisos, protegido por la torre del reloj.

Fue precisamente el concejo jareño uno de los actores principales en la negociación para la llegada de una fundación descalza que amparara a las nueve encerradas de Santa Ana. Ellas cuentan con la admiración y el apoyo de todo el pueblo, comenzando por el sacerdote, Juan de Rojas, que les ha permitido ocupar la antigua ermita para vivir allí como beatas, y siguiendo por el resto de los habitantes con su ayuntamiento a la cabeza.

Sabemos que, hasta la llegada de la madre, las nueve mujeres llevan una existencia de penuria. Se hacinan en un lugar pequeño, que no tiene siquiera cerradura, en el que viven con su ropa de calle, remendada, sobre la que se han colocado el escapulario del Carmen. Dedican la mayor parte de su tiempo a la oración y son frecuentes los ayunos y algún exceso en la penitencia.

Fueron casi seis años con "mucho trabajo que tenían en ganar de comer", cuenta Teresa, ya que ni siquiera pedían limosna para sostenerse, por parecerles mucha carga para sus vecinos. Viven de la labor de algunas como costureras y así se costean la harina para el pan que hacen ellas mismas, que debía de ser más bien escaso. Para colmo, gran parte de sus exiguos ingresos los destinan a intentar convencer a la fundadora: "dejaban de comer para pagar los mensajeros que iban a mí, y mostrar la gracia que ellas podían con su pobreza a los que las podían ayudar en algo".

La primera calle que se abre a la derecha en la Plaza Mayor, dejando a la espalda el Ayuntamiento y el antiguo pósito, es la calle de las Nieves y ahí, precisamente, entre fachadas blancas, ventanas bellamente enrejadas y algunas puertas adinteladas de carácter nobiliario, se emplaza hoy la oficina de Correos. Aunque ya no son tiempos de mucha carta, raro es el lugar donde no tenemos más o menos a mano el acceso a un servicio fiable en general, con el que confiamos que nuestro envío llegará a su destino en un plazo razonable.

En el siglo XVI la situación era otra totalmente y no es baladí que Teresa haga constar, en el capítulo de Villanueva de la Jara –puede parecer que con cierta culpabilidad–, el gasto que las beatas destinaban a pagar las cartas. Es un asunto que conoce bien. La frenética actividad epistolar de la religiosa es uno de los casos más singulares en la historia de la literatura. Los testigos afirman que escribía al menos dos cartas al día, lo que significaría que pudo firmar más de quince mil misivas, de las que se conservan menos de quinientas. Son un mapa de pensamientos, urgencias y avatares de la aventura fundacional y espiritual de Teresa.

Y si escribirlas era una dedicación exigente –en los procesos de canonización quedan recogidos los esfuerzos que dedicaba a este cometido: "dijo a este testigo la dicha Ana de San Bartolomé que la acaecía a la dicha Madre Teresa estarse despachando y escribiendo cartas hasta las dos de la mañana, y que se acostaba a aquella hora y decía la despertasen de allí a dos horas"–, enviarlas requería imaginación y dinero.

Lo más barato, y no demasiado seguro, era recurrir a los arrieros, a los que se pagaba en una suerte de contrarrembolso. También estaba el servicio de correo real, caro y solo para las grandes poblaciones. Así que en ocasiones no quedaba más remedio que pagar elevadas sumas para enviar un mensajero propio. Gracián le afeaba a la madre que siendo tan pobre fuera tan "liberal" en este gasto: "diciéndole yo: busquemos quien lleve estas cartas porque no gastemos tanto", a lo que ella respondía que para conseguir crear una nueva iglesia, donde se adorara al Santísimo, "¿qué hace al caso doce ni veinte ducados?".

De cualquier manera, un ejercicio de fe siempre. Por eso los frailes carmelitas del convento de La Roda no dudaron para intentar que Teresa aceptara la fundación de Villanueva de la Jara en, además de insistir por carta, acudir en persona a Malagón para ver si así acababan de vencer su resistencia.

La primera vez en mi vida que oí hablar de La Roda fue con la boca llena de hojaldre y crema pastelera. "¿Miguelitos de dónde?", preguntaba aquel niño con ganas de saber de todo. "De-La-Ro-da". Una de esas exquisiteces que se traían habitualmente de los viajes hacia el Levante que tenían el paso obligado por ese nudo de la provincia de Albacete. Luego, cuando mis intereses se fueron alejando de la glotonería infantil, fui descubriendo otros detalles de este precioso lugar lleno de arte e historia.

De nuevo La Roda ante mí, ahora tras las huellas de Teresa, porque el camino de la fundación de Villanueva de la Jara también pasa por aquí. En las cercanías de este lugar, en un punto alejado de casi todo, había ido a recalar Antonio de Jesús, el primer fraile en seguir la reforma teresiana junto a Juan de la Cruz, precisamente huyendo de la persecución desatada contra los descalzos. El fraile se involucrará en el caso de las nueve eremitas de La Jara, cuya causa hará propia desde uno de los conventos carmelitas con historia más peculiar, hoy ya desaparecido.

En realidad, aunque aquel monasterio de Nuestra Señora del Socorro siempre se conoció como "de La Roda", núcleo del que estaba muy cercano, su emplazamiento actual pertenecería al término municipal de Casas de Benítez, en Cuenca. Y, no, desgraciadamente para mi paladar, más que dulce hojaldrado exquisito, lo que hay aquí es mucho ascetismo, rigores penitenciales y, hoy, maleza.

La historia comienza con un nombre, Catalina de Cardona. Se trata de la hija ilegítima de Ramón de Cardona, virrey de Nápoles, nacida en 1519. Ingresó en el convento de las Capuchinas partenopeas tras enviudar de su temprano matrimonio, acordado cuando contaba 13 años. Luego, Felipe II le ordena en 1557 que viaje a España, donde tendría un lugar preeminente en la corte, como aya de Juan de Austria. Deseosa de dedicar completamente su vida a la oración, ayuna, ora por las noches y suele imponerse un cilicio de cadenas y otros tormentos. El rey le solicita que se haga cargo del palacio de su amigo Ruy Gómez de Silva, príncipe de Éboli, en el que permanece unos años, extremando sus prácticas de penitencia. En 1562, aprovechando un viaje del príncipe a la villa de Estremera que acaba de adquirir para fundar su ducado, escapa disfrazada de hombre y se traslada a una zona despoblada junto al cauce del Júcar, cerca de La Roda.

Allí empieza a tener una vida de total ascetismo en una cueva, a menudo sin más comida que "las hierbas del campo y raíces", escribirá Teresa según lo que ha oído o quizá le ha contado la propia Catalina, a la que no llegó a conocer en persona, pero con la que sí se carteó.

En 1566 descubre la cueva y a su moradora un pastor, llamado Benítez, que difunde la noticia de que allí habita una "mujer santa". El lugar se convierte en un espacio de peregrinación, multitudinaria por momentos. Catalina pedirá la intercesión de los príncipes de Éboli para que se autorice la fundación junto a la cueva de un convento de frailes descalzos que la asista espiritualmente y la proteja. Para conseguirlo, debe regresar a la corte, adonde acude ya con el hábito carmelita que ha recibido en Pastrana en torno a 1572. En 1575 pide ayuda al municipio de Cuenca para la construcción del monasterio cuya autorización ya se le ha concedido.

En toda esta historia, tienen un papel fundamental dos descalzos que ya hemos conocido: fray Juan de la Miseria –autor del retrato de Teresa en Sevilla–, que es quien escribe la biografía de Catalina de Cardona, y fray Ambrosio Mariano de San Benito, que también aquí dará muestras de su talento de ingeniería y construirá la comunicación bajo tierra entre el nuevo convento carmelita y la cueva.

Teresa escribe sobre la eremita desde la admiración –aunque intuyo que asoma algo de su particular humor cuando dice de ella que "era tan grande el olor que tenía de reliquias"–, si bien nunca fue partidaria de que sus descalzas siguieran la senda de las autolesiones y penitencias extremas.

Hoy la cueva de Catalina de Cardona, anunciada por un monolito conmemorativo, permanece en un lugar algo difícil de encontrar, a pocos metros de la canalización del transvase Tajo-Segura. Del antiguo monasterio carmelita del Socorro apenas quedan unas pocas ruinas en pie, una vez que los frailes, a comienzos del siglo XVII decidieran trasladarse hasta Villanueva de la Jara.

Pero por aquí paso, efectivamente, Teresa, cuando sus reticencias a fundar en Villanueva saltaron finalmente por los aires. En Malagón, tras comulgar, se siente reprendida por Jesús por no admitir la nueva empresa, "diciéndome que con qué tesoros se había hecho lo que estaba hecho hasta aquí; que no dudase de admitir esta casa, que sería para mucho servicio suyo y aprovechamiento de las almas".

Al fin todas las presiones acaban por surtir efecto y Teresa admite desplazarse hasta la Jara, recibida la licencia del vicario general de los descalzos, Ángel de Salazar, para el nuevo convento. De nuevo es el concejo de Villanueva el que da un paso al frente para la ansiada fundación y sufraga la expedición, con un coche para la madre, que se encuentra bastante enferma, en el que viajan el prior carmelita de La Roda, fray Gabriel de la Asunción, y fray Antonio de Jesús.

Salen de Malagón el 13 de febrero de 1582. El viaje por los campos invernales no resulta plácido, aunque tampoco tan penoso como en otras ocasiones. En muchos lugares la caravana es recibida con devoción por los vecinos, como al paso de una santa. Villarrubia, Daimiel, Socuéllamos o Santa Marta van quedando atrás. Con la madre viajan las monjas cuidadosamente escogidas para una fundación particular, ya que no es lo mismo empezar de cero con descalzas que asumir a nueve mujeres que ya llevaban años en su particular encierro.

Entre ellas va Ana de San Agustín, quien precisamente contará que, de noche, en la posada de Santa Marta, compartiendo estancia con Teresa y su enfermera, Ana de San Bartolomé, escuchó "una melodía que parecía venir del cielo, y en verdad no era posible dudarlo, ya por su extraordinaria dulzura, ya también porque en aquel lugar no podía haber música semejante".

Así llegan hasta el convento de descalzos de Nuestra Señora de El Socorro, donde toda la comunidad sale a recibir a las monjas en un acto emocionante. "Cierto, yo iba con tanto gozo interior, que diera por muy bien empleado más largo camino". Teresa también visita las estancias donde ha vivido Catalina de Cardona, muerta en 1577, lamentando no haberla podido conocer en vida, y admirando el prodigio subterráneo: "la entrada de ella es debajo de tierra, como por una cueva, que representaba la de nuestro Padre Elías".

La expedición fundadora está ya a tres leguas de Villanueva y aprovecha para hacer un pequeño alto que sirve para que los frailes regalen para el futuro convento de monjas muchos elementos que los fieles habían ido donando a la ermitaña ante su fama de santidad. "Diéronnos de lo que tenían en la iglesia, para la que íbamos a fundar, que, como esta santa era querida de tantas personas principales, estaba bien proveída de ornamentos".

Allí mismo, un día acabando de comulgar, Teresa siente un gran recogimiento y tiene una visión de Catalina de Cardona glorificada, rodeada de ángeles. La eremita le dice que no desfallezca y que "procurase ir adelante en estas fundaciones". Es el impulso último para llegar a Villanueva "harto consolada y con deseo de trabajar", el primer domingo de cuaresma de 1580, que fue 21 de febrero.

Toda la comunidad de Castilla-La Mancha está llena de referencias de *El Quijote*. También la inmensa provincia de Cuenca, donde tienen lugar algunas de las peripecias del ingenioso caballero. Ocupa un lugar relevante la venta de Manjavacas, donde es armado caballero. "Mirando a todas partes por ver si descubriría algún castillo o alguna majada de pastores donde recogerse y adonde pudiese remediar su mucha hambre y necesidad, vio, no lejos del camino por donde iba, una venta, que fue como si viera una estrella que, no a los portales, sino a los alcázares de su redención le encaminaba". Tras siglos de búsqueda, la venta ha sido emplazada en Mota del Cuervo, a una hora en coche de Villanueva de la Jara y casi a mitad de camino entre la localidad jareña y Malagón, itinerario que hubo de realizar la Santa.

Inmensas extensiones de terreno que cubrir en medios de transporte lentos y nada cómodos hacían de las posadas un elemento indispensable para cualquier viaje. Villanueva, que sigue recordando cada año la llegada de Teresa de Jesús, conserva un testigo privilegiado de aquellas benditas instalaciones que ofrecían algo de seguridad y reposo. La posada Massó, construida en el siglo XVI y por tanto coetánea de la Santa, es hoy un testimonio de los métodos constructivos de la época y de la organización del alojamiento de viajeros, arrieros y demás gente de los caminos.

Situada a la derecha del Ayuntamiento, haciendo esquina con el cuartel de la Guardia Civil, la posada Massó ofrece hoy una visión ordenada, casi cartesiana, amparada tras su gran arco de entrada en un juego de simetrías que prolongan las vigas de madera que sustentan el piso superior. La casona permitía colocar cada carruaje debajo de la habitación que ocupara su propietario. Al menos esto es lo que se supone, aunque me temo que el trasiego de cocheros, huéspedes y demás habitantes de estos espacios se organizaría de forma bastante más caótica. En todo caso, Teresa no se alojó a su llegada en esta posada, sino en la calle Nueva, precisamente adonde conduce el pasaje cubierto que cruza por el medio de la posada Massó. Fue tras un intenso día que comenzó a las afueras del pueblo.

Aquel domingo, todo Villanueva sale a recibirla en cuanto corre la noticia de su llegada. Están los miembros del concejo, los emocionados vecinos y también el sacerdote de la villa, Agustín Ervías. Él había intercambiado no hacía mucho su puesto de canónigo en la catedral de Cuenca con Juan de Rojas, buscando un lugar más tranquilo para vivir y, cómo él, había dado amparo a las nueve encerradas en la ermita, prometiendo además trescientos ducados de renta para el convento de la madre. Toda la población está en la calle, suenan las campanas y reina la alegría. "Me hizo harta consolación ver con el contento que recibían la orden de la sacratísima Virgen Señora nuestra", anota la madre.

No sé el recorrido exacto por el pueblo, quizá pasaron por la Plaza Mayor y desde ahí por la calle Iglesia llegaran a la Asunción. Me lo imagino mientras hago yo mismo ese recorrido y de repente, al embocar la calle, irrumpe la portentosa presencia del campanario de la iglesia, que causaría aún más impresión en ese momento de solemnidad y con todas las campanas sonando.

Remontando la cuesta de la avenida Castilla, en uno de los ángulos más vistosos del templo que se recorta con sus poderosos contrafuertes y su torre, se levanta la estatua de Santa Teresa que, anoto de nuevo, presenta el gesto inusual de levantar la cruz al cielo, ya que aquí vino a traer una regla a las ermitañas de Santa Ana, a tomar definitivamente posesión en nombre de Jesús del lugar.

Acabada la celebración en el templo, la comitiva parte en procesión hasta la ermita. En unas andas va el Santo Sacramento y en otras una imagen de la Virgen. Junto a las primeras, Teresa y las seis descalzas que han acudido con ella a fundar. "Iba la procesión con harta autoridad. Nosotras, con nuestras capas blancas y velos delante del rostro, íbamos en mitad, cabe el Santísimo Sacramento, y junto a nosotras nuestros frailes descalzos". Participan también los frailes franciscanos del desaparecido convento del Dulce Nombre y un dominico.

Entre la Asunción y Santa Ana hay un recorrido de unos seiscientos metros que los vecinos han jalonado con altares a las puertas de algunas casas y ante los que el cortejo va haciendo paradas para orar. "Nos hacía harta devoción y ver que todos iban alabando al gran Dios que llevábamos presente, y que por Él se hacía tanto caso de siete pobrecillas descalzas que íbamos allí".

A Teresa le asalta un pensamiento de cierta culpabilidad por lo que le ha costado admitir esa fundación –"acordándome iba yo entre ellas, y cómo, si se hubiera de hacer como yo merecía, fuera volverse todos contra mí"–, pero ya se divisa la ermita y con ella el esperado encuentro con las nueve mujeres que tanto habían luchado por el convento.

La calle Santa Ana es hoy una de las principales vías jareñas. Un largo recorrido entre casas bajas, salvo alguna llamativa excepción, de fachadas encaladas y zócalos de piedra que conduce hasta el convento donde todavía hoy permanece encendida la llama de las carmelitas descalzas. La primitiva ermita la había fundado un clérigo zamorano, Diego de Guadalajara, que ha construido un pequeño oratorio junto a su casa, dejando voluntad en su testamento de que todos sus bienes se destinaran luego a construir un convento del Carmen. Allí, Juan de Rojas permitió a las nueve hijas del pueblo que llevaran su vida retirada, de oración y penitencia, hasta que finalmente llega Teresa.

El encuentro fue intenso. "Recibiéronnos con hartas lágrimas del gran contento". Las nueve mujeres esperan dentro de la ermita. La fundadora es capaz de transmitir en muy pocas pinceladas el clima de extremo rigor y pobreza que rige. Le llama la atención que cada una vista sus propias prendas, diferentes entre sí, dentro de la comunidad, y que, efectivamente, su aspecto no había sido motivo de preocupación: "bien parecía en él tener poco cuidado de sí, según estaban mal aliñadas, y casi todas tan flacas, que se mostraba haber tenido vida de harta penitencia".

Todo el miedo de las nueve es que la madre las vea tan pobres y ajadas y en una casa tan humilde que renunciara finalmente a la fundación, pero el efecto es totalmente el contrario: "a mí me hizo alabar a nuestro Señor, y mientras más las trataba más contento me daba haber venido". Al fin, el 25 de febrero, tras días que imaginamos frenéticos de organización de la nueva comunidad, las nueve mujeres ingresan en la orden. María de Jesús, Lucía de Santa Ana, María de la Asunción, Ana de la Madre de Dios, Catalina de San Alberto, Ángela de la Trinidad, Elvira de San José, Inés de la Encarnación y Catalina de San Ángelo, alcanzan el soñado hábito carmelita bajo la regla de la madre Teresa de Jesús.

Hasta ese día, la fundadora ha vivido en la casa de Miguel de Mondéjar, en la calle Nueva, donde una placa recuerda hoy a su ilustre huésped. En su estancia, la madre vaticina que las tres hijas de la casa serán monjas del nuevo convento y así será. Isabel de Jesús, Francisca de San Eliseo y Josefa de la Encarnación acabarían ingresando en los años siguientes.

El espacio que hoy ocupa el convento de Santa Ana abarca la antigua ermita y algunas casas aledañas que fueron ampliando un espacio inicial muy angosto. Al igual que había ocurrido en Malagón, la madre tiene una idea clara de cómo debe ser el lugar ideal para que pueda llevarse una vida conforme a la regla descalza, pero antes de iniciar la nueva construcción había un enorme trabajo con las primeras reformas en la casa.

De aquellos tiempos queda como testimonio un Niño Jesús de pequeño tamaño que regalaron los descalzos de La Roda a la madre y que está legó a sus hermanas –hoy conocido como el Fundador– y el pozo del patio del convento. Teresa ha llegado con una salud muy deteriorada y mancada de un brazo tras la caída por las escaleras en Ávila y como la casualidad a veces tiene muy mala intención, en Villanueva volvería a golpearse en ese brazo gravemente. La madre no se resigna a un papel secundario y en el mes que permanece en la nueva comunidad limpia, barre, sirve a las hermanas en el refectorio y también trajina con los albañiles en las obras. En la víspera de San José, se está tratando de colocar el brocal al pozo y en un giro, el obrero golpea a la madre en el brazo y el impacto la tira al suelo. Corre el temor de que el golpe haya sido grave y el albañil pide ayuda, pero Teresa se levanta por sí misma, volviendo a la labor como si nada –"pues no han de ser nuestros deseos descansar, sino padecer por imitar en algo a nuestro verdadero esposo"–, aunque sabemos por el análisis forense de su cuerpo que arrastraría el resto de su vida esa lesión.

Teresa abandona Villanueva dejando como priora a María de los Mártires y a Ana de San Agustín como provisora. En 1596, la madre Ana sería elegida priora y será bajo su mandato cuando se lleven a cabo las obras de construcción del actual convento. Traspasando la bella portada, con un azulejo de santa Ana con la Virgen niña, entramos en una iglesia de una sola nave con un estado impecable que solo puede explicar ese cariño y entrega de las madres carmelitas que no ha cesado ni un solo día.

Además del magnífico retablo, dedicado a santa Ana y con imágenes de santa Teresa y san Juan de la Cruz en las calles laterales, ofrece una vistosa estampa la cubrición del templo. Armadura de par y nudillo con bellos alfardones con estrellas de ocho puntas el cuerpo central, gran ochavo sobre el presbiterio y primorosos escudos de la orden en las pechinas. Aquí todo, los pasillos conventuales, su claustro, el suelo de barro, las techumbres de madera, el primor y el cuidado delicado que hay detrás de cada humilde estancia, conserva el aire espiritual de aquel fervor fundacional.

Ana de San Agustín será no solo estrecha colaboradora de Teresa –"no sé si ella me quiere tanto como yo la quiero; yo le digo que me dan tanto contento sus cartas, que no lo puede creer"–, sino una figura fundamental de los primeros pasos de la reforma tras la muerte de la Santa. Su autobiografía se conserva en el convento de Villanueva, donde había regresado en 1616 tras fundar las carmelitas de Valera. Murió en 1624 y fue declarada venerable. Su sepulcro se conserva a los pies del templo, bajo el coro.

Separado del convento por la hilera de casas de la calle Santa Teresa, en el número 4 de la calle Cardadores y tras un arco embellecido con el emblema carmelita, se encuentra el Centro Teresiano. Una generosa contribución de las madres carmelitas y el municipio a las celebraciones del quinto centenario del nacimiento de Teresa de Jesús que ha convertido la antigua casa del capellán en un espacio de interpretación de *Las Moradas* a través del recorrido por siete estancias decoradas por la artista cubana Ana Queral. Es un viaje sorprendente, acompañado de juegos de luz, sonido e instalaciones, en el que también son las voces de las propias hermanas las que van guiando al visitante en el profundo sentido de la metáfora teresiana del castillo interior. Itinerario en el que no puede faltar un pozo con su fatídico torno, como el culpable de la dislocación definitiva del brazo de Teresa. Episodio al que, por cierto, no guardaría ningún rencor de regreso a Toledo. "Aunque eran treinta leguas de donde vine, no traje cansancio, sino más salud que suelo".

Me queda un último recorrido por hacer: de vuelta por las calles Santa Ana y Madrigal hasta la iglesia de El Carmen, uno de los emblemas del patrimonio de la Jara. Obra del carmelita fray Alberto de la Madre de Dios, realizada en el siglo XVII para dignificar el convento de los frailes descalzos que se habían trasladado desde La Roda, una vez que allí empezaron a surgir distintos problemas. Otra vez el concejo de Villanueva se apresuró a ofrecer los terrenos necesarios para acoger la comunidad. En su interior, custodia la imagen de la Virgen de las Nieves, patrona de la villa.

Cuentan en el lugar que cada octubre Villanueva se llena de hogueras y los vecinos salen a la calle a festejar que una vez a este rincón conquense llegó una mujer que cambió la historia. Hay altares, hay recreaciones históricas y hay procesiones en un territorio donde se respira esa rara belleza de lo sencillo. Porque si algo enseña Teresa es que su mensaje puede estar entreverado entre los huecos y complejas molduras de Villa Enriqueta o en la sencillez de una fachada pintada de blanco. Es la mística de lo constante, de la inmensa llanura que recibe el beso del sol y del aire. La enseñanza de aquella monja que tanta culpabilidad sintió por haberse resistido tanto a venir aquí, de dónde se fue cambiada y contenta. De esa Jara que no la olvida, donde seguramente podríamos decir que Dios también está en los champiñones salteados en una sartén bien sazonada.

BURGOS
PRINCIPIO Y FIN

No se puede dejar de sentir cierta decepción porque ya ni en Burgos haga algo de fresco en un mes de junio especialmente tórrido. La fama de lugar gélido que acompaña a la histórica ciudad también acaba por rendirse ante los cada vez más infernales veranos castellanos. Y eso que hemos venido a hablar de frío.

Es Burgos una ciudad cuya forma alargada sorprende desde la carretera y que al acercarse ofrece una imagen acogedora, de calles y rincones cuidados y bien conservados. Hasta las ruinas tienen esa apariencia. Caminando por el paseo de la Isla, en busca de una sombra fresca por si al ciego sol del poema de Manuel Machado se le pasaban las ganas de apretar, nos topamos con los arcos de Castilfalé. Una puerta a cualquier parte y a ninguna, replantados en realidad desde un lugar no muy lejano, pero que parece que siempre hubieran estado allí con esa mezcla de dignidad, elegancia y senectud que lleva a imaginar todo un palacio alrededor de esa arquería renacentista. O toda una ciudad. Aquella a la que llegó Teresa de Jesús en el siglo XVI.

Era ya entonces la Burgos del Santo Cristo, la de la Catedral, por supuesto, y también la del Camino de Santiago, porque hospitales siempre hubo repartidos por sus viejas calles. La de los mercaderes, la antaño corte que se acercaba a una lenta decadencia que aún desconocía, como también ignoraba que a muy poca distancia se encontraban los restos de homínidos más antiguos de la Península.

Unos yacimientos impulsados por la labor de científicos como Juan Luis Arsuaga, doctor honoris causa por la Universidad de Burgos, entre otras muchas. Con el escritor Juan José Millás ha mantenido largas conversaciones sobre lo humano, la conciencia o la muerte publicadas en una exitosa trilogía. En *La muerte contada por un sapiens a un neandertal*, Arsuaga trata de mostrar al escritor que el proceso de envejecimiento está asociado al ritmo de vida: "si mi coche, en vez de ciento cuarenta mil kilómetros, hubiera hecho solo treinta mil y hubiera dormido en garaje, estaría nuevo".

El paleontólogo habla de especies y no de personas concretas, pero da que pensar esta afirmación si nos referimos a una mujer que recorrió leguas y leguas de aquellos malos caminos de hace casi quinientos años en carros desvencijados o sobre incómodas mulas, que durmió a menudo donde pudo (y a veces hasta con un tronco en la cabeza porque le parecía que el resto del día quizá no hubiera hecho suficiente penitencia), comió no mucho y tuvo que salvar mil barreras sociales, psicológicas y físicas. Debía de ser a sus 67 años una verdadera anciana cuando llegó a Burgos. Y, sin embargo, no le tembló el pulso en esta última fundación. La última aventura antes de emprender el viaje definitivo.

La Catedral de Santa María es la esbelta dueña de toda la ciudad. Raro es el rincón que no ofrece una vista de sus torres caladas, de su impresionante cimborrio a enorme altura o de los pináculos de la capilla de los Condestables. Desde la calle de Fernán González hay una vista cautivadora de los relieves renacentistas de la última puerta en construirse, la de la Pellejería. También la tentación de pasar muchas horas contemplando la puerta gótica de la Coronería, con su excepcional primor detallista. Es la puerta que retrató Sorolla en 1910 con varios palmos de nieve. En esta mañana de verano la mole del templo sirve de leve refugio de sombra, en pleno trazado del Camino de Santiago, para poder observar el edificio que está justo enfrente, el palacio de Castilfalé. En el siglo XVI, propiedad de la poderosa familia Maluenda y hoy sede del Archivo Municipal. Es aquí donde encontramos la huella más antigua de Teresa en Burgos, ya que en esta ocasión no hubo forma de intentar, como a veces ocurrió, empezar el palomar por el tejado.

Algunos años antes de acometer la fundación, varias personas han escrito a la madre para solicitarle que pusiera convento en la ciudad del Arlanzón y, aunque había motivos que la "movían a desearlo", otros trabajos se han ido interponiendo. Todo ello a pesar de que incluso ha contactado durante una estancia en Valladolid, en 1580, con el arzobispo burgalés, Cristóbal Vela, muy amigo de su protector, el obispo Mendoza, y quien le había alentado la fundación sin ninguna duda: "me dijo por la licencia no quedase, que él se había holgado mucho de ello".

Es un momento, sin embargo, de tribulación para una Teresa de Jesús terriblemente afectada por el catarro universal ("pensaron me muriera") y no termina de convencerse a fundar ni en Palencia ni Burgos, donde en principio había condiciones para ello, mientras le sigue rondando la idea de llegar al fin a Madrid. "Estoy en Ávila, adonde me mandó el padre provincial estar hasta que nuestro Señor sea servido que el ilustrísimo cardenal [Quiroga] nos mande dar licencia para Madrid", escribe en octubre de 1581.

Recuerda aquellos días considerando que lo que la retenía "paréceme era el demonio" y, como contrapartida, pronto comienza a sentir en oración de nuevo el impulso de fundar, cimentado en la eterna confianza de que no le faltará la ayuda recibida en otras empresas anteriores: "el mismo soy", escucha.

Acomete primero la fundación de Palencia, más cercana a Valladolid y regida por el obispo Álvaro Mendoza, anterior obispo de Ávila y uno de sus grandes protectores. Desde allí, surge la oportunidad de abrir convento en Soria de una forma sencilla que, frente a las dificultades habituales, la madre no desaprovecha.

Desde la Trinidad soriana escribió al arzobispo de Burgos para tratar el nuevo proyecto y aunque le responde que "deseaba mi ida con mucho amor", añade que las condiciones para ello ya las fijó al enviado del obispo de Palencia, Juan Alonso, a quien ha exigido un requisito no contemplado en un principio: para que funde en Burgos, la madre ha de contar con la autorización del concejo: "que no convenía hacerse monasterio si no era de renta o con consentimiento de la ciudad".

Volvemos a la calle Fernán González, lugar de tránsito de peregrinos y de grupos que recorren el perímetro deslumbrante de la catedral. Enfrente, el palacio de Castilfalé, con su juego de vanos asimétricos, su robusta piedra que da paso a un elegante ladrillo que crece hasta una torre en el lado izquierdo, testigo a menudo discreto del concurrido paso por una de las arterias históricas de la ciudad. Es aquí donde se guarda a buen recaudo esa bienvenida que el concejo burgalés se apresuró a dar a la revolución descalza.

Lo lleva a consideración Alonso de Santo Domingo Manrique, uno de sus alcaldes mayores, a instancias de su madre, doña María Manrique, muy amiga de la gran impulsora de la llegada a Burgos de las monjas de Teresa, doña Catalina de Tolosa. Ellas han trabajado en la sombra de manera infatigable para que ese trámite llegue a buen puerto. "Visto lo que el dicho señor don Alonso ha propuesto, dijeron que atenta que esta es obra tan pía y necesaria para esta ciudad, que den petición sobre ello y esta ciudad dará su consentimiento como se pide". Es 4 de noviembre de 1581.

Para alguien que viaja desde el viejo corazón de la meseta, tiene Burgos algo como de ciudad cantábrica, solo que en vez de mirar al mar mira a un cielo que casi nunca se está quieto. Del azul intenso al nublado que luego se deshilacha en madejas de algodón, para volver a empezar hasta que sale la luna. Refuerza esa impresión de caserío casi costero, con altos miradores acristalados, la entrada desde la sobria iglesia de San Lesmes, aquel abad del siglo XI, patrón de la ciudad. Cruzar el puente de las Viudas para acceder por el arco de San Juan a la calle del mismo nombre deja de lleno en una de las venas fundamentales por las que hormiguean burgaleses, peregrinos y visitantes durante todo el año. Su trazado serpeante es un recorrido por épocas y estilos, desde la elegancia modernista hasta el funcionalismo que introduce la avenida del Cid Campeador (¿cómo no va a estar el Cid metido en el meollo de esta ciudad?). Y así, al poco, desembocamos en el bullicio de la plaza del Huerto del Rey, que aquí simplemente se conoce por el nombre más familiar de la Flora, por la bella fuente que ocupa uno de sus lados y que recuerda uno de los abastecimientos fundamentales de la ciudad que se remonta al siglo XVII.

En tiempos de Teresa, aunque ya tenía fuente, era conocida como la plaza de la Armería y en ella estaban los palacios principales de la poderosa burguesía comercial. Aquí tuvo su casa precisamente doña Catalina de Tolosa. "Había en esta ciudad de Burgos una santa viuda, llamada Catalina de Tolosa, natural de Vizcaya, que en decir sus virtudes me pudiera alargar mucho, así de penitencia como de oración, de grandes limosnas y caridad, de muy buen entendimiento y valor".

Doña Catalina era viuda de un rico comerciante guipuzcoano, Sebastián Mucharaz, y quedó totalmente conmovida por la reforma de Teresa de Jesús hasta el punto de que sus cinco hijas ingresaron como descalzas. Una en Burgos, y las otras en Valladolid y Palencia, donde acabó ella misma profesando como Catalina del Espíritu Santo en 1587. Antes de todo eso, ha conseguido la autorización del concejo burgalés, moviéndose, efectivamente, como Flora en una primavera: "Todo lo que hace, muy cabal, y puédelo hacer, porque es rica", escribe Teresa de Jesús, teniendo quizá en mente un documento notarial que Doña Catalina firmó luego garantizando su amparo a las monjas descalzas: "que yo, por el servicio de nuestro Señor y utilidad del bien común de esta ciudad, les daré en ella casa donde estén y las socorreré para su mantenimiento, si lo hubiesen menester".

Hay varias hipótesis para establecer la ubicación exacta de esta casa, pero el actual número 5 nos permite en todo caso hacernos una idea cabal de cómo podría ser aquel primitivo palacio de los Mucharaz, blasonado y con la característica superposición de caliza y ladrillo. Aquí empieza la accidentada historia de la fundación.

Teresa recibe en Ávila la noticia de que Burgos aprueba su convento. "Yo lo tuve por cosa de burla, porque sé cuán mal admiten monasterios pobres". Pero esa pujante ciudad con más de ocho mil vecinos, cabeza del comercio textil con Europa, es piadosa y generosa. Proliferan hospitales, obras de caridad y conventos. De hecho, al poco, doña Catalina de Tolosa vuelve a escribir a la madre "dando gran prisa" para que acuda a fundar, porque teme que el concejo cambie de opinión al saber que también hay otras órdenes planeando instalarse.

"Encomendándolo a nuestro Señor, pensé que se podía hacer si la diese. Porque ir yo a Burgos con tantas enfermedades, que les son los fríos muy contrarios, siendo tan frío, parecióme que no se sufría". Teresa ya acusa los años, las enfermedades y el desgaste de su vida agitada. El regreso de Soria ha sido particularmente penoso y se muestra remisa a volver al norte. Plantea que sea la priora de Palencia quien acuda a fundar, ya que parece que el proceso será fácil, pero finalmente recibe un mensaje contundente en oración: "No hagas caso de esos fríos, que Yo soy la verdadera calor. El demonio pone todas sus fuerzas por impedir aquella fundación. Ponlas tú de mi parte porque se haga, y no dejes de ir en persona, que se hará gran provecho".

Esa monja de 67 años, con mil achaques, se pone en pie con "la determinación de padecer por este gran Dios". A todos parece una temeridad, incluido al provincial, el padre Gracián, que pone como condición acompañar él mismo a la madre. Eso retrasa algo la partida, dado que él debe predicar en Navidad en Salamanca. Entre tanto, se reúne a las monjas que formarán parte de la nueva casa, entre ellas Tomasina Bautista —sobrina de Teresa de Laíz, impulsora de la fundación de Alba— que será la priora.

Al fin, parten de Ávila el 2 de enero, en lo más crudo del invierno. Van con Teresa ocho monjas, tres frailes descalzos y tres mozos encargados de los carros. Pasan por Medina, Valladolid y Palencia. La madre está muy enferma, con fiebre y llagas en la garganta. Le piden que no continúe hasta que no mejore el tiempo, pero ella recibe el impulso de seguir. "Bien podéis ir, no temas que Yo seré con vosotros".

Entre barros y pobres posadas siguen adelante hasta los temidos pontones sobre el Arlanzón de Celada del Camino. "El agua había sido tanta, y lo era muchos ratos, que sobrepujaba sobre estos pontones tanto, que ni se parecían ni se veía por donde ir, sino todo agua". La única forma de pasar era cubrir con guías de madera el trayecto sobre los pontones desdibujados por el agua turbia. Un pequeño traspié equivalía a la muerte y, de hecho, todas las monjas se confesaron como si fueran allí a perecer. Teresa las anima, entre bromas. "¿Qué más quieren que ser aquí mártires por el amor de nuestro Señor?"

La situación es comprometida y la madre dice al fin que ella pasará primero y que, si no logra cruzar, vuelvan todas a la venta que han dejado atrás. Gracián recordaría siempre ese episodio: "yendo las religiosas con harto miedo y en un trabanzo que dio el coche en aquel pontón, aparecióle nuestro Señor a la madre, y díjole: aquí voy Yo, no tengas miedo". Y pasaron. Al día siguiente por la tarde, 26 de enero, llegan a una Burgos envuelta en lluvia.

Escribe Manuel Machado a Teresa de Jesús:

> "Morir de no morir –¡qué bien decías!–
> es mi pena también cuando en ti pienso.
> Y, contagiado de tu amor inmenso,
> vivo sin mí cual tú sin ti vivías".

No un verano cualquiera, sino el de 1936, el poeta y su esposa, Eulalia Cáceres, están en Burgos, visitando a la hermana de su mujer, la religiosa Carmen Cáceres. El matrimonio se aloja en una pensión en la calle Aparicio y Ruiz. Allí vivirían hasta el final de la salvaje guerra y de aquí parte al dramático viaje a la tumba de su hermano Antonio y de su madre en Collioure. Años después, Eulalia donaría la biblioteca de Manuel a la Diputación de Burgos, propietaria desde 1863 del antiguo Real Monasterio de San Agustín, en cuya biblioteca se custodia este legado.

San Agustín fue quizá el primer convento que existió en Burgos, del que hoy poco queda más que parte de un recoleto claustro gótico. Pero ese fue el primer lugar que visitó Teresa de Jesús en la ciudad. Así lo dispuso Gracián: "quiso nuestro padre fuésemos lo primero a ver el santo Crucifijo, para encomendarle el negocio y porque anocheciese, que era temprano cuando llegamos".

Esa era la gran joya entonces en los agustinos, el Santo Cristo de Burgos, que desde la exclaustración de 1835 se venera en la catedral. Se encuentra en la primera capilla en la nave de la Epístola, a la altura del trascoro, construida sobre el antiguo claustro románico del anterior templo, aunque muy reformada hasta el siglo XIX. Allí llegó esta obra anónima del siglo XIV que, según la leyenda, se encontraba en el interior de un baúl que se salvó de un naufragio y fue traída a la ciudad. Desde entonces es la imagen de mayor devoción y si es impresionante hoy es fácil pensar su efecto en el siglo XVI. Se trata de una talla articulada, recubierta de piel de becerro, semejando piel humana, con tendones y músculos. Además, cuenta con pelo y barba natural y con uñas y dientes de asta de animal, que asombraban a los fieles por su verosimilitud.

Los viernes, los monjes bajaban al Cristo de la cruz en una ceremonia solemne, entre cánticos fúnebres. Es el ritual al que asistió Teresa de Jesús

antes de dar aviso a doña Catalina y llegar al fin a su casa aquella lluviosa tarde en la que el agua encharcaba Burgos.

Por la calle San Francisco, hace más de 800 años, dicta la tradición que pasó el mismísimo santo de Asís, camino de Santiago, y dejó un convento. Antes de desembocar en la puerta de San Gil, una persiana metálica ofrece un vistoso corazón en llamas. "Dichoso el corazón enamorado, que en solo Dios ha puesto el pensamiento", escribe Teresa.

Se contempla desde aquí una de las entradas históricas de Burgos. Un bello arco en esquina, con las armas de la ciudad, que antiguamente sirvió de prisión. Se dice que los condenados a muerte eran luego enterrados en la misma calle, pocos metros más arriba.

Hay que adentrarse bajo el arco por la vieja y sinuosa rúa para dar con la entrada de la iglesia, que aguarda en un recodo a la izquierda, tras una idílica escalera donde seguro apetecería sentarse a ver pasar la vida un día con un sol menos severo.

En el recorrido entre la iglesia y la plaza del Huerto del Rey existía en época de Teresa un puente que salvaba la Algebina, una de las esguevas (arroyos) que zigzagueaban por la ciudad. Ese puente, llamado igualmente de San Gil, lo cruzaron durante casi un mes la madre y las monjas para acudir a misa en este templo desde la casa de doña Catalina de Tolosa.

Aquel 26 de enero doña Catalina había recibido a las monjas con una lumbre recia en la chimenea para tratar de olvidar la riada que casi les cuesta la vida. Teresa llega muy enferma. Enseguida, más que los males físicos, le dolerá el repentino cambio de rumbo de una fundación que parecía tan al alcance de la mano.

Esos primeros días en la casa, desde la cama pues no puede levantarse, improvisa un locutorio por el que pasan los principales de la ciudad. Trae consigo algunas cartas de recomendación, porque teme que se quieran echar atrás en la licencia otorgada, pero nada más lejos: "que ellos no estaban arrepentidos de lo que habían dicho, sino que se holgaban que fuese venida, que viese en qué me podían hacer merced. Como, si algún miedo traíamos, era de la ciudad, tuvímoslo todo por llano".

Se dispone pues a fundar allí mismo el nuevo convento, una vez que el arzobispo confirme la licencia que ya diera verbalmente. Acude a pedírselo Gracián y ahí es cuando todo salta por los aires. El prelado muestra su ira por encontrarse de repente a nueve monjas en la ciudad sin que él haya firmado nada: "y así habló al padre provincial enojadísimo de mí. Ya que concedió que él había mandado que yo viniese, dijo que yo sola a negociarlo; mas venir con tantas monjas...". Ahora exige para fundar que haya casa propia y que la comunidad no sea pobre, sino que tenga renta garantizada. En caso contrario, que se vuelvan por donde habían venido. "¡Pues bonitos estaban los caminos y hacía el tiempo!", piensa para sí la madre.

Así que se quedan en la casa de doña Catalina hasta que escampe y como el arzobispo les ha prohibido dar misa allí, asisten las fiestas y los domingos a San Gil. "Habíamos de andar buscando zapatos y mantos negros, que a unas les arrastraban, otras iban de mal talle. La gente seglar las murmuraba no sabiendo muchos quién fuesen aquellas mujeres tan desmazaladas", describe Gracián, que recuerda también que habían de ir de dos veces al templo, ya que no había mantos para todas.

La calle estaba en barros, así que era impensable ir con alpargatas. Se arreglaban como podían, incluso la enferma Teresa que con la garganta muy llagada acudía con el resto a la iglesia. En esas andanzas, algunos vecinos se empiezan a cansar de tanto trajín y la emprenden con las monjas. Se burlaban de ellas en ese ir y venir y hasta una mujer se atreve a empujar a la pobre Teresa a la que tira al suelo al grito de "¡pase la santularia!" (así lo relata el Proceso de Segovia, aunque no deja de ser curioso que le gritara un americanismo, en vez del más castizo "santurrona", reflejo quizá de las conexiones comerciales con el nuevo mundo).

No estaba aún en esta iglesia otro de los impresionantes cristos medievales que conserva la ciudad, el de las Santas Gotas, en aquel tiempo con los trinitarios, pero en la nave izquierda sí se conserva tal cual la conoció Teresa la capilla de Nuestra Señora de la Buena Mañana. Allí acudieron a misa las descalzas esas semanas de duro invierno. Como testimonio, hoy luce una pequeña imagen de la Santa junto al valioso retablo de Gil de Siloé ante el que se arrodillaba con sus monjas al alba.

Es curiosa la historia que late bajo la oficial, a través de apelativos y nombres populares. Haciendo esquina en la calle Madrid se alza un edificio gigantesco que, sin embargo, los burgaleses conocieron como el Hospitalillo. Era un albergue para enfermos y peregrinos construido algunas décadas antes de la llegada de Teresa de Jesús. Poca idea es posible hacerse de su configuración más allá de algunos restos de arquerías, ya que el edificio ha contado con infinidad de usos y modificaciones desde entonces.

En ese Hospital de la Concepción acabaron las descalzas después de que la fundadora se juegue aparentemente su última carta, ir a visitar en persona al arzobispo. Normalmente eso era mano de santa para resolver todas las dificultades, pero esta vez no fue así. Las monjas despiden a la madre encomendándose a Dios y haciendo dura penitencia para que todo salga bien. "Mire vuestra santidad que mis monjas se están disciplinando", le dijo la madre al duro arzobispo, quien reitera su negativa y dice que "bien podían disciplinarse harto" que no iba a cambiar de parecer.

De hecho, exige cuarenta mil ducados, por adelantado y no con cargo a futuras dotes, para permitir la fundación. Ni doña Catalina puede juntar tanto dinero, aunque mueve sus contactos y finalmente logra avalar la elevadísima suma. Pero esto tampoco aplaca al arzobispo quien, además, se quita de en medio y dice que en el futuro traten con el provisor. Casi un mes después, el provisor se digna a contestar la noticia de que se ha alcanzado el dinero solicitado. Y tampoco hay licencia. Ahora no es por la renta, sino porque resulta que la casa de doña Catalina "era húmeda, y que había mucho ruido en aquella calle".

Cualquiera hubiera desistido, pero Teresa escucha un nítido mensaje: "ahora, Teresa, ten fuerte". Para desbloquear la situación, decide dejar la casa de doña Catalina, de la que teme estar abusando demasiado, y trasladarse a la Concepción. Ha sido Gracián quien ha gestionado el contrato, que fija claramente que las monjas solo estarán allí hasta la Pascua y que, si se lo piden antes, antes se irían.

Ana de San Bartolomé recordará que les dieron unas estancias donde "nadie había gana de vivir en ello". Dos habitaciones y una cocina en unos altillos, con una tribuna pequeña para escuchar la misa de San Cosme y San Damián. Gracián se vuelve a Valladolid muy a su pesar, pero doña Catalina no las abandona. "Estaba este hospital muy lejos de su casa. Casi cada día nos veía con gran voluntad y enviar todo lo que habíamos menester". El traslado no ha acallado las habladurías contra la viuda, a la que acusan de estar derrochando así la herencia de sus hijos.

Sobre el hospital escribiría Ana de Jesús –que no está, pero así se lo cuentan las que lo vivieron con la madre–, que era imposible aguantar "los quejidos y malos olores y muchos ratones y otras sabandijas asquerosas". Sin embargo, Teresa se siente "regalada" viviendo allí y suele bajar a consolar a los enfermos. Sus atenciones, su desvivirse por ellos, cala en aquella pobre gente, a la que, se dice, reparte unas naranjas y limones que le habían hecho llegar desde el convento de Sevilla. Se instalaría la desolación entre aquellos olvidados cuando el 18 de marzo las monjas salgan definitivamente de allí.

En el paseo de la Sierra de Atapuerca, al otro lado del Arlanzón, descienden los viajeros de los muchos autocares que acuden a la ciudad con una de las más bellas catedrales. Un reclamo al que se ha sumado el Museo de la Evolución Humana, el mejor lugar para comprender la trascendencia de los hallazgos en el cercano yacimiento.

Siguiendo la línea de la calle, tras el museo aparecen la Delegación de la Junta, el convento de las Trinitarias y, al fin, el convento de San José y Santa Ana, la última fundación de santa Teresa. Nos recibe la priora, la madre Ana María. La miro con ojos como platos al constatar que se cubre con una toquilla sobre el hábito. Con gesto inteligente recibe mi asombro y anticipa la respuesta. "Con estos muros aquí no entra ni el verano".

Ciertamente, la temperatura es de súbito más baja mientras nos adentramos en la comunidad creada sobre las famosas casas de Juan Mansino, en la vega del río. Teresa las fue a conocer los primeros días de marzo de 1582 en compañía de Antonio Aguiar, un médico amigo de Gracián al que el provincial ha encomendado el cuidado de la madre en su ausencia.

Efectivamente, Aguiar se revela como un hábil negociador y cierra rápidamente la compra a un precio muy barato. Son 1.300 ducados, incluso rebajados luego diez ducados al saber el apoderado para la venta que era para el convento. El 12 de marzo se firma la escritura y, al correr la noticia, se genera un gran revuelo en la ciudad. Aparecen por doquier interesados en hacerse con la casa, clamando por habérseles escapado una ganga así. "Era el rumor de la ciudad de manera, que vimos claro la gran razón que había tenido el buen licenciado de que fuese secreto y de la diligencia que puso; que con verdad podemos decir que, después de Dios, él nos dio la casa".

El 18 de marzo se trasladan desde el hospital, pero siguen los problemas. Primero hay que echar al anterior inquilino de la casa, Jerónimo del Pino, que se resiste lo suyo. Después, hay que buscar esa venia arzobispal, que tampoco ahora llega. Teresa remueve cielo y tierra para conseguir la autorización y también reunir algo de dinero para el convento, ya que ha deshecho la donación de renta de doña Catalina. Mientras se colocan tornos y rejas y redistribuye la casa a criterio del licenciado Aguiar, afluye la ayuda de los conventos descalzos. Sevilla, Toledo o Malagón envían a la madre más de lo que tienen.

La priora nos va guiando por las estancias de un convento austero y castigado por la historia. Difícil como pocas veces fue conseguir la ansiada licencia, que no se obtiene sino un mes después del traslado desde la Concepción y tras doblegar la negativa del arzobispo con presiones de las muchas personas que apoyaban a la madre y en particular del obispo de Palencia. Primero mandó una airada queja que Teresa no quiso entregar, para no poner en riesgo la amistad entre los prelados, y después otra carta más comedida que arrancó al fin la ansiada licencia al cabo de unos días.

"Don Cristóbal Vela, por la Santa Sede apostólica arzobispo de Burgos: por la presente permitimos y damos licencia a vos, la madre Teresa de Jesús, y religiosas de la orden de Nuestra Señora del Carmen de las descalzas, para que en el sitio y casas que habéis comprado, donde estáis recogidas, podáis hacer, plantar y edificar un monasterio e iglesia de la dicha orden". Es 18 de abril de 1582. Al día siguiente se dice la primera misa, se coloca el Santo Sacramento y se instituye solemnemente el convento de San José y Santa Ana en presencia del arzobispo burgalés, quien también asiste al día siguiente a la profesión de una novicia y pronuncia entonces unas palabras de tanto cariño hacia la casa ante las que las monjas no dan crédito, pero aceptan como una señal de perdón.

Ocupa entonces la iglesia una pequeña caballeriza, porque Teresa no quiere que haya ningún aposento sobre al altar. Como San José reaprovechan una imagen que había sido de otro santo y que la madre "hizo pintar con tanto miramiento como si tuviese presente al glorioso patriarca", asegura el licenciado Aguiar.

El nuevo convento pronto tendrá que enfrentarse al grave episodio del desbordamiento del Arlanzón. Es 23 de mayo, una crecida descomunal derriba cuatro arcos del puente de Santa María y sacude a la ciudad. Unos vecinos de la vega ofrecen salir a la madre en barca, pero ella lo rechaza. Durante horas el convento permanece anegado, hasta que unos hombres acuden a nado a romper las puertas y permitir entonces achicar el agua. Las monjas se han salvado y la ciudad también. Los burgaleses creen que todo ha sido por Teresa: "era decir que por estar allí nuestra santa madre, había atado las manos a Dios para que no pereciese aquel pueblo", afirma Ana de San Bartolomé.

Ya no estaba la madre allí cuando los franceses entraron a sangre y fuego en Burgos. Seis años feroces (1808-1813) que se cebaron con el convento particularmente en los últimos tres. La priora explica que el ejército de Napoleón incauta el lugar para usarlo como guarnición. Las monjas salen apresuradamente, de noche, portando unas pocas reliquias de santa Teresa. Sus mejores tallas –la Virgen del Carmen y la Santa Teresa (del círculo de Salvador Carmona) que se encuentran hoy en el muro izquierdo del templo y la Teresa de Gregorio Fernández que se venera en la celda de la Santa– las han llevado en secreto a los sótanos de San Gil y los libros de valor los ha sacado del convento el panadero camuflados en sacos de harina. Algunas hermanas van a Lerma y otras a Madrid, andando. Se extravían del camino y un hombre aparece de pronto y las guía. Cuando quieren volverse a darle las gracias ya no está. Siempre creerán que aquella noche bajó a ayudarlas el mismísimo san José.

"Cuando los franceses se van de aquí, le prenden fuego a todo", explica la madre Ana María. "Se perdió lo poco que había sobrevivido y que no habían robado, como toda la plata que dejaron escondida las monjas, pero encontraron los soldados. Por suerte, el convento tiene muros de más de un metro y las llamas no pudieron con ellos". Tampoco con la bella bóveda de nervios de la iglesia y con su arco de casetones en el presbiterio, pero hubo grandes pérdidas. El retablo neogótico que hoy ocupa este lugar fue realizado a comienzos del siglo XX por el burgalés Saturnino López Gómez.

Desde la iglesia sigue el recorrido por el claustro, donde se encuentra, hacia la izquierda, una recreación de una celda carmelita del siglo XVI. Son los elementos que Antonio Aguiar cuenta que le ha mostrado en una ocasión Teresa, como la arquilla que usa como escritorio desde la fundación de Toledo. "Le certifico, señor licenciado, que entré en Toledo con muy pequeña cantidad de dineros y con una manta y jergón, y dentro de pocos días compré una casa que me costó nueve mil ducados". Lecho y recias mantas transmiten ese ambiente de austera espiritualidad en el que no falta una rueca junto a una imagen de vestir de la Santa, de factura francesa del siglo XIX, en actitud de escribir:

"Ay, ¡qué larga es esta vida!
¡Qué duros estos destierros,
esta cárcel, estos hierros
en que el alma está metida!".

Subiendo una de las innumerables y laberínticas escaleras de la casa, llegamos al piso alto, donde se encuentra la joya del convento, la celda de santa Teresa. Es el mismo lugar que escogió la madre para sí. Se la quedó porque era la más fría. Con ella convivía su leal Ana de San Bartolomé. La beata la veía temblar de frío desde su cama y en cuanto la fundadora se dormía, le echaba su ropa por encima. A veces, la buena enfermera aprovechaba aquellos momentos para lavarle los paños manchados por la abundante hemorragia del carcinoma que ya estaba muy avanzado. "Como estaba enferma, tenía yo consuelo de darla limpios, le era muy agradable la limpieza".

En esta celda, presidida por una magnífica talla de la Santa de Gregorio Fernández –según el exitoso modelo del Carmen extramuros de Valladolid–, tuvo lugar otro de los prodigios que recoge un cuadro colgado en el muro derecho. Una noche, entre dolores, un coro de ángeles baja y llena la estancia de música celestial para consolar a Teresa. Ana de San Bartolomé no da crédito a lo que oye y a la mañana siguiente le pregunta: "madre, hoy ha descansado bien, ¿verdad?". A lo que la Santa sonríe cómplice, como pillada en falta.

Desde la celda de la Santa se ve el gran jardín. La antigua huerta que continúa salpicada de vestigios de un modo de vida desaparecido. Los viejos lavaderos, la zona para animales hoy vacía o el espacio para colmenas. "Aquí se hizo durante mucho tiempo una miel buenísima, que antes de recoger ya estaba vendida", recuerda la priora. "Cuando yo entré aquí, hace más de cuarenta años, vine aquel primer día con pantalones, a ver cómo me recibían; y no solo no me dijeron nada malo, sino que se pusieron muy contentas porque tenía aspecto de ir a trabajar bien en las colmenas", rememora.

Nos parece que hoy las cosas cambian deprisa, pero tampoco a Teresa le daban tregua los acontecimientos. Un día, tras comulgar, siente que todo está ya hecho en Burgos. "Anda, que otro trabajo mayor te queda". Y así comenzó el 26 de julio de 1582 el largo último viaje hacia lo infinito que la aguardaba en Alba de Tormes.

A su paso, Burgos se echaba a la calle para despedirla con muestras de cariño y veneración. Atrás dejaba algunas cosas, como unas viejas alpargatas que las monjas recogieron como si fuera un tesoro de brillantes. Tras mil avatares solo se conserva una, que además ha perdido el talón, pero mantiene intacta toda su fuerza simbólica.

La mujer que escribió cientos de páginas, que derramó generosa su espiritualidad desde la más sincera humildad, que levantó diecisiete conventos contra infinitas dificultades, cuyo nombre resuena hoy por todo el mundo, seguramente no se identificaría ni con el birrete de doctora, ni con la pluma de oro que la adorna, sino con esa sencilla alpargata.

Ese esparto recio, austero, incómodo, de penitencia silenciosa. Que no sirve para frenar el frío, que se hunde en el barro, pero con el que supo caminar con determinación inquebrantable.

Teresa, la primera en los peligros, la última en las comodidades. En la ciudad del Cid con su capa airosa y su barba no mesada; la de la celeste catedral con sus torres audaces y sus bóvedas caladas. La de los eternos peregrinos hacia el horizonte. La de las Huelgas o la de la Cartuja de Miraflores. La del Antecessor que nos lleva de la mano camino de la evolución. Sí, aquí, esa alpargata dejó una huella perpetua: Teresa, de Burgos a la eternidad.

ÍNDICE